HUMANKAPITAL

Grund des Wachstums?

von

Endre Kamaras

Tectum Verlag
Marburg 2003

Kamaras, Endre:
Humankapital. Grund des Wachstums?.
/ von Endre Kamaras
- Marburg : Tectum Verlag, 2003
ISBN 978-3-8288-8518-9

© Tectum Verlag

Tectum Verlag
Marburg 2003

Abstract

Untersuchungen der Wirtschaftsdaten westeuropäischer Industrieländer weisen darauf hin, dass das Wachstum einer Volkswirtschaft mit dem Wachstum des Wissensbestandes dieser Volkswirtschaft zusammenhängt. Durch die Aufnahme dieses Faktors in die Wirtschaftsmodelle könnte ein der Realität besser entsprechendes Modell konstruiert werden. Bei Berücksichtigung dieses Faktors in der Wirtschaftspolitik könnte dies zudem zu einem stabileren Wirtschaftswachstum führen. Probleme treten jedoch bei der Messung des Humankapitals auf. Zunächst muss die Natur des Humankapitals erforscht werden, um die Unterschiede zum Sachkapital aufzuzeigen. Um die Zusammenhänge zwischen dem Wissensbestand und dem Wachstum einer Volkswirtschaft besser zu verstehen, wäre es hilfreich, die Höhe des Wissens in einem Land messen zu können. Eine direkte Messung ist allerdings nicht möglich. Man kann allerdings die Höhe des Humankapitals unter den Annahmen der Grenzproduktivitätstheorie durch die Löhne in der Volkswirtschaft von der Ertragsseite her ausdrücken oder sich die Ausbildung als persönliches Investitionskalkül vorstellen und deren Höhe ausgehend von der Kostenseite analysieren. Beide Vorgehen haben Vor- und Nachteile. Da die Wirkung des Humankapitals nicht eindeutig ist, gibt es mehrere Möglichkeiten, diesen Effekt in die Produktionsfunktion einzubinden. Dies gilt ebenso für die Wissensvermehrung, da Akkumulierung von Wissen auch unterschiedlichen Wege nehmen kann. *Lucas* hat ein Modell mit Humankapitalakkumulierung durch Learning-by-Doing erstellt. Dieses Modell kann die Wachstumsunterschiede der Länder in der realen Welt erklären, welche von der neoklassischen Wachstumstheorie nicht begründet werden können. Er glaubt auch die Entwicklung in manchen asiatischen Ländern, den sogenannten „Tigerstaaten", erklären zu können. Dass Learning-by-Doing nicht die einzige Erklärung sein kann, zeigt *Krugman*. Er liefert statistische Beweise, welche die Wachstumsraten dieser Länder ohne die Verwendung des Faktors Humankapital begründen. Weiterhin zeigt er, dass der Produktivitätseffekt, den die Humankapitalakkumulation auslösen müsste, in den asiatischen Ländern nicht eingetreten ist. Seiner Auffassung zufolge kann ein Wachstumsmodell ohne Humankapital bzw. Humankapitalakkumulierung die beobachtbare Wirtschaftsentwicklung trotzdem beschreiben. Da die Zusammenhänge zwischen Humankapital und Wirtschaftswachstum sehr kompliziert und bestimmte Entscheidungsvariablen nicht beobachtbar sind, kann die Humankapitaltheorie (und das konkrete Modell von Lucas) nur grobe wirtschaftspolitische Empfehlungen abgeben.

Inhaltsverzeichnis

1 Einleitung

Die Idee zu dieser Arbeit entstand während einer Seminararbeit zu den Werken „On the Mechanics of Economic Development" (1988) und „Making a Miracle" (1993) von *Robert E. Lucas Jr.* In diesen Arbeiten konstruiert Lucas ein Wachstumsmodell, welches die „Wunder" der „asiatischen Tigerstaaten" (Süd-Korea, Taiwan, Hongkong und Singapur), also die überproportionalen Wachstumsraten von 6,5% und mehr pro Jahr in der Periode 1960-1980, erklären soll. Er entwickelt ein Modell aufgrund des neoklassischen Modells von *Robert Solow* und *Edward Denison*. In dieses führt er das Humankapital als Wachstumsfaktor ein, welches zu einem endogenen Wachstum führt. Er versucht das Geheimrezept zu finden, was von anderen Ländern „nur" kopiert werden muss, um ein Wirtschaftswachstum wie die oben genannten Länder zu erreichen. Auf diese beiden Veröffentlichungen von *Lucas* wird später noch detaillierter eingegangen, soviel soll aber im Voraus verraten werden:
Lucas identifiziert die Humankapitalakkumulierung, also das fortlaufende Wachstum bzw. die laufende Entwicklung des Humankapitals, als wichtigste Treibkraft der Wirtschaftsentwicklung.

Diese Arbeit soll die wirtschaftspolitischen Schlussfolgerungen des von Lucas aufgestellten „Rezepts" und deren Wirkung auf das Wirtschaftswachstum detailliert erläutern. Manche Fragen wurden von *Lucas* selbst bereits diskutiert, weitere sollen hier neu aufgeworfen und beantwortet werden. Einige Fragestellungen beziehen sich auf aktuelle wirtschaftspolitische Entwicklungen in der Bundesrepublik Deutschland.

Was passiert, wenn Länder das von *Lucas* erarbeitete „Rezept" in die Tat umsetzen? Was geschieht in diesem Land und wie wirkt es sich auf andere Länder aus? Werden die unterschiedlichen Länder unterschiedlich stark reagieren? Ist die Ausbildung ausländischer Studenten aus Entwicklungsländern in Industriestaaten vielleicht die ultimative Entwicklungshilfe? Wie sinnvoll ist es ausländische Spezialarbeitskräfte (mit hohem Ausbildungsniveau) ins Inland zu holen (Greencardproblematik der „Computer-Inder")? Ist es wirklich wirtschaftlich sinnvoll (und moralisch tragbar) durch das Abwerben von ausländischen Fachkräften das eigene Land zu stärken und das Ausland zu schwächen? Reicht ein hohes Ausbildungsniveau um hohe Wachstumsraten zu erzielen oder braucht es unterstützende Nebenentwicklungen wie zum Beispiel die laufende Erweiterung des technischen Wissens, investitionsfreudige Strukturen oder Ähnliches?

Wie die obengenannten Fragen zeigen, beschäftigt sich diese Arbeit nicht mit dem Zweig der Humankapitaltheorie, der durch die Einkommenserwartung der Individuen die Nachfrage nach Ausbildung analysiert. Diese Modelle der Humankapitaltheorie versuchen die Höhe der Investitionen in Humankapital in Abhängigkeit von Fähigkeiten, Nutzenvorstellungen und der Lage auf dem Arbeitsmarkt zu erklären.[1] Diese Arbeit hat nicht das Ziel diesen großen Themenbereich zu vertiefen. Einige Grundgedanken und Erkenntnisse dieser Theorien sind aber nötig um die Wachstumsmodelle mit Humankapital als Wachstumsfaktor und deren Folgen besser zu verstehen. Deswegen werden in Kapitel 4 die Grundgedanken und Grundmodelle der Humankapitaltheorie - wenn auch nur oberflächlich - erklärt.

Diese Arbeit besteht aus 11 Kapiteln. Der Begriff Humankapital wird im Anschluss an diese Einleitung, im ersten Teil des 2. Kapitels ausführlich erklärt. Mehrere Definitionen werden skizziert und eine vollständige Charakterisierung mit Hilfe der wichtigsten Eigenschaften wird vorgenommen. Danach werden die Gründe aufgezeigt, wieso die Analyse der in einem Individuum bzw. in einer Volkswirtschaft verkörperten Humankapitalmenge sinnvoll ist. Am Ende des 2. Kapitels werden die grundsätzlichen Unterschiede zwischen physischem Kapital und Humankapital erläutert. Im 3. Kapitel wird der Entstehungsweg der Humankapitaltheorie kurz dargestellt, wobei im ersten Teil die Hauptproblematik der neoklassischen Wachstumsmodelle analysiert wird. Der zweite Teil beschäftigt sich mit der Einführung der Humankapitaltheorie in die volkswirtschaftlichen Modelle. Der dritte Teil von Kapitel 3 revidiert den Fehler der Neoklassik und zeigt auf, wann und wieso das neoklassische Wachstumsmodell seine Verwendung finden kann. In Kapitel 4 werden zwei der wichtigsten Humankapitaltheorien – die von *Schultz* und die von *Denison* – beschrieben. Anschließend werden die allgemeinen Kritikpunkte dieser Modelle besprochen. In Kapitel 5 werden die Schwierigkeiten der Messung des Humankapitalbetrages und die daraus resultierenden Probleme bei dem Vergleich des Humankapitalbestandes der Länder erörtert. In Kapitel 6 wird ein Überblick über mögliche Wege der Einbindung des Humankapitals als Modellvariable in ein Wachstumsmodell gegeben. Dazu werden zunächst die Akkumulierungswege näher betrachtet. Danach folgt die Darstellung der möglichen formalen Integration der wachstumsfördernden Wirkung des Humankapitals in die Wachstumsmodelle. Das 7 und 8 Kapitel beschäftigen sich mit den verschiedenen Wachstumsmodellen von *Lucas*, *Nelson* und *Phelps* und den unterschiedlichen Möglichkeiten der Eingliederung des Humankapitals wie sie in Kapitel 6 beschriebenen wur-

---

[1] Vgl. Pfeiffer, 1999

den. Anschließend werden die Vor- und Nachteile dieser Modelle zusammengefasst. In Kapitel 9 wird die Überlegung von *Krugman* über das Wachstum der asiatischen Länder vorgestellt. (Diese Betrachtung könnte zu einem Alternativmodell der Weltwirtschaft ohne Humankapital führen, welches (auf den ersten Blick) die Entwicklungen ebenfalls erklären könnte.) In Kapitel 10 werden mehrere wachstums- und wirtschaftspolitische Fragestellungen aufgeworfen und mit Hilfe der analysierten Modelle (zumindest ansatzweise) beantwortet. Zum Schluss wird in Kapitel 11 eine kurze Zusammenfassung der Erkenntnisse dieser Arbeit dargestellt.

In dieser Arbeit werden die Wörter Ausbildung, Humankapitalakkumulierung bzw. -vermehrung und Wissensakkumulierung bzw. -vermehrung synonym verwendet und bezeichnen jegliche Art der Erweiterung des Humankapitals. Das Wort Bildung wird nur selten benutzt, da es oft mit einer speziellen Allokation des Wissens verbunden wird. So versteht man unter dem Begriff „gebildeter Mensch" eine Person, die in alltäglichen Fragestellungen ein breites Wissen beweist, also ein großes sogenanntes Allgemeinwissen besitzt.

2 Das Humankapital

2.1 Was ist Humankapital?

Wie so viele Begriffe in der Wirtschaftswissenschaft ist der Begriff Humankapital nicht eindeutig definiert. Hinzu kommt, dass mehrere unterschiedliche Ausdrücke den gleichen Inhalt abdecken. Diese Begriffe können als Synonym verwendet werden. So wird in dem englischsprachigen Raum der Begriff „Knowledge Capital" statt „Human Capital" öfters benutzt.
Was wird aber unter diesen Begriffen verstanden?
Unter dem Begriff Kapital(stock) wird ein produziertes Gut verstanden, das zur Produktion anderer Güter verwendet wird. In der neoklassischen Theorie ist Kapital(stock) ein Produktionsfaktor, welcher die früheren, in der Ökonomie getätigten Investitionen repräsentiert. Um diese Investitionen durchführen zu können, muss wiederum der heutige Konsum durch zukünftigen Verbrauch substituiert werden. Die Wirtschaftssubjekte konsumieren heute weniger in der Hoffnung, dass sie in der Zukunft mehr konsumieren können.[2]
Velten schreibt:

> „Humankapital oder Einkommenserwerbskapazität ist die Summe der Erfahrungen, Kenntnisse, Fähigkeiten und Fertigkeiten eines Individuums, einer Gruppe oder der Erwerbsbevölkerung einer Volkswirtschaft, welche im Produktionsprozess aktiv eingesetzt werden kann."[3]

Wie aus dieser Definition ersichtlich, ist das Humankapital ein Produktionsgut, welches direkt und aktiv in die Produktion einfließt. Diese Eigenschaften passen zu der Definition von Kapital. Wie oben beschrieben, ist Kapital ein produziertes Gut. Humankapital muss weitgehend auch produziert werden. Obwohl Talente und viele Fähigkeiten eines Individuums angeboren sind, müssen diese während der Lebensdauer vertieft und mit anderen Fähigkeiten kombiniert werden. Diese „Produktion" des Humankapitals einzelner Personen benötigt Investitionen (zumindest Zeit muss aufgewendet werden). Auch aus volkswirtschaftlicher Sicht muss der Humankapitalbestand produziert werden. Die Vermehrung der Humankapitalträger und deren Ausbildung kann als eine Art Produktion verstanden werden, wobei die vom Staat getragenen Kosten als Investition angesehen werden können. Das Humankapital erfüllt somit die Eigenschaften des

---

[2] Vgl. Mireille, 1998
[3] Siehe Velten, 1998, S.5

Kapitals im Sinne der neoklassischen Definition. Humankapital weist aber weitere nicht vernachlässigbare Eigenschaften auf, welche der Kapitalstock nicht besitzt. Auch die Bildung dieser zwei Kapitalformen weist Unterschiede auf. *Mireille* arbeitet in seiner Veröffentlichung „On the Concept and Dimensions of Human Capital in a Knowledge-Based Economy Context" von 1998[4] acht wichtige Grundzüge des Humankapitals und der Humankapitalakkumulierung aus. Diese Punkte von *Mireille* wurden von mir in Anlehnung an die Arbeiten von *Nelson*[5], *Stokey* und *Young*[6] durch zwei weitere Punkte ergänzt. Diese Ergänzungen stehen in meiner Auflistung an siebter bzw. an zehnter Stelle. Die zehn Punkte verdeutlichen den Charakter des Humankapitals und bilden eine Abgrenzung zum physischen Kapital. Sie können dadurch als eine Art (sehr lang geratene, aber ausführliche) Definition aufgefasst werden.

i) Die allgemeine Definition von Humankapital beinhaltet die angeborenen und erlernten Fähigkeiten. Angeborene Fähigkeiten sind alle physischen, psychischen und intellektuellen Kapazitäten, die ein Individuum schon zum Zeitpunkt der Geburt besessen hat. Das Individuum hat diese als „Geschenke" bekommen, ohne die Möglichkeit sie auszuwählen oder zu ändern. Diese Eigenschaften variieren stark je nach Individuum. Während angeborene Eigenschaften das Potential des Individuums für die Humankapitalakkumulierung repräsentieren, enthält das Humankapital auch die Fähigkeiten und das Wissen, welche während des gesamten Lebens durch Wissensaustausch zwischen Generationen, personelle Kontakte, Arbeitserfahrung, Ausbildung, etc. erlernt werden.

ii) Humankapital ist nicht veräußerbar. Wie angeborene so sind auch erlernte Fähigkeiten oder Wissen in einer Person verankert. Solange die Individuen nicht veräußerbar sind (keine Sklaverei), existiert kein Markt, der den Austausch von Humankapitalfonds ermöglicht.

iii) Individuen kontrollieren nicht immer die Wege wie sie Humankapital erlernen. Während sie jung sind können sie weder rationale Entscheidung über ihre Humankapitalbedürfnisse treffen noch können sie das Potential ihrer angeborenen Fähigkeiten einschätzen. Deswegen werden die Entscheidungen zu dieser Zeit, welche das Humankapital betreffen, nicht von den Trä-

---

[4] Siehe Mireille, 1998
[5] Vgl. Nelson, 1966
[6] Vgl. Stokey, 1988 und Young, 1991b

gern, sondern von Eltern, Lehrern, Regierung und Gesellschaft getroffen. Sobald die Individuen freie Entscheidungen treffen können, internalisieren sie den Entscheidungsprozess der Humankapitalinvestition. Obwohl die Möglichkeit der Individuen weitere Humankapitalinvestition zu tätigen von den früheren Humankapitalinvestitionen und von dem sozialen Umfeld abhängt, bestimmen weitgehend der Einfluss der Kollegen und das institutionelle Umfeld die Art und die Höhe weiterer Humankapitalakkumulation.

iv) Humankapital kann formell und informell erworben werden. Formelle Akquisition erfolgt normalerweise in Institutionen, wo das Wissen von Lehrkräften vermittelt wird. Humankapital kann aber auch informell, durch soziale Organisationen, persönliche Kontakte, Arbeitserfahrung (Learning-by-Doing) und durch autodidaktisches Lernen vermehrt werden.

v) Humankapital hat sowohl qualitative als auch quantitative Aspekte. Während Letzteres leicht als Summe der Schuljahre quantifizierbar ist, gilt das für erstere nicht, da keine homogene Qualität der Humankapitalinvestitionen angenommen werden können. Zum Beispiel wird ein Individuum, welches die Harvard Universität besucht, wahrscheinlich eine bessere Ausbildung erhalten als jemand, der seinen Abschluss an einer weniger namhaften Universität macht.

vi) Humankapital kann entweder allgemein oder spezifisch sein. Das allgemeine Humankapital („Public Knowledge Capital") beschreibt die Eigenschaften des Individuums, die sich auf alle mögliche Arbeiten auswirken und dort die Effektivität der Arbeit beeinflussen. Das spezielle Humankapital gibt dagegen die Fertigkeiten des Wirtschaftssubjektes an, die nur in speziellen Gebieten (in einzelnen Branchen oder sogar nur in einzelnen Unternehmen) Verwendung finden können.

vii) Weiterhin ist wichtig zwischen theoretischem und potentiellem Humankapital zu unterscheiden. Theoretisches Humankapital bezeichnet den neuesten Wissenstand der Forschung, das was theoretisch in den Schulen schon gelehrt werden könnte. „Potentiell" ist Humankapital dann, wenn es durch einen Bildungsprozess erworben wurde und somit der Gesellschaft zur Verfügung steht. Potentielles Humankapital ist also die Ausbildungsmenge, die in den Humankapitalträgern verkörpert ist und in der Produktion eingesetzt werden kann, falls die von einem Individuum verrichtete Arbeit dieses Wissen benötigt. Je besser das Bildungssystem ist, umso schneller ist der Übergang von theoretischem zu potentiellem Humankapital.[7] Diese Unterscheidung macht natürlich nur bei volkswirtschaftlicher Betrachtung Sinn (bzw. bei gesellschaftlicher Betrachtung, wobei als Gesellschaft eine beliebige Anzahl von Individuen, aber mehr als 1 Wirtschaftssubjekt verstanden wird). Ein Unterschied zwischen theoretischem und potentiellem Humankapital kann aus Sicht des Individuums nicht existieren. Das neueste Wissen (theoretisches Wissen) eines Individuums ist natürlich gleichzeitig sein potentielles Wissen (schon erlerntes Wissen).

viii)   Der Humankapitalstock eines Individuums wird nicht immer voll ausgeschöpft, weil der Ausbildungsmarkt von dem Arbeitsmarkt separiert ist. Die teilweise langen Ausbildungszeiten lassen eine schnelle Reaktion auf die Nachfrage am Arbeitsmarkt im Allgemeinen nicht zu. Deswegen muss zwischen potentiellem und aktivem Humankapital unterschieden werden. Als aktiv wird Humankapital dann bezeichnet, wenn es als Produktionsfaktor tatsächlich genutzt wird.[8] Der Unterschied zwischen potentiellem und aktivem Humankapital einer Volkswirtschaft beinhaltet insbesondere die Arbeitslosigkeit, denn das Humankapital der Studenten und Arbeitslosen steht einer Gesellschaft zur Verfügung und fließt ins potentielle Humankapital ein, wird aber nicht benutzt und taucht im aktiven Humankapital nicht auf. Die Ausbildung erhöht demnach nur das potentielle nicht aber das aktive Humankapital.[9] Im Gegensatz zu dem (in Punkt vii) erörterten Unterschied zwischen theoretischem und potentiellem Humankapital ist der Unterschied zwischen potentiellem und aktivem Humankapital auch bei einem einzigen Humankapitalträger bemerkbar. Jeder Mensch eignet sich während seines Lebens ein sehr breites Band von Wissen an. Ein Teil dieses Wissens wird in seinem Beruf sicherlich nicht als produktives Wissen mit einfließen. Die Allgemeinbildung wirkt bei vielen Berufen nicht produktivitätssteigernd. Ein Klempner oder aber auch ein Informatiker verwendet bei seiner Arbeit kein Wissen (z.B.) über die altdeutsche Literatur. Ein Literaturlehrer benötigt aber das gleiche Wissen bei seiner Arbeit. Dieses Humankapital ist bei dem Klempner bzw. bei dem Informatiker potentielles Humankapital, denn sie besitzen dieses Wissen und könnten es als Lehrer produktiv einsetzen. Sie üben aber einen Beruf aus, wo dieses nicht benötigt und nicht eingesetzt wird,

---

[7] Vgl. Nelson, 1966
[8] Vgl. Westphal, 1990, S.8
[9] Angenommen, die Studenten sind neben ihrem Studium, in ihrem zukünftigen Arbeitsgebiet, nicht beschäftigt.

so dass es sich nicht um aktives Humankapital handelt. Wichtig ist, dass die Menge des potentiellen Humankapitals auch den Bestand des aktiven Humankapitals beinhaltet.

ix) Humankapital zeichnet sich zudem durch externe Effekte aus. Diese beinhalten sowohl den Einfluss der Einzelnen auf die Produktivität der Anderen bzw. des physischen Kapitals als auch die Tatsache, dass jedes Individuum – egal wie hoch sein Humankapital ist - in einem Umfeld von hohem Humankapital produktiver arbeitet. Diese Fassette des Humankapitals zeigt, wie wichtig Zentren mit hoch konzentriertem Humankapital wie Universitäten, Städte, Forschungszentren und Anhäufungen von Hightech Firmen (z.B. Silicon Valley) für die Entfaltung und Perfektionierung von Wissen und Technologie sind.

x) Humankapital kann Spillover Effekte hervorrufen. Als Spillover wird ein nicht vorgesehener Sprung der Technik bzw. Sprung des Wissens von einem Gebiet auf ein anderes bezeichnet. So wurde zum Beispiel der Laser ursprünglich nicht für den Einsatz in der Medizin entwickelt. Trotzdem wurde das Wissen über die Wirkung des Lasers von der Medizintechnikindustrie absorbiert und angepasst um Laserskalpells herzustellen und bessere Operationstechniken zu ermöglichen. Solche Sprünge geschehen entweder durch die Aneignung von speziellem Wissen durch ein Individuum, das aus einem anderen Tätigkeitsfeld kommt oder durch einen Arbeitsfeldwechsel eines Individuums, welches dieses Wissen schon erlernt hat. Der Unterschied zwischen Spillover und externem Effekt des Humankapitals ist nicht eindeutig. Trotzdem kann man sagen, dass der Spillover eine gezielte Anwendung eines bestimmten Wissens in einem neuen Gebiet ist, während der externe Effekt die allgemeine Beeinflussung durch das Umfeld beschreibt. Dabei ist es umstritten, ob der Begriff externer Effekt auch den Spillover beinhaltet oder nicht. Durch den Spillover ist das Humankapital ein quasi-öffentliches Gut. Das erworbene Wissen kann auch von Anderen angeeignet und in gewissem Rahmen (Beispiel Patentrecht) verwendet werden.

In diesen Punkten wurde die mögliche Aufspaltung des Humankapitals aufgezeigt. So kann man Humankapital entweder als allgemein oder spezifisch einstufen (Punkt vi). Es gibt theoretisches, potentielles und aktives Humankapital (Punkt vii und Punkt viii). Auch der Akkumulierungsweg kann als Aufteilungsgrundlage fungieren (Punkt iv).

Die obige Definition zeigt außerdem, dass Humankapital aus makro- (Erfahrungen, Fähigkeiten der Erwerbsbevölkerung) und mikroökonomischer Sicht (Erfahrungen, Fähigkeiten eines Individuums) betrachtet werden kann. Makroökonomisch repräsentiert Humankapital ein Leistungspotential, das ökonomisch verwertbar ist, als Kapital angesehen und dementsprechend auch an andere Individuen oder Gesellschaften weitervermittelt werden kann.[10] Mikroökonomisch stellt es den Schatz an Kenntnissen und Fähigkeiten dar, den ein Individuum über Geld, Wertpapiere und Sachwerte hinaus besitzt.[11] In dieser Arbeit wird versucht die jeweils zutreffende Bedeutung des Sammelbegriffes Humankapital eindeutig hervorzuheben. So wird an den Stellen, wo die mikroökonomische Bedeutung gemeint ist, von dem Humankapital eines Individuums (oder Ähnlichem) gesprochen und mit dem Zusatz „allgemein" oder „speziell" versehen. Ist die makroökonomische Bedeutung gemeint, wird einfach Humankapital geschrieben.

Auch die Humankapitaltheorie fasst mehrere Gebiete zusammen. Einerseits geht es um die in den Personen verkörperte formale Ausbildung und um das Leitungspotential einer Bevölkerung. Anderseits wird der Erwerb von Kenntnissen und Fähigkeiten und deren Anwendung im Produktionsprozess analysiert. Wichtig ist dabei die Art und Weise, wie Menschen Fähigkeiten erwerben können. Auf der einen Seite existiert ein informeller Prozess des Erwerbs von Kenntnissen und der Entwicklung von Begabungen. Auf der anderen Seite ist der formelle Ausbildungsprozess zu betrachten, bei dem gezielt mit finanziellem, pädagogischem und technischem Aufwand ausgebildet wird.[12]

Der Begriff des „Social Capital" oder auf deutsch Sozialkapital, ist nicht weit verbreitet, sollte aber trotzdem erwähnt werden. Wie wir gesehen haben ist Humankapital „per Definition" nur der Teil der Fähigkeiten eines Individuums, welcher im Produktionsprozess aktiv Verwendung finden kann (aktives Humankapital) bzw. verwendet werden könnte (potentielles / theoretisches Humankapital). „Social Capital" beinhaltet dagegen auch die Kooperation zwischen Individuen, das Verhalten einzelner Personen gegenüber den Anderen, die Kultur und Verhaltensnormen einer Gruppe. Diese fließen häufig nicht direkt in die Produktion ein und werden deshalb im Oberbegriff Humankapital nicht erfasst.

Die Abgrenzung zwischen Human- und Sozialkapital ist nicht so leicht wie auf den ersten Blick erscheinen mag. Obwohl bei der Produktion materieller

---

[10] Vgl. Westphal, 1990, S.8
[11] Vgl. Laer, 1977, S. 36 u. Gabler-Wirtschaftslexikon, 1983, S.2077
[12] Vgl. Westphal, 1990, S.8

Gegenstände keine sozialen Umgangsformen benötigt werden, hängt die „Produktion" der Dienstleistungsgewerbe in großem Maße von der zwischenmenschlichen Verhaltensweise ab. Das „Social Capital" setzt einen Ordnungsrahmen um das potentielle Humankapital und grenzt es teilweise auch ein. Ein Beispiel dafür ist die christliche Gesellschaft des Mittelalters, in der jegliche Zinseinnahmen als unmoralisch galten und deswegen für christliche Menschen verboten waren. Diese Norm (Verbot des Zinses) hat der Humankapitalentwicklung der Bankgeschäfte eine Grenze gesetzt.

Zusätzlich wirken gesellschaftliche Normen auf den Willen und auf die Möglichkeit zur Humankapitalakkumulierung. Falls eine Kultur einer Gruppe (z. B. den Frauen) nicht erlaubt Schulen zu besuchen, „verliert" sie einen Teil ihres potentiellen Humankapitals. Ermöglichen die gesellschaftlichen Normen die Weiterbildung unterstützen diese aber nicht, so wird das maximale potentielle Humankapital nicht annähernd erreicht.

2.2 Gründe für die Analyse von Humankapital

Es gibt mehrere wichtige Gründe, welche die nähere Analyse der Idee des Humankapitals erforderlich oder wünschenswert erscheinen lassen.

Menschen und deren Fertigkeit werden schon seit längerer Zeit als eine Art Kapital betrachtet. Dies geschieht aus verschiedenen Gründen, zum Beispiel aus dem Wunsch, die Macht einer Nation zu quantifizieren oder im Falle eines Krieges die totalen Kosten, die durch den Tod vieler Menschen entstehen, zu bestimmen. Auch in Fällen, in denen über angemessene Entschädigungen für Verletzungen oder für den Tod von Personen entscheiden werden muss erscheint es notwendig, die Menschen beziehungsweise ihre Fähigkeiten als Kapital zu betrachten und zu versuchen ihren monetären Wert zu schätzen.[13]

Das Streben nach einer großen Familie mit vielen Kindern in manchen gesellschaftlichen Schichten ist mit der Humankapitaltheorie ebenfalls zu erklären. Das in den Kindern verkörperte Humankapital ist die Sicherheit der Eltern auch in älteren Jahren – wenn sie nicht mehr vollständig arbeitsfähig sind - ihre Lebensqualität zu sichern.

Ein zweiter – und vielleicht der wichtigste - Grund ist, dass erkannt wurde, dass die Höhe des Humankapitals die Höhe des Wirtschaftswachstums eines Landes beeinflussen kann. Am Anfang der sechziger Jahre waren die entwick-

---

[13] Vgl. Westphal, 1990, S.10

lungstheoretischen Diskussionen und entwicklungspolitischen Maßnahmen nur auf den Einsatz von Sachkapital zur Rohstoffgewinnung ausgerichtet. Durch diese Maßnahmen wurde versucht einen Industrialisierungsprozess in den Entwicklungsländern hervorzurufen. Arbeit war in diesen Ländern (und ist meistens immer noch) reichlich vorhanden. Es schien, dass dieser Faktor keinen Engpass in dem Entwicklungsprozess darstellte.[14] Empirische Untersuchungen haben aber gezeigt, dass die Determinanten des Wachstums und dadurch die Steigerungsrate des Bruttosozialproduktes in den Industrieländern die Wachstumsrate der Produktionsfaktoren Arbeit und Kapital übertraf. Das Wachstum in den entwickelten Ländern hing von einem unerklärten Faktor ab. *Solow* stellte fest, dass nur etwa 1/3 des gesamten Wachstums der USA auf die quantitative Vermehrung von Arbeit- und Kapitalinputs zurückzuführen war.[15] Er und andere Ökonomen erkannten, dass die Erklärung des Wachstums in der Erhöhung der Qualität der Wachstumsfaktoren liegen musste. Folglich könnte die Humankapitaltheorie Modelle oder Modellerweiterungen liefern, welche das von Politiker so ersehnte Wachstum erhöhen und / oder stabilisieren können. Das Wachstum wird in der Wirtschaftspolitik der westlichen Länder als eine der wichtigsten Ziele angesehen. Wächst eine Wirtschaft, können alle Wirtschaftssubjekte ihr Vermögen erhöhen. Während einer Stagnation können die vorhandenen Mittel nur umverteilt werden und bestimmte Individuen müssen einen Vermögensverlust erleiden. Dies führt zur Unzufriedenheit und eventuell zur politischen Instabilität

Diese Erkenntnis kam in einer Zeit, wo die Wirtschaftstheoretiker Alternativen für die bisherigen neoklassischen Wachstumsmodelle suchten. Diese Suche wurde notwendig, da die langfristige wirtschaftliche Entwicklung unterschiedlicher Länder in der Realität nicht dem Pfad zu folgen schien, den die neoklassischen Wachstumsmodelle prognostiziert hatten. Diese sagen nämlich eine Konvergenz der Wachstumsraten aller Länder voraus, falls das Kapital (Sach- und Geldkapital) sich zwischen den Ländern frei bewegen kann. Dieses Szenario stellte sich aber offensichtlich nicht ein. Die Wachstumsraten der armen Länder blieben weit unter den Wachstumsraten der Industrienationen. In manchen Ländern schwankt die jährliche Wachstumsrate stark mit dem Zeitablauf oder erhöht sich sprunghaft ohne dass die in neoklassischen Wachstumsmodellen als wichtig erachteten Faktoren sich bedeutsam verändert hätten. Dieser Beobachtungen passten nicht zu den gängigen Modellen. Die Erkenntnis, dass die Qualität der Inputfaktoren das Wachstum eines Landes erheblich beeinflusst, führte

---

[14] Vgl. Westphal, 1990, S.10
[15] Vgl. Solow, 1957, S.310-320

zu neuen Wachstumsmodellen. In der neoklassischen Theorie existieren nur zwei Inputfaktoren in einer Volkswirtschaft (Sach)Kapital und Arbeit. Die Modelle wurden mit einer zusätzlichen Variablen, mit der Technik erweitert. Die Produktionstechnik beeinflusst die Produktivität einer Volkswirtschaft. So kann die Entwicklung der Technik, allgemein als technischer Fortschritt bezeichnet, die Produktivität der Inputfaktoren erhöhen. Dies kann ein im Vergleich zu dem quantitativen Wachstum der Inputfaktoren überproportionales Wirtschaftswachstum erklären. Bei der Humankapitaltheorie wird die Produktionsfunktion zusätzlich mit noch einer Variablen, mit dem Humankapital erweitert. (Ich bezeichne das Humankapital absichtlich nicht als zusätzlichen Inputfaktor, da die formale Einbindung des Humankapitals in die Outputfunktion von Modell zu Modell unterschiedlich ist. Dazu siehe später mehr in Kapitel 5.) Dabei ist das Wachstum des Humankapitals streng genommen ein technischer Fortschritt, denn es erhöht die Produktivität der Inputfaktoren. (Je nach Theorie die Produktivität der Arbeit oder die des Kapitals.) Ich möchte aber einfachheitshalber die Humankapitalakkumulierung aus dem Begriff des „technischen Fortschritts" ausgrenzen. So wird in dieser Arbeit unter technischem Fortschritt nur die Entwicklung der im Kapital verkörperten Technik und unter Humankapitalakkumulierung die Entwicklung der in dem Menschen verkörperten Techniken, sein Wissen und seine Erfahrungen verstanden.

Den Wirtschaftswissenschaftlern wurde klar, dass das durch Kapital und Arbeitsakkumulation nicht erklärbare, überproportionale Wachstum entweder durch den technischen Fortschritt[16] oder durch die verbesserte Arbeit der Arbeitskräfte (oder durch eine Kombination von Beidem) entsteht. Die Verbesserung der Arbeit der Wirtschaftssubjekte ist natürlich auf Ausbildung, also auf die Erhöhung des potentiellen Humankapitals zurückzuführen. Die Arbeiten der Wirtschaftsexperten haben sich auf das Gebiet des Humankapitals konzentriert. Die „Vernachlässigung" des Faktors Sachkapital ist auch sinnvoll, denn die Qualität der Arbeit kann durch allgemeine oder spezielle Ausbildung bzw. durch Schulung direkt beeinflusst werden. Dagegen kann die Qualität des Sachkapitals nie *direkt* durch wirtschaftspolitische Maßnahmen gefördert werden. *Indirekt* hat die Politik natürlich großen Einfluss auf den technischen Fortschritt. Diesen können die Wirtschaftsmodelle doch nur dann abbilden, wenn sie den technischen Fortschritt internalisieren und nicht mehr als exogene Größe annehmen. Diese Endogenisierung wurde in verschiedenen Modellen unterschiedlich durchgeführt. Ein möglicher Weg ist die Verknüpfung der Geschwindigkeit des technischen Fortschrittes mit dem Ausbildungsniveau, wie *Nelson* und

---

[16] Technischer Fortschritt nach der Arbeitsdefinition von Seite 11.

Phelps in ihrem Artikel „Investment in Human, Technological Diffusion, and Economic Growth"[17] vorgeschlagen haben. In diesem Fall hat die Ausbildung der Individuen zum einen direkten Einfluss auf die Qualität der Arbeit, zum anderen aber auch indirekten Einfluss auf die Qualität des Sachkapitals. Anders ausgedrückt: Technischer Fortschritt ist nur ein zweites Erscheinungsbild des aktiven Humankapitals. Die Änderung des Humankapitals beeinflusst sowohl den Input Arbeit wie auch den Input Sachkapital. (Dazu später mehr In Kapitel 5.)

Ein Teil der Wirtschaftswissenschaftler hoffte (und hofft) mit Hilfe des Humankapitals Modelle erstellen zu können, die sowohl die beobachtete Nicht-Konvergenz der Länder als auch den Wachstumssprung bestimmter Länder erklären können. Mit Hilfe solcher Modelle könnten Strategien erarbeitet werden, mit deren Hilfe die Entwicklungsländer ihren wirtschaftlichen Rückstand schneller aufholen könnten. Ich bin außerdem sicher, dass die Führer der Industrienationen den Zeitpunkt der (Er)Findung solcher Modelle nicht nur aus humanistischen Gefühlen für die Menschen in den Entwicklungsländern sehnsüchtig erwarten. Ein überraschendes unvorhergesehenes langfristiges überdurchschnittliches Wachstum der Entwicklungsländer würde die wirtschaftliche Führungsrolle der Industriestaaten stark gefährden. Die Suche nach dem Wachstumsmodell, welches die in der Realität beobachtbare große Brandbreite des Wirtschaftswachstums erklären kann, hat – wie fast alles im Leben – zwei Seiten. Sicherlich würde man die Entwicklungsländer gerne reicher, mit höherer Lebensqualität sehen, allerdings will man aber von diesen aufstrebenden Nationen nicht überholt werden.

Ein interessantes Anwendungsgebiet der Humankapitaltheorie ist die volkswirtschaftliche Gesamtrechnung. Durch die Nichtbeachtung des Humankapitals werden die Investitionsquote und Sparquote nicht richtig eingeschätzt. Viele Investitionen in das Humankapital der Bevölkerung bzw. in das System der Humankapitalakkumulierung von Seiten des Staates werden nicht als Investitionen berücksichtigt. Die Ausgaben für das Gesundheits- sowie Schulwesen werden, wie ihre Namen schon sagen, nicht als Investitionen, sondern als heutige Konsumausgaben in die volkswirtschaftliche Gesamtrechnung aufgenommen. Folglich lässt die Erhöhung der Investitionen in das Schul- und Gesundheitssystem die Investitionsquote sinken. *Nordhaus* hat für den Zeitraum von 1929 – 1993 die Sparquote der USA unter Berücksichtigung der Staatsinvestitionen in das Humankapital geschätzt.[18] Er zeigte, dass die „echte" Sparquote mindestens

---

[17] Siehe Nelson / Phelps, 1966
[18] Siehe Nordhaus, 1996

drei mal so hoch wie die „konventionelle" Rate ist. Außerdem fiel die konventionelle Sparquote in den letzen 20 Jahren stark, während die „echte" Sparquote stabil blieb.

Eine weitere Anwendung der Humankapitaltheorie ist die Erklärung der Lohnunterschiede. Durch humankapitaltheoretische Überlegungen können die Lohnunterschiede zwischen verschiedenen Ländern oder zwischen verschiedenen Gebieten eines Landes (wie zum Beispiel den alten / neuen Bundesländern der BRD) erklärt werden. Es gibt Versuche um die trotz fortgeschrittener Gleichberechtigung der Geschlechter immer noch vorhandenen zwischengeschlechtliche Unterschiede der Lohneinkommen durch solche Modelle zu erklären.

Diese Arbeit betrachtet nur die ersten beiden Anwendungsgebiete der Humankapitaltheorie, wobei der Schwerpunkt auf dem zweiten Punkt liegt.

2.3 Vergleich zwischen Humankapital und physischem Kapital

Humankapital wird in der Wirtschaft oft ähnlich wie das physische Kapital behandelt. In diesem Kapitel werden die in einer Wissensgesellschaft für die öffentliche Politik wichtigen Unterschiede zwischen physischem Kapital und Humankapital besprochen. Humankapital und physisches Kapital unterscheiden sich in bezug auf Eigentumsrecht, Marktfähigkeit / Veräußerbarkeit, Akkumulation, Profit, Finanzierung und Besteuerung.[19] Einige dieser Unterschiede wurden schon in Kapitel 2.1 bei der Charakterisierung des Humankapitals erwähnt. Nachfolgend werden diese Punkte aber ausgiebiger besprochen.

2.3.1 Eigentumsrecht und Marktfähigkeit

Der Kapitalstock ist greifbar, fühlbar. Man sieht ihn und kann ihn berühren. Dieser Begriff beinhaltet die Maschinen, Fabriken, patentierten Vorgänge, das Rohmaterial, das Inventar, welches die Produzenten und Verkäufer halten und die Transport- und Kommunikationsmittel. Der Kapitalstock und dessen Teile können leicht von einem Inhaber veräußert und zu einem neuen Inhaber transferiert werden. Wie früher bemerkt kann Humankapital von dem menschlichen

---

[19] Siehe Mireille, 1998

Wesen nicht abgespalten werden. Er verkörpert dieses Humankapital und nur er kann darüber verfügen. Im Gegensatz zum physischen Kapital ist Humankapital nicht marktfähig und kann somit nicht veräußert werden. Nur die Dienste, die aus den Fähigkeiten des Individuums entstehen, haben ein Markt.

2.3.2 Akkumulation

Der Zuwachs eines Kapitalstocks in einer bestimmten Periode kann, ohne Rücksicht auf die Form des physischen Kapitals, als die Differenz zwischen der Produktion von neuem Kapital und der Wertminderung des existierenden Kapitals definiert werden. Die Prozesse der Human- und Nicht-Humankapitalakkumulation sind unterschiedlich hinsichtlich die Entscheidungsbildung, Abnutzungsrate und Produktionstechnologie.

2.3.2.1 Entscheidungsbildung

Der Entscheidungsprozess der Individuen und Firmen bei der Produktion und Akkumulation von Human- und Nicht-Humankapital beinhaltet Entscheidungen unter Unsicherheit. Während die Entscheidungen über physisches Kapital normalerweise von Investoren oder Managern getroffen werden, erfordert die Produktion von Humankapital Entscheidungen von verschiedenen „Agenten" wie Eltern, Lehrern und Kollegen während des Lebens eines Menschen. Diese Abhängigkeit resultiert aus dem Fakt, dass alle Humankapitalinvestitionen auf der Basis des schon vorhandenen Humankapitals aufbauen. Falls die Fähigkeiten des Individuums in den früheren Zeiten nicht entwickelt und ausgebildet worden sind, wird er / sie mit begrenzten Möglichkeiten bezüglich der Humankapitalakkumulation während des Erwachsenseins konfrontiert.

2.3.2.2 Kapitalakkumulation

Die Akkumulation von Humankapital und physischem Kapital zeigen wichtige Gemeinsamkeiten auf. Für beide ist Zeit aufzuwenden und beide benötigen die Verschiebung des heutigen Konsums in der Erwartung, in der Zukunft mehr Produzieren und mehr Konsumieren zu können. Die Humankapitalakkumulation beinhaltet aber einen sozialen Aspekt, der bei der Akkumulierung von physischem Kapital in weitaus geringerem Maße – wenn überhaupt – vorhanden ist. In der Tat wird Humankapital durch die Interaktion von Individuen und deren Ideen entwickelt und akkumuliert. Das macht die Humankapitalakkumulierung zu einer sozialen Aktivität.[20] Dieses Merkmal des Humankapitals impliziert, dass der Produktions- bzw. Akkumulationsprozess beim Humankapital arbeitsintensiver ist als die Produktion bzw. Akkumulation von physischem Kapital. Weil Humankapital durch Interaktion von menschlichen Wesen zustande kommt, ist es mit externen Effekten und „Spillovers" behaftet. Diese können den Lern- und Akkumulationsprozess drastisch verändern. Die soziale Dimension von Humankapital hat eine wichtige Auswirkung auf die öffentliche Politik.

2.3.2.3 Mobilität und Verwendung in der Wirtschaft

Humankapital und physisches Kapital unterscheiden sich auch in der Mobilität. Wie wir gesehen haben, kann Humankapital nicht verkauft werden, sofern Sklaverei ausgeschlossen ist. Daraus resultiert, dass die Mobilität des Humankapitals von der Bewegungsfreiheit und Anpassungsfähigkeit des Besitzers abhängt. Diese hängen wiederum von nationalen und internationalen Regelungen der Arbeitsmärkte ab. Physisches Kapital besitzt dank seiner Veräußerbarkeit und durch die vermehrte Globalisierung eine viel größere Mobilität. Diese Unterschiede haben zur Inputspezialisierung binnen einer Ökonomie geführt. Nicht-Humankapital konzentriert sich in Leistungen und Gütern die marktfähig sind wie zum Beispiel Fabrikgüter. Humankapital wird vermehrt in Gewerben verwendet, die auf dem Weltmarkt nicht repräsentiert sind, wie der öffentliche Sektor.

Die Spezialisierung ist natürlich nicht vollständig und kann auch (in der nahen Zukunft) nicht vervollständigt werden. Auch in der Güterproduktion muss jemand über die Art und Menge des hergestellten Produktes entscheiden. Selbst wenn die Produktion voll automatisch ohne Menschen und folglich ohne Humankapital abläuft, benötigt der oben erwähnte Entscheidungsprozess einen Humankapitalträger und sein Wissen. Auch die Industriezweige, die ihre Dienstleistungen hauptsächlich durch das Humankapital der Beschäftigten herstellen - und die deswegen auf dem Weltmarkt nicht tätig sind (wie der schon erwähnte öffentliche Sektor) – brauchen meistens die Unterstützung bestimmter physische Güter wie Räumlichkeiten, Computer etc.

2.3.2.4 Abnutzung

Die Zeit mindert sowohl den Wert des Humankapitals als auch den Wert des Kapitalstocks. Physisches Kapital wird aber auch zum Konsumzweck oder zur

---

[20] Vgl. Lucas, 1988

Produktion weiterer Güter verwendet und abgenutzt. Bei der Humankapitalak-kumulierung existiert ebenfalls ein sogenanntes Konsumverhalten. Humanka-pitalakkumulierung zum Konsumzwecken ist, wenn Wissensakkumulierung in der Freizeit, nur aus Spaß zum Beispiel im Zusammenhang mit einem Hobby geschieht und vor bzw. während dieser niemals ein produktiver Einsatz in der Wirtschaft beabsichtigt wurde. Dies ist keine Humankapitalakkumulierung zum Zweck der Produktivitätssteigerung. Das Humankapital was so hinzugewonnen wird, muss die streng genommene Kosten-Nutzen Analyse nicht bestehen.[21] Der wesentliche Unterschied zwischen dem Konsum physischer Güter und dem Konsum von Wissen ist, dass Sachkapital beim Konsum abgenutzt wird, Wissen aber für den Konsumenten ohne Einschränkung verwendbar und von anderen wiederum erlernbar bleibt. Der Konsum von Wissen spielt also bei der Abnut-zung keine Rolle. Das Gleiche gilt für die Humankapitalakkumulierung zum Zweck der weiteren Produktion bzw. Vermehrung von Humankapital. Es gibt Fähigkeiten und Wissen, welche zum größten Teil der weiteren, produktiveren Vermehrung des individuellen Wissensbestandes dienen. (Lesen ist so eine Fä-higkeit.) Aber genau wie bei der Humankapitalvermehrung zu Konsumzwecken, wird dieses Wissen von anderen weiterhin verwendbar bleiben. Wird dieses Wissen zur „Produktion" von zusätzlichem Humankapital benutzt, findet keine Abnutzung statt, im Gegenteil. Die Nutzung des erlernten Wissens verbessert die Fähigkeiten des Individuums, erhöht sein Humankapital.

Wissen, Fähigkeiten und Technologie beider Kapitalarten veralten, sobald eine neue und bessere Idee oder Technologie erscheint. Humankapital ver-schlechtert sich auch bei Untätigkeit, weil Inaktivität die während des Lebens erlernten Fähigkeiten des Individuums schwinden lässt (man vergisst sie ein-fach). Dieser Prozess ist teilweise umkehrbar, falls das Humankapital wieder

---

[21] Unter strenggenommener Kosten-Nutzen Analyse verstehe ich, die mit beobachtbaren Marktpreisen bewertbare und bewertete Kosten-Nutzen Analyse, nach der rationalen Entschei-dungstheorie. Ich glaube, dass auch während der Humankapitalakkumulation zu Konsumzwe-cken, die Individuen eine interne Kosten-Nutzen Analyse, – vielleicht auch unbewusst – durchführen, ähnlich der von *Becker* formulierten These. Die Menschen müssen auch für diese Art von Wissensakkumulierung Zeit opfern. Eine Investition liegt also vor. Der Nutzen ist in meinem Beispiel die Freude am Hobby. Nach dieser Auffassung, liegt bei reiner Freizeit auch eine Kosten-Nutzen Analyse vor. Zeit wird investiert, der Nutzen ist die Ruhe und Entspan-nung. Bis die Höhe der Kosten vielleicht noch mit Hilfe der entgangenen Arbeitszeit beziffert werden kann, wird die Höhe des Nutzens aus dieser und ähnlichen Tätigkeiten von Person zu Person, gemäß der individuellen Nutzenfunktionen, anders eingeschätzt. Einen monetären Wert, kann nicht einmal das Wirtschaftssubjekt selbst angeben. So kann keine echte rationale Entscheidungsfindung stattfinden, da das Problem mathematisch nicht abgebildet werden kann.

verwendet wird. Dieses Merkmal zeigt den endogenen Aspekt der Humankapitalswertminderung. Während eine Komponente der Abnutzung des Humankapitals direkt mit externen Schocks zusammenhängt – diese sind zum Beispiel der Alterungsprozess des Individuums oder unfreiwillige Arbeitslosigkeit – resultiert die andere Komponente der Wertminderung aus einer bewussten Entscheidung des Humankapitalträgers über die Nutzung seiner Fähigkeiten in dem Produktionsprozess. Die Wertminderung von physischem Kapital beinhaltet auch eine endogene Komponente bestimmt durch die Entscheidung des Besitzers über die Nutzung einer bestimmten Maschine. Diese Komponente ist aber vernachlässigbar angesichts des Marktes für gebrauchte Güter.

Aus Sicht des Investors vermindert sich der Wert des Humankapitals stetig bis zur Pensionierung und sinkt auf Null im Zeitpunkt des Todes. Trotzdem bedeutet für die Gesellschaft der Tod des Individuums nicht den vollständigen Verlust dessen Humankapitals bzw. Humankapitalinvestments. Ein Teil seines Humankapitals wurde durch die persönlichen Kontakte zu anderen Generationen und durch die Produktion von Gütern, Dienstleistungen und Ideen vor dem Tod weitergegeben. Dieses Merkmal trifft beim Nicht-Humankapital nicht zu. Dieser Art von Kapitalstock kann immer verkauft und von einem Besitzer zu anderem transferiert werden. Bei einer vollständigen Vernichtung des physischen Kapitals - was mit dem Tod von Personen gleichzusetzen ist – geht dessen Wert vollständig verloren.

Eine in Humankapital investierte Summe wirft spätestens nach dem Tod dessen Trägers keinen Ertrag mehr ab.

2.3.3 Finanzierung

Verleiher gewähren eher Kredite für den Kauf von physischem Kapital als für die Akkumulation von Humankapital. Das ist verständlich, denn bei Investitionen in physisches Kapital kann der erworbene Kapitalstock selbst als Sicherheit dienen. Dieser ist jederzeit veräußerbar und kann bei eventuellem Konkurs des Investors mindestens einen Teil des verliehenen Geldes wieder einbringen. Humankapital ist dagegen nicht greifbar, von seinem Besitzer nicht separierbar und dadurch auch nicht veräußerbar. Wegen dieser Eigenschaften ist es schwierig Humankapitalakkumulation durch private Kredite zu finanzieren. Marktunvollkommenheiten bei der Privatfinanzierung der Humankapitalakkumulierung, kombiniert mit der aus den Einkommensungleichgewichten und aus der niedrigen Neigung zur Finanzierung der Humankapitalakkumulierung stammenden Liquiditätsbeschränkung, bringen ein suboptimales Humankapitalniveau hervor.

Um diese Liquiditätsbeschränkungen und die aus den Marktunvollkommenheiten resultierenden, potentiellen Ineffizienzen zu mindern, haben die meisten Regierungen Programme etabliert welche die Humankapitalinvestitionen teilweise subventionieren. Zum Beispiel finanzieren die Regierungen die Ausbildungsinvestitionen der Bürger durch die Subventionierung der Ausbildungsstätten, durch Minderung der Schulgelder etc.

Die Vermehrung des Sachkapitals finanziert sich dagegen – in einer Wirtschaft, wo Privateigentum existiert - weitgehend aus privaten Geldern. (Dies gilt natürlich nicht für ein Wirtschaftssystem ohne Privateigentum wie der streng ausgelegte Kommunismus.)

Auch die Subventionierung bestimmter Wirtschaftsbereiche geschieht nicht aus dem Wunsch der Regierung nach Akkumulation von physischem Kapital, sondern aus anderen (wirtschafts)politischen Gründen wie der Erhaltung von Arbeitsplätzen u.ä..

2.3.4 Nutzen

Investitionen in physisches oder in Humankapital werden wegen der Erwartung einer positiven Profitrate getätigt. Während Investition in physisches Kapital nur monetären Profit generiert, schafft Humankapitalinvestment auch nicht-monetären Nutzen. Es wurde argumentiert, dass sowohl der Bestand an Humankapital[22] als auch der Humankapitalfluss[23] in der Nutzen- wie auch in der Produktionsfunktion eine Variable sein kann. Folglich ist es schwierig das Konsummotiv der Humankapitalbildung von dem Produktionsmotiv derselbe zu unterscheiden. Diese Unterscheidung hat aber eine enorme Auswirkung auf die Ausbildungspolitik.

Das Profitverhalten des Humankapitals und das des physischen Kapitals weisen erhebliche Unterschiede auf. Wenn Wirtschaftssubjekte in physisches Kapital investieren, sind sie Profitnehmer. Der Eigentümer akzeptiert den vom Markt vorgegebenen Profit und kann dies nicht beeinflussen. Da kein Markt für den Humankapitalstock existiert, werden die Wirtschaftssubjekte, die in Humankapital investieren, zum Profitsetzer. Hierbei diktieren die Höhe, die Qualität und die Aufrechterhaltung ihres Humankapitalstocks den Preis, der am Markt für ihre Leistungen gezahlt werden sollte. Weil der Profit aus Humankapitalinvestitionen stärker von endogen Einflüssen abhängt als der Profit der In-

---

[22] Vgl. Becker, 1965, Heckmann, 1976 und Rebelo, 1991
[23] Vgl. Lazear, 1977

vestitionen in Nicht-Humankapital, steigt deren Variabilität unter den Investoren.

2.3.5 Besteuerung

Die steuerliche Handhabung von Kapitalstock und Humankapital kann von Rechtsprechung zu Rechtsprechung erheblich variieren.

Weil physisches Kapital als ein Teil von geschäftlichen Aktivitäten produziert wird, sind alle Kosten die bei dessen Produktion anfallen von der Steuer abziehbar. Ferner ist der Kapitalstock umsatzsteuerfrei und sogar die bei der Produktion von physischem Kapital verwendeten Inputs sind von der Umsatzsteuer weitgehend ausgenommen. Investitionen in physisches Kapital können von öffentlichen Zuschüssen profitieren. Wenn physisches Kapital zu Produktionszwecken verwendet wird, können alle Kosten, die damit zusammenhängen von der Steuer abgesetzt werden. Firmen können wegen der Wertminderung des Kapitalstocks zusätzlich Abschreibungen vornehmen. Sogar die Vorgänge, die nicht direkt mit der Erstellung von Kapitalgütern zusammenhängen, welche aber die Wahrscheinlichkeit erfolgreicher Kooperationen unter Firmen erhöhen – wie Geschäftsessen u.ä. – werden vom Finanzamt als Kosten der Produktion anerkannt.

Bei dem Humankapital sieht die Situation anders aus. Weil Humankapital notwendigerweise in menschlichen Wesen verkörpert wird, benötigt dessen volkswirtschaftliche Akkumulation die kontinuierliche Zuführung neuer Kinder bei jeder nachfolgenden Generation. Obwohl der Kinderwunsch der Eltern im allgemein nicht aus dem Wunsch nach der Vermehrung des potentiellen Humankapitalangebots entsteht, fördert das Fiskalsystem die neue Generation der Humankapitalträger.[24] In manchen Ländern wie in Kanada werden Gesundheitsausgaben, die mit Schwangerschaft und Geburt zusammenhängen, von der Steuer finanziert und dadurch für die betroffenen Personen kostenlos angeboten. In Kanada werden außerdem finanzielle Unterstützungen, während einer bestimmten Periode vor und nach der Geburt angeboten. Während der Kindheit und Jugendzeit werden weitere Förderungen für Familien mit Niedrigeinkommen gewährt, was eine fast kostenfreie Ausbildung in öffentlichen Schulen ermöglicht.[25] Während in Kanada die direkten Kosten einer Aus- bzw. Weiterbildung wie Einschreibegebühr, Lehrbücher, Kurskosten, etc. von der Steuer nicht

---

[24] Dies kann bei Entwicklungsländern mit sehr hoher Geburtenrate umgekehrt sein. Dieser Fall wird später besprochen.
[25] Siehe Mireille, 1998, S.13-14

abziehbar sind, werden in bestimmten Ländern - wie zum Beispiel in Deutschland - auch diese bei der Ermittlung der Einkommenssteuer als steuermindernde Kosten anerkannt. Die Kosten aber, die wegen der zeitlichen Dauer der Humankapitalakkumulation entstehen wie Essen, Bekleidung, etc. sind steuerlich nicht absetzbar.

3 Entstehung der Humankapitaltheorie

3.1 Der Fehler der Neoklassik

Die Idee des Humankapitals, der Humankapitalakkumulierung und der daraus resultierenden Produktivitätssteigerung ist nicht neu. *Adam Smith* war der erste Ökonom der Humankapital in die Definition von Kapital aufgenommen hat. Da er erkannt hat, dass Fertigkeiten der Individuen sowohl das Wohl der Gesellschaft als auch ihr eigenes Wohl erhöhen, integrierte er die Talente der Bevölkerung in den Kapitalstock.[26] Obwohl *Adam Smith* über Humankapitalakkumulation nie gesprochen hat, war er der Erste, der über die produktivitätssteigernde Wirkung der Humankapitalakkumulierung geschrieben hat. In seinem im Jahr 1776 erschienenen Buch „An Inquiry into the Nature and Causes of the Wealth of Nations" beschreibt er das berühmte „Stecknadelbeispiel".[27] Er zeigt, dass die Spezialisierung der Arbeitskräfte den Output erhöht. Von den heutigen Wirtschaftswissenschaftlern wird diese Produktivitätssteigerung durch Spezialisierung - zumindest teilweise - auf die Rechnung der Akkumulierung des speziellen Humankapitals der Arbeiter geschrieben. (Der organisationstechnische Fortschritt steuert zu der Produktivitätssteigerung natürlich auch bei. Durch den Wegfall des Arbeitsplatz- bzw. Arbeitsmitteltausches wird Zeit gespart und die Produktivität erhöht.) Durch die Fokussierung auf einzelne Teilprozesse der Fertigung können die Mitarbeiter – durch „Learning-by-Doing" - sehr schnell große Menge von speziellem Humankapital sammeln, was ihre Produktivität und dadurch die Produktivität des gesamten Betriebes erheblich erhöht. Durch dieses spezielle Wissen wird auch die Qualität des Produktes erhöht. Dieser Prozess wurde aber in der Zeit von *Smith* nicht erkannt. Die Spezialisierung wurde als produktivitätssteigerndes Mittel in den industriellen Ländern der damaligen Zeit eingesetzt. Die Verbindung zwischen dem Wissen der Arbeiter und der Outputmenge beziehungsweise der Qualität der Produktion wurde den Leitern der Betriebe aber nicht bewusst. Nur die Organisation nicht aber das Humankapital wurde als Grund der erhöhten Outputmenge verstanden.

Die neoklassische Theorie baut ihre Überlegungen auf dem unbehinderten Kapital- und Arbeitskraftverkehr zwischen den Ländern auf. Falls diese zwei Voraussetzungen erfüllt sind zieht das Kapital immer dahin, wo die billigsten Arbeitskräfte zur Verfügung stehen, die Arbeitnehmer wandern dorthin, wo die

---

[26] Vgl. Laroche, 1998, S.1
[27] Siehe Smith, 1776

Löhne am höchsten sind. Mit der Zeit sollten sich die Kapital- und Arbeitsaus-
stattungen verschiedener Volkswirtschaften durch diese Bewegungen ausgleichen. Da nach dieser Theorie das Wachstum von der Kapital- und Arbeitsaus-
stattung abhängt - das Wachstum kann nur durch quantitative Zunahme der
Einsatzfaktoren Kapital und Arbeitskraft stimuliert werden - muss das Wirtschaftswachstum dieser Länder durch den Ausgleich dieser Größen zueinander
konvergieren. Die Bedeutung des technischen Fortschritts wurde schon erkannt,
dieser aber entweder gar nicht oder nur als exogene Größe betrachtet, die nicht
beeinflusst werden kann. Qualitative Unterschiede der Einsatzfaktoren wurden
nicht berücksichtigt. Die Theorie übersieht völlig, dass die Arbeiter verschie-
ner Länder nicht das gleiche Potential besitzen. Im 19. Jahrhundert war dies
vielleicht für die Industriearbeiter noch zutreffend, da diese auch in den Industrieländern meistens ungebildet waren. Ihre Arbeit verlangte kein allgemeines
Wissen, nur ein Minimum von speziellem Humankapital, was durch „Learning-
by-Doing" schnellstens erlernt werden konnte. Dies hat sich aber mit der Zeit
verändert. Die Arbeiter in den Industrieländern müssen heutzutage gut ausgebildet sein. Dies kann ein Entwicklungsland meistens nicht bieten. Das Kapital
kann tatsächlich fast ungehindert zwischen den Ländern fließen, die aus dem
unterschiedlichen Ausbildungsniveau stammenden Produktivitätsunterschiede
der Arbeiter veranlassen aber die Unternehmensleitung teilweise auf den Ver-
zicht von dieser Mobilität. Der freie Arbeitskraftverkehr – die andere Grundlage
der neoklassischen Theorie - ist wegen verschiedenen Gründen nicht gegeben.
Heutzutage ist die Sprachbarriere das größte Hindernis. Aber auch zwischen
gleichsprachigen Ländern gibt es keinen freien Arbeitskraftfluss. Die unterschiedliche Mentalität verschiedener Länder sowie der „Verlust" der Familie
beziehungsweise Freunde lässt viele Menschen von einer Arbeitsstelle im Ausland absehen.

Wie schon angesprochen, wurde es in der Mitte des 20. Jahrhunderts sichtbar, dass die Volkswirtschaften ihr langfristiges Wachstum nicht nach dem Ge-
setz der neoklassischen Theorie vollziehen. Das Pro-Kopf-Wachstum der
Volkswirtschaften konvergierte nicht zueinander. Gleichzeitig war das langfristige, kontinuierliche Wachstum nicht zu übersehen. Das auffälligste Faktum des
Wachstumsprozesses der westlichen Länder in den letzten 200 Jahren ist die
kontinuierliche Produktivitätssteigerung von durchschnittlich 1,6% pro Jahr.[28]
Die neoklassische Wachstumstheorie der 60er Jahre erkannte, dass die Quelle
dieses Wachstums nicht die Kapitalakkumulation ist. Der technische Fortschritt
wurde damals „neu entdeckt" und für das Wachstum verantwortlich gemacht.

---

[28] Vgl. Arnold, 1995

Da aber in den neoklassischen Wachstumstheorien technischer Fortschritt nur als exogener und deswegen als nicht modellierter Faktor betrachtet wird, ist er zufallsbedingt und kann kein endogenes Wachstum generieren. Erst seit Mitte der 80er Jahre gelingt es Ökonomen formale Modelle aufzustellen, welche die Ursachen des technischen Fortschritts thematisieren. Humankapitalakkumulation und zielgerichtete Forschungsarbeit stehen im Zentrum dieser neuen Wachstumstheorien.

Der Weg zu dieser Entwicklung wurde durch *Solow* eröffnet. Er veröffentlichte im Jahre 1956 sein Wachstumsmodell, in dem er erstmals den technischen Fortschritt in ein neoklassisches Wachstumsmodell eingebunden hatte.[29] In den vorherigen Arbeiten waren Kapitalakkumulation und der vermehrte Einsatz des Faktors Arbeit die Grundlagen des volkswirtschaftlichen Wachstums. *Solow* hat die durch Forschung verbesserten Produktionsmöglichkeiten, die Schaffung besserer Arbeitsbedingungen, die Verbesserungen aufgrund von Erfahrungen, also alle Entwicklungen, welche die Produktivität der Inputfaktoren beeinflussen unter dem Sammelbegriff „technischer Fortschritt" in die Betrachtung einbezogen. Eleganz und Durchsichtigkeit sind wohl Mitgründe für die Popularität von *Solows* Grundmodell. Die Grundproblematik blieb aber bei diesem Modell weiterhin bestehen. Auch dieses Modell lässt die langfristige Divergenz der Pro-Kopf-Wachstumsraten verschiedener Volkswirtschaften nicht zu, denn der Grundgedanke des freien Kapital- und Arbeitskraftverkehrs lässt die anfänglichen Diskrepanzen zwischen den Volkswirtschaften langfristig verschwinden. Der in einem Land erzielte technische Fortschritt gelangt durch den Kapitalverkehr in kürzester Zeit auch in alle andere Länder.

3.2 Die Einführung des Humankapitals in die Wachstumsmodelle

Um die Diskrepanz der Wachstumsraten zu begründen, muss entweder der freie Verkehr der Arbeit und / oder des Kapitals ausgelassen oder die Wachstumsfunktion durch eine zusätzliche Variable erweitert werden.

Die Frage ist nicht nur, ob die Voraussetzungen des freien Produktionsfaktorverkehrs vorhanden sind. Ist dies nicht der Fall, müssen die Gründe dafür gesucht werden. Wie oben ausgeführt, ist der Arbeitskraftverkehr zwischen den Ländern eher spärlich und der Kapitalverkehr ist auch nicht vollständig frei. Ein Modell mit Faktorimmobilität würde auch die Wachstumsunterschiede ver-

---

[29] Vgl. Solow, 1956

schiedener Länder mit unterschiedlichen Anfangsausstattungen der Faktoren Arbeit und / oder Kapital erklären. Die unterschiedliche Entwicklung der mit neoklassischen Produktionsfaktoren gleichsam ausgestatten Länder wäre aber immer noch „mysteriös". Beispiele für solche Länder und deren unterschiedliche Wachstumsraten gibt es reichlich. Auch *Lucas* lies sich von dieser Beobachtung inspirieren. Als reelles Beispiel erwähnt er Süd-Korea und die Philippinen. Anfangs der 60-er Jahre besaßen beide Länder sehr ähnliche Anfangsausstattungen an Kapital und Arbeit. Auch die Wirtschaftsstruktur der beiden Volkswirtschaften war weitgehend gleich. Von 1960 bis 1988 wuchs das philippinische Pro-Kopf-Einkommen mit 1,8% pro Jahr. In dem gleichen Zeitraum hatte Süd-Korea ein Pro-Kopf-Einkommenswachstum von 6,2% pro Jahr.[30] Auch wenn dieses Beispiel nur eine Ausnahme wäre, zeigt es, dass ein neoklassisches Modell ohne Produktionsfaktormobilität die Entwicklungen in der Realität auch nicht erklären kann. Außerdem ist der Arbeitskraftverkehr in der Realität ungleich Null. Aber auch das neoklassische Modell mit freiem Kapitalverkehr und kleinem, dennoch vorhandenem Arbeitskraftverkehr führt nur zu einer langsameren aber langfristig trotzdem erkennbaren Konvergenz.

Es scheint, dass nur die Erweiterung der Wachstumsfunktion die Lösung liefern kann. Am „schönsten" wäre natürlich, wenn die Einführung einer einzigen, zusätzlichen Variable die Erklärung sowohl für die rätselhafte Immobilität des Kapitals als auch für die unterschiedlichen bzw. sich sprunghaft ändernden Wachstumsraten der Länder liefern würde. Die Welt ist natürlich nicht so einfach, dass eine einzige Variable alles erklären könnte. Ziel ist aber ein Modell zu bilden, die noch einfach genug ist um aus diesem ökonomische Schlussfolgerungen ziehen zu können, und die oben erwähnten Eigenschaften zumindest ansatzweise der begründen können.

Humankapital scheint auf den ersten Blick die Lösung nicht näher zu bringen, obwohl ein langfristiger Unterschied des Humankapitalbestandes der Länder, die Immobilität des Kapitals (zumindest teilweise) erklären kann. Werden diese Wissensunterschiede nicht abgebaut, können die Arbeiter in den mit Humankapital schlecht ausgestatteten Ländern nicht die gleiche Produktivität wie die Arbeiter in den humankapitalreichen Ländern erbringen bzw. die zur Produktion verwendeten Maschinen gar nicht bedienen. Dies macht eine Investition in diesen Ländern weniger sinnvoll als es der einfache Lohnunterschied erscheinen lässt. Aber wieso sollte der Humankapitalbestand der Länder langfristig ein unterschiedliches Niveau beibehalten? Da das Humankapital in den Menschen verankert ist, könnte man glauben, dass der zwischen den Ländern vorhandene

---

[30] Vgl. Lucas, 1993, S. 251

Arbeitskraftverkehr die Unterschiede der Humankapitalausstattung glätten würde.

Humankapital ist im Menschen verkörpert. Dieses Kapital muss wegen des Ausfalls der einzelnen Humankapitalträger (durch Arbeitsunfähigkeit, Umziehen bzw. Tot) immer wieder neu akkumuliert werden. Dies kann durch verschiedene Wege geschehen, zum Beispiel durch die formalen Ausbildungsstufen sowie durch die informalen Humankapitalakkumulierungswege wie soziale Kontakte und Learning-by-Doing. All diese Wege sind aber länderspezifisch und (teilweise) institutionell verankert, so dass das (gesamte) Humankapital einer Volkswirtschaft nicht durch Kapital- bzw. Arbeitskraftverkehr von einem Land in ein anderes übertragen werden kann. Durch diese notwendige Neuschaffung des Humankapitals werden die Unterschiede in den durchschnittlichen Humankapitalausstattungen – bei unveränderten Ausbildungsmöglichkeiten der Länder – nicht beseitigt. In Abhängigkeit von der Höhe des Arbeitskraftverkehrs kann dieser Unterschied gemindert werden. Da es in der Realität aber keinen vollständig freien Arbeitskraftverkehr gibt, ist dessen Höhe bei weitem nicht ausreichend um länderspezifische Unterschiede im Humankapitalbestand zu eliminieren. Bleiben die Unterschiede in der Höhe und im Niveau des Humankapitals zwischen den Volkswirtschaften bestehen, können die Industrieländer ihre Führungsrolle auf diesem Gebiet wahren. Falls das Humankapital die Wachstumsrate einer Wirtschaft mitbestimmt, würden die Differenzen des Wirtschaftswachstums somit nicht verschwinden.

Die Einführung von Humankapital in die Modelle und die Berücksichtigung dessen Rolle zeigt einen Weg auf, das Problem zwischen neoklassischen Wachstumsmodellen und beobachteten Wachstumsraten zu lösen.

Arrow war einer der ersten Wirtschaftswissenschaftler, der die Wissensgenerierung in einem Modell endogenisiert hat. In seiner Veröffentlichung „The Economic Implication of Learning-by-Doing" aus dem Jahre 1962 greift Arrow das Konzept der Lernkurve auf. Während der Arbeit sammeln die Beschäftigten Erfahrungen. Aus diesen Erfahrungen lernen sie. Die Durchführung des gleichen Arbeitsschrittes steigert die Arbeitsproduktivität. Die Wissensvermehrung in diesem Modell wird oft als ein Nebenprodukt der Investition interpretiert.[31]

In dem Modell von *Romer* ist die Wissensgenerierung nicht mehr eine Nebenentwicklung der Arbeit. In seiner Arbeit „Increasing Returns and Long-Run Growth" von 1986 sowie in "Growth Based on Increasing Returns Due to Specialisation" von 1987 und "Endogenous Technical Change" aus dem Jahre 1990 arbeitete er ein Modell aus in dem eine absichtliche Wissensvermehrung vor-

---

[31] Vgl. Fuchs-Seliger, 2002, S.127

liegt. Zusätzlich führt er die externen Effekte ein. Nach seiner Ansicht erhöht eine bessere Ausstattung in einem Unternehmen die Produktivität anderer Firmen in der Volkswirtschaft ebenfalls. Durch diesen Effekt kann eine Ökonomie konstante oder sogar wachsende Skalenerträge aufweisen, obwohl die einzelnen Investitionen in dem Unternehmen abnehmende Skalenerträge haben.[32]

Die Idee der externen Effekte haben viele Ökonomen übernommen. So betrachtet auch *Lucas* deren Auswirkung. Die Arbeiten von Lucas werden im Kapitel 7 detailliert analysiert.

3.3 Renaissance der Neoklassik: Konvergieren die Volkswirtschaften wirklich nicht?

Wie im Kapital 2.3.1 erklärt wurde, besteht das größte Manko der neoklassischen Wachstumstheorien aus dem Fakt, dass die verschiedenen Volkswirtschaften gegeneinander nicht zu konvergieren scheinen. Die Gründe des Versagens wurden in der realitätsfremden Annahme der vollständigen Kapital- und Arbeitsmobilität und der Vernachlässigung des Humankapitals gesehen. Eine vollständige Mobilität der obengenannten Faktoren ist in der Realität nicht gegeben und der Fall, dass alle Arbeiter das gleiche Humankapital besitzen, ist genauso unwahrscheinlich. (Falls jeder Arbeiter dasselbe Humankapital besitzt, gibt es keinen Produktivitätsunterschied zwischen den Individuen. Das Humankapital der Einzelnen wirkt sich auf die Produktivität nicht aus, der Durchschnitt des Humankapitals ist überall gleich. Folglich kann die Betrachtung des Humankapitals erspart werden.) Dass beim vollständigen Wegfall dieser Voraussetzungen (keine Mobilität von Arbeit und Kapital, sehr große Unterschiede im individuellen Humankapitalbesitz) die Aussagen der neoklassischen Wachstumstheorie keine Gültigkeit besitzen, ist trivial. Die Frage ist, ob bei teilweise vorhandenen Voraussetzungen die Folgerungen der Theorie im Allgemeinen ihre Gültigkeit behalten oder ob kleinste Abweichungen von den Modellannahmen alle Schlussfolgerungen nichtig machen!

Die Frage ist aus verschieden Gesichtspunkten wichtig. Gelten die Modellfolgerungen bei der kleinsten Abweichung von den Modellannahmen nicht mehr, kann das Modell nicht realitätsgemäß erweitert und angepasst werden. Das Modell hat „ausgedient" und um die Realität beschreiben zu können, müssen wir ein ganz neues Modell aufbauen. Treffen die Modellaussagen auch bei

---

[32] Vgl. Fuchs-Seliger, 2002, S.125

nicht vollständig erfüllten Modellannahmen zu, können eventuell Wirtschaftsgebiete gefunden werden, bei denen die Voraussetzungen „im großen und ganzen" – aber eben nicht vollständig – erfüllt sind. Bei der Analyse solcher Gebiete kann dieses Modell weiterhin verwendet werden, was das Vorgehen e-
ventuell erleichtern oder beschleunigen kann.

Ein Beispiel für solche, teilweise vorhandenen Voraussetzungen liefern
Wirtschaftsgebiete mit großer Arbeits- und Kapitalmobilität und geringen Unterschieden im Humankapitalbesitz. In der Regel sind diese modifizierten Voraussetzungen innerhalb eines Landes vorhanden. In einem Land gibt es keine
Grenzen und rechtliche Unterschiede bzw. Schwierigkeiten, die den Verkehr
von Kapital und Arbeit behindern würden. Sprachbarrieren sind ebenfalls nicht
vorhanden und die sozialen Kontakte wie Familie und Freunde gehen bei einem
Umzug auch nicht verloren. Das Ausbildungssystem ist meist homogen, was
eine gleichmäßige Humankapitalausstattung bewirkt. Die regionalen Unterschiede in der Faktorausstattung innerhalb eines großen Landes wie den USA,
Frankreich oder Deutschland sollten sich demnach (falls sie vorhanden waren)
mit der Zeit auflösen.

Einige Beispiele scheinen die allgemeine Gültigkeit der neoklassischen
Wachstumstheorie bei teilweiser erfüllten Voraussetzungen zu unterstützen. Das
beste Beispiel ist die Entwicklung der Bundesstaaten der USA nach dem „Civil
War" bis heute. Dies haben *Barro* und *Sala-i-Martin* in zwei Artikeln – „Eco-
nomic Growth and Convergence Across the United States" und "Convergence
Across States and Regions" - untersucht.[33]   In der erstgenannten Veröffent-
lichung von 1990 zeigen die Autoren, dass in dem neoklassischen Modell der
Wachstumsprozess durch

$$\frac{1}{T} \cdot \log\left(\frac{y_{it}}{y_{i,t-T}}\right) = x_i^* + \log\left(\frac{\hat{y}_i^*}{\hat{y}_{i,t-T}}\right) \cdot \frac{1 - e^{-\beta T}}{T} + u_{it}$$

aproximiert werden kann. Hierbei ist i der Index der Ökonomie, t der Zeitindex,
y_{it} der Pro-Kopf-Output, x_i^* das Pro-Kopf-Wachstum im stationären Zustand, $\hat{y}_{it}$
der Output per effektiven Arbeiter, $\hat{y}_i^*$ der Output per effektiven Arbeiter im
stationären Zustand, T die Länge der Betrachtungsdauer, β die Konvergenzrate
und u_{it} ein Fehlerterm. Folglich bestimmt die Konvergenzrate β die Rate der
Annäherung von $\hat{y}_{it}$ an die Variable $\hat{y}_i^*$. Die Variable β hängt von der Kapitalproduktivität und dem Sparwillen ab. Im neoklassischen Modell ist der ange-
nommene fallende Kapitalertrag der Grund für die Konvergenz. Wenn das Verhältnis von Kapital zu effektiver Arbeit relativ zu diesem Verhältnis im stationä-

---

[33] Siehe Barro / Sala-I-Martin, 1990 bzw. 1991

ren Status fällt, steigen die Produktionskosten. Für ein gegebenes Sparverhalten wächst deshalb eine Ökonomie umso schneller, je weiter sie sich unterhalb des stationären Status befindet. Dies wird in der obigen Gleichung durch den Quotienten $\hat{y}_i^* / \hat{y}_{i,t-T}$ ausgedrückt. Je größer dieses Verhältnis ist, desto weiter befindet sich die Ökonomie unterhalb ihres stationären Status. Beim Vergleich verschiedener Produktionsfunktionen wird erkennbar, dass β umso höher ist, je schneller der Kapitalertrag fällt.[34]

Barro und *Sala-i-Martin* unterscheiden zwischen zwei Arten von Konvergenz in Bezug auf die obige Gleichung. Die Erste ist die sogenannte β Konvergenz. Dies drückt aus, dass die armen Länder schneller wachsen als die reichen Länder. Die zweite, die sogenannte σ-Konvergenz, bedeutet, dass die Streuung von Pro-Kopf-Einkommen bzw. Pro-Kopf-Produktion mit der Zeit abnimmt. Die Autoren konzentrieren sich auf die β-Konvergenz.

Sie analysieren die Statistik von 47 US Staaten im Zeitraum von 1880 bis 1988. Am Ende der 19. Jahrhundert waren die Südstaaten eindeutig ärmer als die Nordstaaten. Das Pro-Kopf-Einkommen war auch wesentlich geringer in den ärmeren Staaten. Die Statistiken dieser Regionen zeigen während des beobachteten Zeitraums eine eindeutige Konvergenz zu den Nordstaaten. Die Südstaaten wuchsen in diesem Zeitraum schneller als die am Anfang des Betrachtungszeitraumes reicheren Nordstaaten. Die Untersuchungen liefern auch genaue Zahlen über die Geschwindigkeit dieser Konvergenz. Die ärmeren Staaten wuchsen durchschnittlich um 2% pro Jahr schneller als die Reichen. Bei der Berücksichtigung sektorieller Variablen liefern die statistischen Tests den Beweis, dass dieser Wachstumsunterschied während dieser Periode stabil war und nicht auf einige Ausreißer zurückzuführen ist.

In dem Artikel werden noch zusätzlich die Einflussfaktoren der Konvergenz statistisch bestimmt. Unter der Annahme, dass die Arbeiter kein Humankapital besitzen, steuert die Migration der Arbeitskraft ca. 1/3 von dem gemessenen 2% zu der Konvergenz bei. Diese Zahl sinkt mit der Berücksichtigung des Humankapitals. *Barro* und *Sala-i-Martin* beziffern den Anteil des Arbeitskraftverkehrs an der Migration mit 10%, wenn ein – wie sie schreiben - „vernünftiges Maß an Humankapital" angenommen wird.[35]

Die gleiche statistische Untersuchung wird auch für Westeuropa, genaugenommen für Deutschland, Großbritannien Italien, Frankreich, die Niederlande, Belgien und Dänemark für den Zeitraum von 1950-1985 durchgeführt. Dabei werden aber nicht die Daten von Ländern, sonder die Daten von Regionen ana-

---

[34] Vgl. Barro / Sala-I-Martin, 1991, S108-109
[35] Vgl. Barro / Sala-I-Martin, 1991, S.136

lysiert. Dies geschieht, weil dadurch ein viel größerer statistischer Datensatz zur Verfügung steht. Die Analyse der Daten zeigt ein ähnliches Bild wie die der Daten aus den USA. Die Regionen konvergieren zueinander. Die Geschwindigkeit dieser Konvergenz beträgt ungefähr 1,8% und ist allerdings ein bisschen langsamer als in den USA.

Die Analyse von zwei weiter gefassten Gruppen wird auch erwähnt. Einmal wurden 20 OECD Länder und einmal ein breitgefasstes Spektrum von Nationen mit 97 Länder statistisch auf Konvergenz im Wachstum analysiert. Bei der Untersuchung der 20 OECD Länder wurde ebenfalls eine Konvergenz nachgewiesen, die jedoch mit 1% noch geringer als die von den westeuropäischen Ländern ausgefallen ist. Die Statistik der 97 Länder hat keine statistisch prüfbare und relevante Konvergenz gezeigt.[36]

Diese Untersuchungen zeigen, dass je homogener die betrachteten Regionen sind und je besser somit die Voraussetzungen der neoklassischen Wachstumstheorie erfüllt werden, umso eindeutiger und schneller die Konvergenz zwischen den Wachstumsraten der Länder bzw. Regionen ist. Eine Konvergenz gibt es also auch, wenn die Voraussetzungen nicht vollkommen erfüllt sind. Dies passt eindeutig zu der in Kapitel 3.2 schon erwähnten Aussage des neoklassischen Wachstumsmodells mit vorhandener, aber nicht vollständiger Arbeitsmobilität. Wie schon beschrieben, folgt bei diesen Voraussetzungen aus dem Modell, dass die Wirtschaftsgebiete nur langsam aber trotzdem zueinander konvergieren. Wie die Analyse der 97 Länder zeigt, gilt bei einer zu großen Kluft zwischen der Realität und den Annahmen die Schlussfolgerung überhaupt nicht mehr, obwohl die Annahmen teilweise immer noch erfüllt sind. (Kapitalverkehr ist auch unter diesen Ländern meistens frei, Arbeitskraftverkehr findet bis zu einem gewissen Maße statt, Humankapital ist unterschiedlich aber jedes Land besitzt ein bestimmtes Mindestmaß). Der Fehler liegt also nicht ausschließlich in den nur teilweise erfüllten Annahmen des freien Kapital- und Arbeitskraftverkehrs. Die Einführung einer zusätzlichen Modellvariablen ist notwendig.

---

[36] Vgl. Barro / Sala-I-Martin, 1991, S.153

4 Die Humankapitaltheorie

4.1 Die Grundsätze der Humankapitaltheorie

In Kapitel 2.1 wurde der Begriff des Humankapitals erklärt. Die Humankapitaltheorie beschäftigt sich mit dem Humankapital der Wirtschaftssubjekte oder einer Volkswirtschaft, mit den Wegen der Humankapitalakkumulation, mit der Effektivität der verschiedenen Ausbildungsmöglichkeiten und mit den Gründen, der Dauer und dem Maß der Ausbildung aus der Sicht des Individuums und aus der Sicht einer Volkswirtschaft. Außerdem versucht die Humankapitaltheorie den Erwerb von Fähigkeiten und die daraus folgenden Veränderungen in einer Gesellschaft zu erklären.

Durch Investition in Aus- bzw. Weiterbildung wird Humankapital gebildet und damit die Qualität der Arbeitskräfte in der Produktion verbessert.[37]

Nach dem zentralen Ansatzpunkt der Humankapitaltheorie ist die Bildung von Humankapital eine Kosten-Nutzen-Rechnung und deshalb eine private bzw. öffentliche wirtschaftliche Entscheidung.[38] Der Nutzen der Ausbildungsausgaben, die eine Produktivitätserhöhung ermöglicht, besteht einerseits aus einer erhöhten Arbeitsleistung bzw. Produktivität - und auf Grund dieser - aus einer erhöhten Entlohnung des Einzelnen, anderseits aus weiteren positiven Wirkungen der Ausbildung wie gesteigertes Gesundheitsbewusstsein oder die intensivere Teilnahme am kulturellen Leben der Gesellschaft.

Während der Ausbildungszeit nehmen die Individuen einen Einkommensverlust in Kauf in der Erwartung eines späteren höheren Einkommens nach Abschluss ihrer Ausbildung. Nach der Aussage der Humankapitaltheorie zahlt sich eine Ausbildungsinvestition durch höhere Einkommen aus. Die Differenz zwischen dem Verlust in der Ausbildungsphase und zusätzlichem Verdienst nach der Ausbildung stellt den Ertrag der erbrachten Investition in Humankapital dar.[39] Die Höhe des zusätzlichen Einkommens der ausgebildeten Arbeitskräfte ist nach dieser Theorie proportional zu ihrem durch die Ausbildung entstandenen Produktivitätszuwachs, was wiederum proportional zu ihrem Humankapitalzuwachs ist. Diese Annahme zeigt, dass diese Theorie von einer vollständigen Konkurrenz und Mobilität der Arbeitskräfte ausgeht. Sind die Annahmen erfüllt, ist die Entlohnung ein eindeutiges Maß für den aktiven Humankapitalbestand des Individuums.

---

[37] Vgl. Westphal, 1990, S. 14
[38] Vgl. Mincer, 1984, S.196
[39] Vgl. Westphal, 1990, S. 14-17

Die Humankapitaltheorie wurde durch viele Autoren mit unterschiedlichen Ansätzen diskutiert. Hierfür werden nachfolgend zwei wichtige Ansätze kurz dargelegt.

4.2 Der Humankapitalansatz von Schultz

4.2.1 Grundlegende Überlegungen bei Schultz

Schultz will mit seinem Humankapitalansatz den Beitrag des in Form von Ausbildung investierten Kapitals zum Wirtschaftswachstum von der Kosten- und Ertragsseite her ermitteln. Er untersucht also welcher Anteil am Wirtschaftswachstum der verbesserten Ausbildung zuzurechnen ist. Dabei unterstellt er die Annahme, dass individuelle Ausbildungsinvestitionen den größten Teil des Wachstums des Realeinkommens der Arbeitnehmer bestimmen. Er sucht die Schlüsselfaktoren, welche die Einkommensunterschiede verschiedener Arbeitnehmer determinieren. Dazu ermittelt er die Menge der Ausbildung, die in den Arbeitskräften verkörpert ist.

Nach *Schultz* können die Einkommensunterschiede auf die Investitionen in Menschen, das heißt in ihre Gesundheit, Ausbildung, Fortbildung am Arbeitsplatz und interne Migration – also die Wanderungsbewegungen von Arbeitnehmern im Inland – zurückgeführt werden. Aus dieser Investition sind langfristige Erträge zu erwarten.[40] Er schlägt vor die Investitionen in Humankapital auf eine ähnliche Art und Weise wie die Investitionen in Sachkapital zu bewerten. Für Investitionen in Humankapital müssen verschiedene Ausgaben getätigt werden, die unterschiedlichen Zwecken dienen können wie der Erhöhung der Gesundheit und der Kraft, der Ausbildung in der Schule, am Arbeitsplatz, der Fortbildung und der internen Migration.

Schultz analysiert in seiner Studie nur die qualitative Verbesserung des Humankapitals nicht aber dessen quantitative Vermehrung. Er konzentriert sich auf diese Komponente, weil er den Einfluss einer Verbesserung des aktiven Humankapitals und nicht die Auswirkung der Vermehrung der in die Produktion eingebundenen Humankapitalträger analysieren möchte. Er geht in seinem Werk von der allgemeinen Annahme der Humankapitaltheorie aus, dass durch eine Steigerung der Ausgaben zur Erhöhung der Fähigkeiten der Menschen auch die Produktivität der Arbeitskräfte ansteigt, was wiederum eine Einkommens-

---

[40] Vgl. Schultz, 1973, S.36

steigerung nach sich zieht. Er analysiert lediglich die formale Ausbildung in den Schulen.

4.2.2 Die Kostenseite des Humankapitals

Durch die Betrachtung der Kostenseite der Humankapitalakkumulierung will *Schultz* mit Hilfe der durch die Ausbildungsausgaben entstandenen Kosten den Humankapitalbestand errechnen. Schultz schätzt den Ausbildungsbestand in den USA von 1900-1957 anhand der Kosten, die das Schulsystem (Elementarschule, High School und College) verursacht hat. Dabei berücksichtigt er nicht nur die direkten Schulkosten sondern auch die Opportunitätskosten, welche durch den Schulbesuch entstehen.

Der größte Teil der direkten Kosten für formale Ausbildung bringt der Staat auf. Diese Kosten sind die Entlohnung der Lehrkräfte und des Dienstpersonals, die Finanzierung von Forschungsvorhaben und der Unterhalt von Gebäuden und Einrichtungen.[41] Aber auch die Schüler und Studenten haben direkte Kosten. Diese bestehen aus den Ausgaben für Lehr- und Studiengänge, für Bücher und anderes Lehrmaterial sowie für den Lebensunterhalt während der Ausbildungszeit.[42]

Die indirekten Kosten entstehen durch das entgangene Einkommen während der Ausbildungszeit. Sie dürfen nicht nur als Kosten der Studenten oder deren Familien betrachtet werden, sondern müssen auch als volkswirtschaftliche Kosten angesehen werden. Diese entstehen dadurch, dass die Arbeitskraft der Schüler und Studenten nicht für einen potentiellen Zuwachs des Sozialprodukts bereitgestellt wird.[43] *Schultz* schätzt diese Opportunitätskosten indem er die verlorenen Arbeitsstunden eines repräsentativen Schülers bzw. Studenten auf der Grundlage eines Durchschnittslohnes in der Industrie gewichtet.[44]

Schultz nimmt die Schultage als Messgröße. Da sich die Schultage pro Jahr in dem beobachteten Zeitraum geändert haben, kann das Schuljahr nicht als Messgröße dienen. *Schultz* rechnet die Schultage zu Schuljahr-Äquivalenten um. Dabei entsprechen 152 Schultage einem Schuljahr-Äquivalent. Er berechnet den Durchschnitt der Schuljahr-Äquivalente einer Erwerbsperson für Elementarschule, Highschool und College und multipliziert diesen mit den geschätzten direkten und indirekten Gesamtkosten des Schulbesuchs. Die Kosten der Aus-

---

[41] Vgl. Krug 1967, S.44
[42] Vgl. Laer, 1977, S.39
[43] Vgl. Krug, 1967, S.43
[44] Vgl. Eckaus, 1970, S80

bildung steigen mit deren Niveau. Highschool Ausbildung kostet bei *Schultz* fünfmal, College Ausbildung zwölfmal soviel wie die Ausbildung in der Elementarschule. Durch diese Multiplikation erhält man die Kosten, die eine Erwerbsperson durch ihre gesamte Ausbildung verursacht. Schultz verwendet diese Größe als Maß um die in der Erwerbsbevölkerung verkörperte Ausbildungsmenge bzw. den Humankapitalbestand zu erfassen. Der Ausbildungsbestand der Gesamt- bzw. Erwerbsbevölkerung wird durch das Produkt der Schuljahr-Äquivalente der Bevölkerung bzw. Erwerbsbevölkerung und den errechneten Durchschnittskosten pro Schuljahr-Äquivalente bestimmt. Dieses Produkt lieferte für das Jahr 1957 Ausbildungskosten der Erwerbsbevölkerung in den USA von 535 Mrd. Dollar, für das Jahr 1900 von 63 Mrd. Dollar.

4.2.3 Die Ertragsseite des Humankapitals

Der Ertrag von Humankapital kann auf ähnliche Weise, wie der Unternehmensertrag definiert werden und zwar als Transformation der personengebundenen Qualifikationen, die durch Ausbildung erworben wurden, in zusätzliche Güter- oder Dienstleistungen im laufenden Produktionsprozess.[45]

Die Erträge aus Humankapital können aus der Sicht der Einzelnen unter zwei Gesichtspunkten betrachtet werden. Einerseits stellen sie wie beim Sachkapital die Verzinsung des Humankapitals dar. Diese Verzinsung kommt entweder durch Löhne und Gehälter oder bei selbständiger Tätigkeit als Gewinn des eigenen Unternehmens zum Ausdruck. Anderseits können aber auch immaterielle Erträge als Ertrag des Humankapitals bezeichnet werden. Allgemeines Wohlbefinden ist ein Beispiel für den aus den erworbenen Kenntnissen über Gesundheit und die Notwendigkeit höherer Gesundheitsausgaben resultierenden Humankapitalbestand.

Die Erträge aus der Schulausbildung kommen durch zusätzliches Einkommen zum Ausdruck. *Schultz* stellte fest, dass das Einkommen von Personen mit der Anzahl der absolvierten Elementarschuljahre stieg. Aus dieser Erkenntnis zieht er den Schluss, dass die Elementarausbildung einen bedeutenden Beitrag zur Produktivität und zum Verdienst der Erwerbsbevölkerung leistet. Eine Berechnung der Erträge aus Elementarschulbildung führt *Schultz* nicht durch. Für Aussagen über Erträge der Highschool Ausbildung benutzt er die Ergebnisse einer früheren Untersuchung von *Becker*.[46] *Becker* berechnet die Erträge nach

---

[45] Vgl. Westphal, 1990
[46] Siehe Becker, 1964

der internen Zinsfussmethode für das Jahr 1939. Er errechnet so einen Ertrag für die Highschool Kosten von 14,3% aus den direkten und 19,2% aus den gesamten Kosten (mit Opportunitätskosten). *Schultz* schätzt die Erträge der Elementarschulbildung höher ein, gibt aber keine genaue Rechnung an. Becker schätzte den Ertrag aus den gesamten College Kosten (mit Opportunitätskosten) sowohl für 1940 als auch für 1950 auf 9%.[47] *Schultz* schließt daraus, dass um so niedrigere Erträge zu erwarten sind, je höher das Ausbildungsniveau wird.

Schultz untersucht auch, ob das Weiterstudieren einen größeren Ertrag als der Ausstieg aus der Schulbildung mit sich bringt. Zu Berechnung nutzt er nicht wie *Becker* die interne Zinsfußmethode. Er betrachtet stattdessen das Verhältnis von zusätzlichem Lebenseinkommen und zusätzlichen Ausbildungskosten separat für die drei Ausbildungsstufen. Diese Untersuchung liefert ähnliche Ergebnisse wie die Ertragsbetrachtung der verschiedenen Ausbildungsstufen. Der Besuch von vier zusätzlichen Jahren Elementarschule (also der Besuch von acht Jahren Elementarschule statt der Ausstieg in der vierten Klasse) ergibt eine vorteilhaftere Relation (34,9) von zusätzlichem Lebenseinkommen zu zusätzlichen Kosten als der Besuch von vier Jahren Highschool (15,3) bzw. College (8,97).

4.2.4 Beitrag der Ausbildung zum Wirtschaftswachstum

Den Beitrag der Ausbildung zum Wirtschaftswachstum hat *Schultz* für den Zeitraum von 1929 bis 1957 in den USA untersucht. In dem ersten Schritt bestimmt er für diesen Zeitraum die Ausbildungsmenge in der Erwerbsbevölkerung von der Kostenseite her. Die durch Ausbildungskosten ausgedrückte Ausbildungsmenge der Erwerbsbevölkerung stieg in diesem Zeitraum um 355 Mrd. Dollar.[48] Diese Steigerung resultiert aus dem Wachstum der Erwerbsbevölkerung und aus der zusätzlichen Ausbildungsmenge pro Erwerbsperson. Bei konstanten Ausbildungskosten pro Erwerbsperson hätte nur eine Steigerung von 69 Mrd. US $ eintreten sollen. Das bedeutet das 286 Mrd. US $ Zuwachs der Ausbildungskosten aus der zusätzlichen Ausbildung pro Person resultiert.[49]

Im nächsten Schritt stellt er fest, dass sich das reale Einkommen in den USA im Zeitraum 1929-1957 von 150 Mrd. auf 302 Mrd. US $ (zu Preisen von 1956) verdoppelt hat. Bei einem geschätzten Anteil von 75% des Faktors Arbeit am

---

[47] Vgl. Becker, 1960
[48] Vgl. Schultz, 1961b,S. 239
[49] Vgl. Schultz, 1961b,S. 240

43

Gesamtprodukt im betrachteten Zeitraum erhöhte sich der Wert dieses Faktors von 112,5 Mrd. auf 226,6 Mrd. US $. Bei konstantem Pro-Kopf-Arbeitseinkommen wäre diese Größe - bedingt durch das Wachstum der Erwerbsbevölkerung – nur auf 155,5 Mrd. US $ gewachsen. Es besteht eine Differenz von 71,1 Mrd. Dollar, was durch Bevölkerungswachstum nicht erklärt werden kann.

Schultz geht nun der Frage nach, welcher Anteil dieses Differenzbetrages der gestiegenen formalen Ausbildung zuzurechnen ist. Um diesen Beitrag festzustellen berechnet er den Anteil des Produkts von Ausbildungsertrag und Zuwachs der Ausbildungskosten (286 Mrd. US $) an dem durch Bevölkerungswachstum nicht erklärbaren Arbeitseinkommenwachstum (71,1 Mrd. US $). Mit der oben erwähnten Schätzung von *Becker* - mit 9% Ertrag aus der Collage-Bildung - wäre 36% des unerklärten Wachstums[50] der zusätzlichen Ausbildung zuzurechnen. *Schultz* selbst schätzt den Durchschnittsertrag der drei Ausbildungsstufen mit 17,3% viel höher ein. Mit diesem Wert wäre sogar 70% des Einkommenswachstums ($(286 \cdot 0{,}173 \cdot 100)/71{,}1 = 0{,}695$) durch zusätzliche Ausbildung erklärt.

4.2.5 Zusammenfassung

Schultz analysiert den Beitrag des in Form von Ausbildung investierten Kapitals zum Wirtschaftswachstum von der Kosten- und Ertragsseite her. Seine Absicht ist den Anteil am Wachstum des Volkseinkommens zu berechnen, welcher der Erhöhung des aktiven Humankapitalbestandes zugerechnet werden kann. Zu diesem Zweck wurden die Ertragsraten aus der Ausbildungsinvestition geschätzt.

Die Analyse von *Schultz* befasst sich mit der qualitativen Verbesserung des Humankapitals, d.h. mit der Verbesserung der Arbeitskräfte und deren Einfluss auf das Wirtschaftswachstum. *Schultz* schätzt von der Kostenseite her den Ausbildungsbestand in den USA im Zeitraum von 1929-1957 und von der Ertragsseite her das zusätzliche Arbeitseinkommen in der Erwerbsbevölkerung, das auf Ausbildung zurückzuführen ist. Er kommt zu der Schlussfolgerung, dass die Ausbildung zwischen 36% und 70% zur Steigerung des Pro-Kopf-Einkommens der Erwerbsbevölkerung beigetragen hat.

---

[50] $(286 \cdot 0{,}09 \cdot 100)/71{,}1 = 0{,}36$

4.3 Der Humankapitalansatz von Denison

4.3.1 Ausgangspunkt des Ansatzes von Denison

Denison versucht nicht wie *Schultz*, nur über die Vergangenheit Aussagen zu treffen, sondern macht auch Prognosen über das Wirtschaftswachstum der Zukunft. Er bedient sich dabei der Korrelationsanalyse mit deren Hilfe er Zusammenhänge zwischen formaler Ausbildung bzw. Arbeitsqualität und der Höhe des Wachstums des Volkseinkommens untersucht. Für *Denison* entstehen Einkommensunterschiede nur durch die unterschiedlichen Ausbildungsniveaus der Arbeitsnehmer, denn zusätzliche Ausbildung steigert normalerweise die produktive Fähigkeit bzw. die Arbeitsproduktivität des Einzelnen.[51]

Denison untersucht die Wirkungen der Arbeitszeitverkürzungen auf den effektiven Arbeitsinput in der Periode von 1929 bis 1957. Er stellt fest, dass in diesem Zeitraum der Arbeitszeitverkürzung ein Anstieg der Qualität einer Arbeitsstunde von im Durchschnitt 0,5% pro Jahr gegenüber steht und sich zusammengenommen eine Arbeitssteigerung von 1,08% ergibt.[52] Dieses Ergebnis führt er auf eine verbesserte Ausbildung der Arbeitsnehmer und auf die daraus resultierende Produktivität zurück. Die Ausbildung leistet dadurch einen positiven Beitrag zum Wirtschaftswachstum.

Die Messung des Beitrages der Ausbildung zum wirtschaftlichen Wachstum beruht bei *Denison* auf den Annahmen der Grenzproduktivitätstheorie. Im Lichte dieser Theorie entspricht der Preis bei Gewinnmaximierung, der für den Faktor Arbeit bezahlt wird, genau dem Grenzertrag, der durch ihn erwirtschaftet wird.[53] Dadurch können die Einkommensunterschiede als ein adäquates Maß für die unterschiedlich hohen produktiven Beiträge der Erwerbstätigen angesehen werden.

4.3.2 Beitrag der Ausbildung zum Wirtschaftswachstum

4.3.2.1 Ermittlung des Ausbildungsbestandes

Denison misst die Ausbildung in Form von vollendeten Schuljahren bzw. durch die Zahl der Tage des Schulbesuches. Dadurch soll die Vergrößerung des Ausbildungsbestandes während einer Zeitspanne geschätzt werden. Die Schätzungen wurden für Männer aus den USA, die in den Jahren 1910, 1929 und

---

[51] Vgl. Denison, 1964, S.263
[52] Vgl. Denison, 1964, S.247
[53] Vgl. Gabler-Wirtschaftslexikon, 1983, S.1876

1957 jeweils über 25 Jahre alt waren, durchgeführt. Als Ergebnis wurde ein erheblicher Anstieg der Ausbildungsmenge der untersuchten Arbeiter festgestellt. Ein Arbeiter aus dem Jahr 1957 hatte 80% mehr Tage in der Schule verbracht als sein Kollege aus dem Jahr 1929 und sogar 150% mehr als der Arbeiter von 1910.[54]

4.3.2.2 Bildungsspezifische Einkommensunterschiede

Nach der Ermittlung des Ausbildungsbestandes und seiner Entwicklung war es möglich die Einkommensunterschiede zu analysieren, die auf die Ausbildung zurückzuführen sind.

Denison führt zusätzliches Einkommen auf Qualitätsverbesserung der Arbeitskraft zurück. Dadurch bekommen ausbildungsspezifische Einkommensunterschiede in Abhängigkeit von der Anzahl der vollendeten Schuljahre eine zentrale Bedeutung. Aus der Grenzproduktivitätstheorie folgt, dass die durchschnittlichen ausbildungsspezifischen Einkommensunterschiede ein adäquates Maß für die unterschiedlich hohe Produktivität der Erwerbstätigen bilden. Es sind jedoch zusätzliche Schwierigkeiten zu beachten. *Denison* hat erkannt, dass neben der Ausbildungsmenge auch die angeborenen Fähigkeiten wie Intelligenz berücksichtigt werden müssen. Deshalb führt er einen Korrekturfaktor ein damit die beobachteten Einkommensunterschiede wirklich auf die unterschiedlichen Ausbildungsmengen zurückgeführt werden können. *Denison* macht es auf eine willkürliche Art und Weise, indem er die durchschnittlichen Einkommensunterschiede um 2/5 verkleinert. Das Ausmaß dieser Korrektur hat *Denison* einfach angenommen. Es gibt dafür, wie er selbst betont, keine statistischen Beweise.[55]

4.3.2.3 Einfluss der Ausbildung auf Produktivität und Wirtschaftswachstum

Die vorherigen Ergebnisse von *Denison* belegen einen positiven Einfluss zusätzlicher Ausbildung auf die Einkommensentwicklung einer Erwerbsperson. *Denison* ermittelt einen Index, der die Wirkung der erhöhten formalen Ausbildung auf die produktive Fähigkeit eines Arbeiters quantifizieren soll. Der Index berechnet sich aus den beobachteten ausbildungsspezifischen Einkommensunterschieden von Arbeitskräften einerseits und aus Schätzwerten für die absolvierten Schultage bzw. Schuljahre anderseits. *Denison* kommt zu dem Ergebnis, dass die durchschnittliche Qualität (d.h. die produktiven Fähigkeiten der Erwerbsbevölkerung) von 1929-1957 um eine jährliche Durchschnittsrate von

---

[54] Vgl. Denison, 1964, S.247
[55] Vgl. Denison, 1964, S.266

0,93% angestiegen sind. Das heißt, dass die formale Ausbildung, die in dieser Zeitspanne um 80% wuchs, die Durchschnittsqualität der Arbeit um 30% ($1,0093^{28} = 1,296$) erhöhte.[56]

Außerdem folgert *Denison*, dass die Qualitätsverbesserung der Erwerbsbevölkerung durch zusätzliche Ausbildung einen großen Beitrag zur jährlichen Wachstumsrate der gesamten realen Volkseinkommen der USA von 2,93% in der Periode von 1929-1957 erbracht hat. Die Qualitätsverbesserung der Erwerbsbevölkerung besitzt nach *Denison* einen Anteil an dieser Rate von 23%. Bezogen auf die Wachstumsrate des realen Volkseinkommens pro Beschäftigtem (im Zeitraum von 1929-1957 jährlich 1,6%) ergibt sich sogar ein Anteil der Qualitätsverbesserung der Erwerbsbevölkerung von 42%.[57]

Der Anteil der Qualitätsverbesserung der Erwerbsbevölkerung am Wachstum bzw. am Pro-Kopf-Wachstum des gesamten realen Volkseinkommens lag im Zeitraum von 1909 bis 1925 nur halb so hoch wie im Zeitraum von 1929 bis 1957. *Denison* schätzt auch die zukünftigen Anteile in der Wirtschaftsentwicklung (d.h. für den Zeitraum von 1960-1980) und erhält ähnliche Werte wie für den vorangegangenen Zeitabschnitt.

Dass die Bedeutung zusätzlicher Ausbildung und die dadurch zu erwartende Qualitätsverbesserung der Erwerbsbevölkerung groß ist, liegt auch am hohen Anteil des Faktors Arbeit am Volkseinkommen einer Gesellschaft. Für die Zeitspanne 1929-1957 schätzt *Denison* den Anteil des Faktors Arbeit am Volkseinkommen auf 73%, des Bodens auf 4,5% und den des reproduzierbaren Kapitals auf 22,5%.[58] Da der Faktor Arbeit einen derart hohen Anteil am Sozialprodukt besitzt, ist es verständlich, dass alle Ansätze zur Verbesserung der Arbeitsqualität durch mehr Ausbildung einen wesentlichen Beitrag zur Erhöhung des Wirtschaftswachstums leisten können.

4.3.3 Zusammenfassung des Ansatzes von Denison

Denison hat sich zum Ziel gesetzt die Determinanten des amerikanischen Wachstums zu erforschen. Er versucht dazu den Anteil an den Steigerungsraten des realen Volkseinkommens zu bestimmen, der auf eine erhöhte Arbeitsqualität infolge zusätzlicher Ausbildung zurückzuführen ist.

---

[56] Vgl. Denison, 1964, S.251
[57] Vgl. Denison, 1964, S.277
[58] Vgl. Denison, 1964, S.246

Er kommt für die USA im Zeitraum 1929-1957 zu dem Ergebnis, dass 23% des Wirtschaftswachstums durch gestiegene formale Ausbildung zu erklären sind. Da in dem genannten Zeitraum der Faktor Arbeit im Gegensatz zu den anderen Faktoren wie dem Boden und dem reproduzierbaren Kapital einen bedeutsamen Anteil am Volkseinkommen hatte (73%), schließt er, dass Investitionen, die auf Verbesserung der Qualität der Arbeitskräfte abzielen, einen starken Multiplikatoreffekt aufweisen.

4.4 Bewertung der Ansätze von Schultz und Denison

Das Konzept des Humankapitals wurde in dem Moment im Bereich der Bildungsökonomie anwendungsfähig, in dem es gelang Kosten, Erträge und Verzinsung von Ausbildungskapital einerseits theoretisch zu definieren und andererseits empirisch zu messen.[59]

Durch die Veröffentlichung der Forschungsbeiträge von *Schultz* und *Denison* wurde die Diskussionsgrundlage erweitert. Das ist sicherlich eine große positive Leistung. Doch beide benutzen Einschränkungen und Verfahren, die nicht unstrittig sind.[60]

a) Beide Autoren verwenden die Schuljahr-Äquivalenten als Maß für Ausbildungsmenge. Dies führt eindeutig zu Ungenauigkeiten. Dieses Konzept unterscheidet nicht zwischen Grund-, Sekundär- bzw. Hochschuljahren, obwohl sich diese Schuljahre auf das Ausbildungsniveau eines Menschen sicherlich unterschiedlich auswirken.

Bei *Denison* hat eine Anzahlerhöhung der pro Jahr absolvierten Schultage den gleichen Effekt wie eine Erhöhung der Anzahl an absolvierten Schuljahren.[61] Die Folge ist, dass eine längere Ausbildung automatisch als bessere Ausbildung gilt.

Die Schuljahr-Äquivalenten haben außerdem zur Folge, dass die durch einen Schultag vermittelte Ausbildungsmenge im Jahr 1957 gleich hoch ist wie im Jahr 1927. Dadurch werden die Berechnungen des Ausbildungsbestandes in einer Gesellschaft durch Schultz fragwürdig.[62]

---

[59] Vgl. Westphal, 1990, S. 66
[60] Vgl. Westphal, 1990, S. 66
[61] Vgl. Denison, 1970, S.247
[62] Vgl. Westphal, 1990, S. 66

Obwohl es in keiner der beiden Veröffentlichungen eindeutig gesagt wird, bedeutet das Maß der Schuljahr-Äquivalenten, dass Wissen, welches schwieriger zu erlernen ist und deswegen längere Ausbildungszeit benötigt, in dem Arbeitsprozess auch produktiver ist. Dies ist eine Annahme, die für das Wissen innerhalb einer Branche noch als zutreffend gelten mag gemessen an dem Beitrag zum BSP bzw. BIP verschiedener Wirtschaftsgebiete aber sicherlich nicht die Regel ist. Die Autoren wollen die Produktivität der Ausbildung messen, ermitteln aber eigentlich nur die Schwierigkeit der Wissensakkumulierung.

b) Die Humankapitaltheorieansätze beider Autoren beruhen in ihrem empirischen Teil vornehmlich auf dem Einkommen (Löhne und Gehälter). Die Produktivität eines Arbeiters wird durch seinen Lohn ausgedrückt. Beide Veröffentlichungen nehmen die vollständige Konkurrenz auf dem Arbeitsmarkt als Ausgangspunkt. Da in der Realität dies nicht gegeben ist, können Einkommensunterschiede nicht vollständig auf Ausbildungsunterschiede zurückgeführt werden.

Schultz beachtet in seiner Theorie die angeborenen Leistungsunterschiede der Menschen überhaupt nicht. Obwohl *Denison* das tut, ist die Art seiner Vorgehensweise sehr umstritten. Um die Wirkung der Ausbildung auf die Produktivität von der angeborenen Intelligenz und Energie abzugrenzen verwendet *Denison* eine willkürliche Methode. Der Abzug von 2/5 des zusätzlichen Einkommens um die geschilderten Einflüsse zu korrigieren ist frei gewählt und kann nicht untermauert werden. *Laer* argumentiert, dass *Denison* sich dieser unbefriedigenden Lösung bedient, weil der Weg den Beitrag der Ausbildung zum Wachstum des Realeinkommens und damit zum Wirtschaftswachstum zu quantifizieren sich praktisch als unbegehbar erwiesen hat.[63]

Den Beitrag des Faktors Arbeit mit dessen Entlohnung gleichzusetzen ist ein Element der neoklassischen Grenzproduktivitätstheorie, die wiederum konstanten Skalenerträge, die Gültigkeit des Ertragsgesetzes und die Gültigkeit der vollkommenen Konkurrenz voraussetzt.[64] Diese letzte Bedingung ist in der Praxis niemals zu erfüllen.[65] Für einen Arbeitnehmer ist es unmöglich immer so gut über die Arbeitsmöglichkeiten informiert zu sein, dass er die maximale Produktivität gemäß seinem Humankapitalbestand erzielen

---

[63] Vgl. Laer, 1977, S.28
[64] Vgl. Gabler-Wirtschaftslexikon, 1983, Bd. 6, S.2114
[65] Vgl. Schumann, 1987, S.247

kann.[66] Weiterhin berücksichtigt die Grenzproduktivitätstheorie, auf der die Humankapitalansätze basieren, nicht die reale Verknappung auf dem Markt und vernachlässigt die unterschiedlichen Produktivitäten in den Arbeitsmarktsegmenten.[67] Zum Beispiel sind die Einkommen im öffentlichen Dienst von den Variationen des Einkommens auf dem freien Arbeitsmarkt unabhängig. Außerdem werden in vielen Länder – eigentlich in den meisten Ländern - für die Sicherung des Lebensstandards der minder- bzw. unqualifizierten Arbeitskräfte Mindestlöhne festgelegt, wodurch die vollständige Konkurrenz auf dem Arbeitsmarkt, wie von der Humankapitaltheorie gefordert, außer Kraft gesetzt wird.

c) Das potentielle Einkommen, das einem Schüler bzw. Student dadurch entgeht, dass er sich in der Ausbildung statt im Arbeitsprozess befindet, wurde von *Denison* überhaupt nicht berücksichtigt. Auch der Ansatz, der *Schultz* dafür gegeben zu haben meint, indem er die verlorenen Arbeitsstunden eines Schülers / Studenten mit einem durchschnittlichen Stundenlohn gewichtet hat, stellt nur eine partielle Lösung dar. Sie funktioniert nur unter der restriktiven Annahme, dass jährlich eine in etwa konstante Anzahl von Ausbildungsabsolventen auf den Arbeitsmarkt strömt. [68] Weiterhin unberücksichtigte gesellschaftliche Kosten sind die Zinsen der Ersparnisse. Solche könnten sich durch Anlage auf dem Kapitalmarkt in einem bestimmten Zeitraum in einer Familie ansammeln, deren Einkommen nicht durch Ausbildungskosten verringert wird.

d) Ausbildung ist nicht immer eine Investition um höhere wirtschaftliche Erträge zu erzielen. Ein Teil der Ausbildung wird „konsumiert", da der Mensch nicht alle Kenntnisse und Fähigkeiten produktiv einsetzt. Die Humankapitalansätze von *Schultz* und *Denison* lassen diesen Aspekt der Ausbildung völlig außer Acht.
Schultz beschäftigt sich allerdings kurz mit dem Konsumaspekt der Ausbildung indem er die Frage behandelt, ob Ausbildungskosten sinnvoll nach Konsum und Investition aufgeteilt werden können. Er nimmt an, dass Grundausbildung nicht als Investition, Highschool Ausbildung zur Hälfte als Investition und zur Hälfte als Konsum, College Ausbildung zum großen Teil als Investition gesehen werden kann. Diese Annahmen führen zu einer Auf-

---

[66] Vgl. Westphal, 1990, S.54
[67] Vgl. Psacharopoulos, 1981, S.13
[68] Vgl. Eckaus, 1970, S.8

teilung in 50% Konsum 50% Investition.[69] Trotz dieser Argumentation sind *Eckaus* und *Laer* der Meinung, dass *Schultz* und *Denison* die Ausbildung ausschließlich als Investition behandelt haben.[70]

e) Der Ansatz von *Schultz* impliziert, dass jede vermittelte Ausbildung später produktiv eingesetzt wird. Ausbildung produziert also nur aktives Humankapital. Das ist aber nicht immer der Fall, auch wenn man den Konsumteil der Ausbildung außer Acht lässt. Nicht jede Person setzt seine erworbene Ausbildung im Arbeitsprozess ein. Manche Studenten brechen ihre Ausbildung nach einigen Semestern ab und studieren etwas anderes. Es ist nicht immer zu erwarten, dass bei einem solchen Wechsel das erworbene Wissen des ersten Studienganges in dem späteren Arbeitsprozess eingesetzt wird. Falls eine Person einige Semester Elektrotechnik studiert und später zur Philosophie wechselt, kann man davon ausgehen, dass in der Arbeit eines Philosophen die Kenntnisse eines Elektrotechnikers nicht produktiv eingesetzt werden können. Die Arbeitsfelder sind dafür zu unterschiedlich. *Eckaus* weist auch darauf hin, dass viele Frauen ihre erworbene Ausbildung aus verschiedenen Gründen nicht im Produktionsprozess einsetzen.[71] Somit wird nur ein Teil der Ausbildung zu aktivem Humankapital. Teilweise erhöht Ausbildung nur das potentielle Humankapital.

Die Ansätze beider Autoren konzentrieren sich auf den Ausbildungsbestand eines geringen Ausschnitts der Gesamtbevölkerung der USA und zwar auf die erwerbstätigen Männer über 25 Jahre. Das ist von Nachteil, da auch Frauen als erwerbstätig gelten, die sich ausschließlich ihrer Familie oder anderen sozialen Zwecken widmen. Außerdem gehen *Schultz* und *Denison* davon aus, dass alle Ausgebildeten einen Arbeitsplatz erhalten. Ausgebildete Arbeitslose gibt es nicht. Diese Beispiele zeigen, dass diese Humankapitalansätze sich nur mit dem aktiven Humankapital und dessen Auswirkung beschäftigen. Eine Abgrenzung von potentiellem Humankapital und eine Analyse seiner Wirkung werden überhaupt nicht angestrebt.

f) Diese Ansätze der Humankapitaltheorie unterlassen eine Differenzierung des Ausbildungssystems. So berechnet z.B. *Schultz* die Erträge der Elementar-, Highschool und College Ausbildung, ohne Qualitätsaspekte innerhalb der genanten Ausbildungsstufen zu beachten. Ebenso wird nicht zwischen hu-

---

[69] Vgl. Schultz, 1970, S.235
[70] Vgl. Eckaus, 1970, S.81 und Laer, 1977, S.28
[71] Vgl. Eckaus, 1970, S.81

manistischer und technischer Ausbildung differenziert. Die Wirkung dieser Ausbildungsarten auf die Produktion unterscheidet sich aber erheblich. Bei produktivem Einsetzen einer technischen Ausbildung in der Wirtschaft wirkt sich sowohl direkt wie auch indirekte (externe Effekte) auf das BSP eines Landes aus. Bei humanistischer Ausbildung dominiert eindeutig die Indirekte Wirkung, da mit Hilfe dieser Ausbildungsart keine Produktions- oder Investitionsgüter hergestellt werden

g) Schließlich beschränkt sich *Schultz* auf die formale Ausbildung, die in der Elementarschule, auf der Highschool und am College erworben wird. Die anderen Ausbildungsmöglichkeiten wie Berufsschulen, Internatsschulen und der gesamte militärische Bereich werden nicht berücksichtigt.[72] Das führt zur Unterschätzung des aktiven Humankapitalbestandes, denn gerade die berufliche Ausbildung leistet einen großen Beitrag zur Ausbildung des Humankapitals, das im Gegensatz zur Allgemeinbildung meistens als aktives Humankapital seine Verwendung in dem Produktionsprozess findet.

Die zwei Grundaufsätze der Humankapitaltheorie haben also nicht nur Anerkennung geerntet. Die Frage ist aber, ob die berechtigten Kritikpunkte die Grundaussage dieser Arbeiten – nämlich, dass das Wachstum des Ausbildungsniveaus einen Teil des Wirtschaftswachstums zu verantworten hat - als falsch erscheinen lässt. Dies ist nicht der Fall. Die obigen Kritiken beziehen sich alle auf Detailfragen. Wie man die Menge des Humankapitals misst, ob aktives oder potentielles Humankapital gemessen werden soll, ob die Konzentration auf eine einzige Gesellschaftsschicht berechtigt ist, ob die Vernachlässigung der Wissensakkumulierung auf den Arbeitsplatz eine grobe oder nur ein kleiner Fehler ist, etc. Die Grundsätze werden aber nicht angegriffen.

Die Arbeiten von *Denison* und *Schultz* können wahrlich als die ersten der neuen Humankapitaltheorie genannt werden. Diese Arbeiten haben sich noch auf die Messung des Humankapitalbestandes konzentriert. Der Grundsatz des persönlichen Investitionskalküls bei der Ausbildungsentscheidung wird aber bereits dargestellt. Dabei hat sich der Mittelpunkt des Interesses bei den zahlreichen nachfolgenden Arbeiten verschiedener Ökonomen mehr und mehr in Richtung des Investitionscharakters der Ausbildung verschoben. Die Ableitung eines ökonomischen Gleichgewichtes mit Hilfe der persönlichen Investitionsentscheidung zwischen Bildungsangebot und Bildungsnachfrage wurde zum Ziel gesetzt. Diese verstärkte Orientierung Richtung Empirie entstand um die

---

[72] Vgl. Schultz, 1967, S.52

diffusen und allgemeinen Behauptungen neoklassischer Makro-Wachstumstheorien auf den Boden der Realität zurückzuholen, sie überprüfbar, handhabbar und für Entscheidungsträger handlungsrelevanter zu machen.[73]

Wie in der Einleitung erklärt wurde, ist das Ziel dieser Arbeit nicht die Analyse dieses Aspekts sondern die Untersuchung der Wachstumsmodelle, die das Wachstum durch die Vermehrung von Wissen beschreiben bzw. auf Grundlage dieser Modelle die Untersuchung der globalen Auswirkungen der Humankapitalakkumulation. Deswegen werden die weiterführenden, mikro-ökonomischen Humankapitalansätze an dieser Stelle nicht weiter diskutiert

---

[73] Vgl. Naumann, 1981, S147

5 Probleme der Messung des Humankapitalbestandes und dessen Vergleichbarkeit unter den Ländern

In Kapitel 4.4 wurden die Kritikpunkte der Theorie von *Schultz* und *Denison* dargestellt. In diesem Kapitel möchte ich die allgemeinen Schwierigkeiten der Messung des Humankapitalbestandes und die daraus resultierenden Probleme bei Vergleich des Humankapitalniveaus verschiedener Länder darstellen.

5.1 Ist eine direkte Messung möglich?

Als Humankapital von den Ökonomen und (Wirtschafts)Politikern dank der zahlreichen Modellen verstärkt als ein Schlüsselfaktor des Wirtschaftswachstums erkannt wurde, ist es wichtig geworden Verfahren zu finden, welche eine präzise Messung des Bestandes und Anteils des Humankapitals am Wirtschaftswachstum ermöglichen sollten.

Die schon in Kapitel 4 vorgestellten Arbeiten von *Schultz* und *Denison* hatten sich genau das zum Ziel gesetzt. Dabei hatten auch diese beiden Autoren, wie jeder, der dieses Ziel verfolgt, mit einem grundlegenden Problem zu kämpfen. Das Humankapital selbst ist nicht direkt messbar. Es ist nicht direkt beobachtbar und hat keine Einheit.

Das potentielle Humankapital eines Individuums setzt sich aus seiner Gesundheit, seiner körperlichen Kraft und all seinem Wissen zusammen. Die körperliche Kraft ist noch gut messbar, die Messung der Gesundheit ist aber schon schwieriger, und die Ermittlung des Wissensbestandes ist ein Streitthema. Die Menschen versuchen in verschieden Lebensbereichen unterschiedliche Bewertungsgrundlagen für die Bestimmung des Humankapitalbestandes eines Menschen zu finden. In den Schulen ist es die Benotung. Diese ist aber relativ grob und liefert lediglich Informationen über bestimmte Teilbereiche des Wissens eines Menschen. Man könnte versuchen die Parallele mit dem Sachkapital zu suchen. Das Maß des Sachkapitals ist seine physische Einheit, die Stückzahl. Schon da gibt es kein Gegenstück beim Humankapital. Man kann nicht Humankapital Zählen oder eine Einheit Humankapital festlegen. Vielleicht wäre die physische Einheit auch kein gutes Maß, denn zwei unterschiedlichen Maschinen können auch nicht nach ihrer Anzahl verglichen werden. Es liegt nahe einen (schon indirekten) Vergleich durch die Preise des zu vergleichenden Sachkapitals zu erzielen. Beim physischen Kapital ist es einfach, da ein Markt für Neu- aber auch für Altgeräte bzw. gebrauchte Geräte vorhanden ist. Dieses Verfahren schlägt beim Humankapital wiederum fehl. Humankapital kann von dem Individuum nicht getrennt werden und ist dadurch ohne Sklavenhandel (wie es in einer entwickelten Ökonomie üblich ist) auch nicht veräußerbar. Betrachtet man physische Güter als Investitionen, kann eine Analogie aufgebaut werden. Bei einer Investition muss die Veräußerbarkeit nicht garantiert sein. Die Investitionssumme wird gegen die Ertragssumme gestellt. Dieser Ertrag kann beim physischen Kapital ein Verkauf mit einmaligem Verkaufserlös sein aber auch eine langfristige „Vermietung" mit mehreren Periodenerträgen. Die zweite Möglichkeit zeigt große Parallelen zu der Entstehung und Verwendung des Humankapitals. Humankapital wird angeschafft (Investition) und dann gegen eine Periodenentlohnung dem Arbeitgeber zur Verfügung gestellt (Ertrag). So gesehen ist Humankapital ein Investitionsgut, was nicht veräußerbar aber ertragsbringend „vermietbar" ist. Kann man die Investitionen oder die Erträge als Maß für den Humankapitalbestand auffassen?

5.2 Messung mit Hilfe der Ertragsseite

Die Höhe der Periodenentlohnung, die ein Mieter des Investitionsgutes dem Vermieter zu zahlen gewillt ist, hängt von dem erwarteten Ertrag ab, der mit Hilfe dieses Gutes erwirtschaftbar wird. Die Produktivität der Güter schraubt ihre Entlohnung hoch. Je produktiver ein Investitionsgut eingesetzt werden kann, je mehr Ertrag also von diesem erwartet wird, desto höher ist sein Preis. Die Entlohnung ist also ein indirektes Maß der Produktivität eines Investitionsgutes. Wie gut dieser Preis die Produktivität wirklich abbildet hängt von den Rahmenbedingungen ab. In einer „rationalen Welt", wo die Akteure Preisnehmer sind und rationale Erwartungen mit vollständiger Information besitzen, ist diese Abbildung perfekt. Je weniger von diesen Annahmen zutreffen, desto weniger stimmt die Abbildung. Eine Proportionalität kann aber auch bei nur teilweise erfüllten Bedingungen, wie sie in der realen Welt anzutreffen sind, vorausgesetzt werden.

Die Entlohnung des Humankapitals ist der Lohn bzw. das Gehalt. Analog zu den physischen Gütern steigt dieser Preis mit der Produktivität des Humankapitals. Die Güte des Zusammenhangs zwischen Entlohnung und Produktivität hängt, wie bei den physischen Gütern, vom Grenzertrag der Produktivität ab. Lohn und Gehalt scheinen also ein Maß für die Produktivität des Humankapitals der Arbeiter zu sein. Diese Theorie passt für die physische Arbeit sehr gut, allerdings kommen Bedenken bei der mentalen Arbeit auf. Bei physischer Arbeit bzw. Produktion kann die Produktivität des Arbeiters sehr leicht ermittelt werden. Das Verhältnis von Vergütung (Lohn und Gehalt) zu Produktivität ist eindeutig sichtbar, da die Stückzahl bzw. der monetäre Wert der hergestellten Produkte pro Zeiteinheit ermittelt werden kann. Dieses gut sichtbare Verhältnis verschwindet aber bei mentaler Arbeit. Die Produktivität einer Sekretärin ist nicht direkt messbar, da sich ihre Arbeit auf den ganzen Ablauf im Büro und nicht nur auf ein gut definiertes Produkt auswirkt. Auch die Arbeit eines Beamten kann nicht in direkter Relation zu einem bestimmten Output gesetzt werden. Die Beamten sind von dem Wettbewerb auf dem Arbeitsmarkt teilweise abgeschottet. Wie wird ihre Produktivität bestimmt? Es wird noch schwieriger, wenn die Arbeit des Individuums das Humankapital von anderen direkt beeinflusst. Wie kann die Produktivität eines Lehrers oder Arztes bestimmt werden, wenn meistens nicht mal der Einfluss bzw. die Tragweite ihrer Arbeit überblickt werden kann. Die Reichweite der Arbeitshandlungen ist bei Politikern noch größer. Spiegeln ihre Diäten ihre Produktivität wieder?

An diesen Beispielen ist zu erkennen, dass unter den Berufen, wo die externen Effekte unterschiedlich hoch sind, ein Vergleich der Produktivität direkt nicht möglich ist. Die Produktivitätsermittlung der physischen Arbeit ist deswegen so leicht, weil sie nur geringfügige externe Effekte, wenn überhaupt, besitzt. Trotzdem wird den Berufen mit hohen externen Effekten auch eine – mehr oder weniger feste – Bandbreite von Löhnen und Gehältern zugewiesen. Die unterschiedlichen Berufgruppen werden in Abhängigkeit der Höhe enthaltener externer Effekte in Relation zueinander gesetzt. So hat die Entscheidung eines Direktors größere Auswirkungen als die Entscheidung einer Sekretärin und wird deswegen als produktiver angesehen und entsprechend besser entlohnt.[74]

Die Wirtschaftsubjekte in derselben Gruppe werden nach bestimmten speziellen Produktivitätskriterien des Berufes beurteilt, wobei die externen Effekte meistens unberücksichtigt bleiben. (Da die externen Effekte innerhalb einer Berufsgruppe gleich sind, müssen sie bei dem Vergleich von Arbeitern derselben Gruppe nicht beachtet werden.) So ist ein Anwalt, der die meisten seiner Fälle gewinnt, „produktiver" und verdient mehr als einer, der eine weniger gute Bilanz aufweisen kann.

---

[74] Eine andere, oft verwendete Argumentation ist, dass die Höhe der Löhne und Gehälter mit der Größe der Verantwortung in der Position zusammenhängt. Eine Verbindung zwischen Verantwortung und externen Effekten kann hier auch hergestellt werden. Fraglich ist aber, ob der Sprung von externen Effekten zur Produktivität zulässig ist. In der Argumentation auf dieser Seite ist der Übergang (große externe Effekte → große Produktivität) zulässig, da schon die Höhe der Entlohnung als Produktivitätsmaß angesetzt wurde. In der Argumentationskette, wo die Verantwortung als Entlohnungsmaß verwendet wird, fehlt dieser Zusammenhang.

Der Humankapitalbestand eines Landes (bzw. einer wirtschaftlichen Einheit) ergibt sich nach dieser Methode durch die Aufsummierung der Löhne und Gehälter in dem Land (bzw. in der Wirtschaftseinheit). Mit dieser Messmethode wird aber nur das aktive Humankapital geschätzt. Will man die aktuelle Produktivität des Landes bestimmen, ist diese Größe hilfreich. Sie vernachlässigt aber den Bestand des potentiellen Humankapitals. Dadurch gibt sie die Effektivität der Ausbildung bzw. das Gleichgewicht zwischen dem Ausbildungs- und Arbeitsmarkt nicht zurück. Sie vernachlässigt zudem auch die Flexibilität der Arbeitnehmer im Inland. Falls das Verhältnis des potentiellen Humankapitals zum aktiven Humankapital ungleich 1 ist, zeigt dies, dass zwischen dem Ausbildungsmarkt und dem Arbeitsmarkt ein Ungleichgewicht herrscht. Ist dieses Verhältnis über 1, wird viel mehr erlernt als dann später in dem Arbeitsleben angewendet wird. Dies bedeutet aber auch eine große Flexibilität der Arbeitnehmer. Die Wirtschaftssubjekte haben „mehr zu bieten" als von ihnen momentan gefordert wird. Eine Strukturänderung des Arbeitsmarktes kann leicht ablaufen. Ist dieses Verhältnis unter 1, können die freien Arbeitsstellen mit den Arbeitern des Inlandes nicht besetzt werden.[75] Diese Überlegungen gelten sowohl für ganze Volkswirtschaften wie auch für einzelne Sektoren.

Die so errechneten Humankapitalbestände unterschiedlicher Länder sind nicht problemlos vergleichbar. Die aufsummierten Löhne und Gehälter müssen zunächst mit den Lebenshaltungskosten normiert werden. Aber der Vergleich der schon normierten Beträge ist auch nicht unbedingt aussagekräftig. In unterschiedlichen Ländern können die Relationen der Berufsgruppen zueinander unterschiedlich ausfallen. So wurde früher in den Ostblockländern die mentale Arbeit nicht so hoch geschätzt wie im Westen. Daraus resultierte, dass die Arbeiter dieser Gruppen in den Gehaltslisten viel tiefer standen als ihre westlichen Kollegen, obwohl die Ausbildung oft als sehr gut eingestuft wurden. Die gezahlten Löhne und Gehälter wiesen also einen strukturellen Unterschied auf. Diese Unterschiede werden durch die Aggregierung unsichtbar, erschweren den Vergleich der Zahlen und mindern somit die Vergleichbarkeit des Humankapitalbestandes der einzelnen Länder.

Wenn man diese aufsummierten Zahlen der Länder mit unterschiedlicher Gehaltsstruktur vergleicht, muss auch ein linearer Zusammenhang zwischen Produktivität und Entlohnung in einer Volkswirtschaft angenommen werden. Das heißt, dass die Gehaltsrelationen der Länder die tatsächliche Produktivität der Berufgruppe in der Ökonomie widerspiegeln müsse. Da aber die tatsächli-

---

[75] Unfreiwillige Arbeitslosigkeit mit offenen Arbeitsstellen ist die Folge.

che Produktivität vieler Berufsgruppen in der Realität nicht ermittelbar ist, kann diese Annahme als nicht erfüllt betrachtet werden.

Die Grenzproduktivitätstheorie postuliert genau diese Linearität der Beziehung von Produktivität und Entlohnung. Sollte dies stimmen, liefert die Summe der Gehälter und Löhne ein adäquates Maß für die Produktivität der Arbeiter. Damit dies zu einem adäquaten Maß für den Humankapitalbestand wird, muss auch eine lineare Substituierbarkeit der ausgebildeten und nicht-ausgebildeten Arbeiter angenommen werden. Wie es schon *Nelson* und *Phelps* dargestellt haben[76], kann dies aber bezweifelt werden. Ihr Beispiel bezieht sich auf einen Sektor. Noch weniger kann diese Annahme für eine ganze Volkswirtschaft gelten. Nach dieser Theorie könnte ein Arzt bzw. sein Wissen durch eine bestimmte Anzahl[77] von Mechanikern bzw. durch ihr Wissen ersetzt werden. Man kann leicht einsehen, dass dies nicht der Fall ist. Die Auswirkung eines Arztes auf die Produktivität einer Wirtschaftseinheit kann durch die Auswirkung bestimmter anderer Berufe auf die Produktivität dieser Wirtschaftseinheit substituiert werden. Sein Wissen nicht. Damit sind wir wieder beim Anfangsthema, bei der Frage, was man messen will. Die Aufsummierung der Löhne und Gehälter liefert ein Maß für die Produktivität und es ist klar, dass die Produktivität mit der Höhe des Humankapitals in einer Volkswirtschaft positiv und signifikant korreliert. Dies bedeutet aber nicht, dass diese Summe ein adäquates Maß für den Humankapitalbestand wäre.

5.3 Messung mit Hilfe der Kostenseite

Kann vielleicht die Investitionsseite des Humankapitals ein angemessenes Maß für den Humankapitalbestand einer Volkswirtschaft liefern? Dazu muss erst ein mal die Maßeinheit der Investition bestimmt werden. Ungleich zu den physischen Investitionsgütern, wo die Akkumulation einfach per Kauf geschieht und deswegen mit dem Kaufpreis einfach bewertet werden kann, braucht der Aufbau des Humankapitalbestandes nicht nur Geld, sondern auch Zeit. Die für die Akkumulation verwendete Zeit kann natürlich mit dem in dieser Zeit versäumten Ertrag bewertet werden.[78] Ein Maß für den Humankapitalbestand wäre dann die Summe der direkten Kosten und der Opportunitätskosten der Human-

---

[76] Siehe Kapitel 7.1, Seite 75 bzw. Nelson / Phelps, 1966
[77] ob diese Anzahl größer oder kleiner 1 ist, sei dahingestellt,
[78] In unserem Fall, ist bei der Betrachtung der Investitionsseite nicht interessant, wieso die Individuen ihre Zeit und Geld in die Ausbildung investieren.

kapitalakkumulierung. Dabei muss man beachten, dass die direkten Kosten nicht nur von der Seite des Individuums ausgehen. Fast alle formellen Humankapitalakkumulierungswege sind vom Staat subventioniert. Diese Subventionen müssen auch als direkte Kosten betrachtet werden.

Das erste Problem, was hier Auftritt, ist die Proportionalität des Zeitaufwands zu der gemessenen Höhe des Humankapitalbestandes. Eine lange Ausbildung bedeutet mehr direkte und auch mehr indirekte Kosten. Impliziert aber eine lange Ausbildung gleichzeitig einen großen Humankapitalbestand? Dies kann nur dann bejaht werden, wenn eine konstante Effektivität der Humankapitalakkumulierung angenommen wird. Dies ist aber maximal für einzelne Personen gegeben. Bei einem einzigen Individuum kann man schon sagen, dass diese Person nach 2 Jahren Ausbildung mehr Humankapital besitzt als am Ende des ersten Ausbildungsjahres. Bei mehreren Personen trifft dies aber nicht mehr zwangsweise zu. Hier wird die angeborene Intelligenz nicht nur nicht berücksichtigt, sondern wirkt sich sogar negativ aus. Nach dieser Theorie besitzt derjenige, der sein Studium in 4 Jahren absolviert hat, nach seinem Studium weniger Humankapital als eine Person, der für das gleiche 6 Jahre gebraucht hat.

Ein anderes Problem bei dieser Theorie ist, dass mit jedem zusätzlichen Jahr der Ausbildungsertrag immer höher wird. Da normalerweise die direkten Kosten der Ausbildung nicht fallen und die Opportunitätskosten gleichzeitig steigen[79], kostet jedes Ausbildungsjahr mehr als die Vorangegangenen. Da hier die Kosten als Maß für den Humankapitalbestand angesetzt sind, bedeutet es, dass in einem zusätzlichen Jahr mehr Humankapital als in dem Vorjahr akkumuliert wird.

Die Bewertung der gesundheitlichen Komponente ist ebenfalls problembehaftet. Da das Humankapitalniveau auch mit der Gesundheit zusammenhängt sind die Gesundheitsausgaben ein Teil der Humankapitalinvestition. Dabei werden die angeborenen Unterschiede wieder falsch eingeschätzt. Eine Person mit schwacher Gesundheit muss viel investieren damit ihre Leistungsbereitschaft nicht leidet. Ihr Humankapital wird dadurch hoch geschätzt. Ein kerngesunder Mensch investiert dagegen wenig ins Gesundheitswesen. Sein Humankapital wird dadurch in diesem Messverfahren unterschätzt.

Dieses Verfahren setzt voraus, dass die Effektivität der Ausgaben konstant ist. Das heißt, eine doppelt so hohe Investition in Ausbildung bedeutet einen doppelt so hohen Humankapitalbestand, falls die restlichen Einflussfaktoren konstant sind.

---

[79] Je höher ist das Ausbildungsniveau ist, desto mehr Entlohnung entgeht der Person, wenn sie sich weiterhin ausbilden lässt.

Außerdem werden in diesem Ansatz die informellen Wege der Humankapitalakkumulierung nicht berücksichtigt. Die Wissensakkumulierung geschieht nur da, wo eine eindeutige Investition zu diesem Zweck getätigt wird. Bei informeller Wissensakkumulierung wie Learning-by-Doing geschieht dies nicht. Diese Theorie kann die durch Arbeit erlangten Erfahrungen nicht erfassen, da dafür keine Investitionen erfolgen. Die Humankapitalakkumulierung zum Konsumzweck wird ebenso nicht berücksichtigt, da eine Abgrenzung zwischen tatsächlichen Konsum und Konsum mit zusätzlicher Humankapitalakkumulierung nicht möglich ist.

Die Vergleichbarkeit der so gemessenen Humankapitalbestände verschiedener Länder leidet natürlich unter diesen Fehlern. Hier wird schon eine Normierung mit Hilfe der Lebenserhaltungskosten fraglich. Kann für bestimmte Humankapitalinvestitionsgüter kein Inlandspreis ermittelt werden, wird durch die Einrechnung des Auslandspreises in die Humankapitalinvestition die aus dieser Investition resultierende Leistung falsch eingeschätzt. Ein Ländervergleich würde auch voraussetzen, dass die Effektivität der Investitionen in den verschiedenen Ländern gleich ist. Auch durch die Vernachlässigung der informellen Humankapitalakkumulierungswege wird ein Vergleich zwischen den Ländern fraglich. Sind die Schulsysteme unterschiedlich, wird in einem Land Learning-by-Doing stärker vorangetrieben – zum Beispiel durch kürzere Schulzeiten und schnelleren Berufseinstieg – verlieren die ermittelten Zahlen stark an Aussagefähigkeit.

Dieses Verfahren liefert eine Kennzahl für das potentielle Humankapital vermittelt durch den formellen Humankapitalakkumulierungsweg. Die Berücksichtigung der Ausgaben für Gesundheitswesen verzerrt aber auch diese Verbindung. Jedoch selbst ohne die Gesundheitsinvestitionen wäre diese Kennzahl kein adäquates Maß für den Humankapitalbestand, da ein Vergleich zwischen den Ländern wegen den oben ausgeführten weiteren Problemen nicht möglich ist.

5.4 Zusammenfassung

Die Höhe des Humankapitals ist direkt nicht messbar. Die Messung mit indirekten Methoden ist nicht überzeugend. Keines der beiden oben erklärten Verfahren kann ein adäquates Maß für die Humankapitalakkumulierung angeben. Beide Methoden legen Annahmen zugrunde, die in der Realität nicht erfüllt werden. In den unterschiedlichen Ländern sind die Bedingungen unterschiedlich

stark erfüllt. Dies macht einen Ländervergleich anhand der nach diesen Methoden ermittelten Zahlen nicht möglich. Diese Verfahren sind besser geeignet die
Unterschiede in der Humankapitalausstattung der Wirtschaftsgebiete innerhalb
eines Landes zu bestimmen. Durch die homogene Güte der Abbildung ist die
Verzerrung viel kleiner als bei dem Ländervergleich.

6 Einbindung des Humankapitals in die Wachstumsmodelle

6.1 Wege der Humankapitalakkumulierung

Die Vermehrung des Humankapitalbestandes einer Volkswirtschaft kann durch formelle und informelle Ausbildung geschehen. Formelle Ausbildung bezeichnet die verschiedenen Stufen des Schulsystems sowie Weiter- und Ausbildungsmaßnahmen. Die informellen Wege sind weitaus vielfältiger. Alles, was nicht formelle Ausbildung ist aber zur Vermehrung des Humankapitalbestandes des Individuums bzw. der Volkswirtschaft beiträgt, ist ein informeller Weg der Humankapitalakkumulierung. Alle Kontakte zwischen Menschen können zur Ausbildung von Humankapital führen. Falls das Individuum seine Zeit bewusst auf die Erhöhung seines Humankapitals verwendet, ist diese Ausbildung formell. Falls das Wirtschaftssubjekt unbewusst sein Wissen akkumuliert z.B. durch Erfahrungssammlung an der Arbeitsstelle während der normalen Arbeit bzw. Produktion, durch das Lesen eines Buches aus Eigeninteresse oder aber durch die Diskussionen in Familie und mit Freunden oder allgemein mit anderen Menschen, ist dies informelle Humankapitalakkumulierung. Natürlich sind die langanhaltenden sozialen Kontakte wie Familie, Freunde und Arbeitskollegen in diesem Zusammenhang die wichtigsten Faktoren. Die Wichtigkeit der unterschiedlichen Ausbildungswege bzw. ihre anteilsmäßige Bedeutung bei der Vermehrung von Humankapital eines Individuums wird von verschiedenen Wirtschaftswissenschaftlern unterschiedlich beurteilt. Humankapitaltheoretische Modelle stellen die formelle Ausbildung in den Vordergrund. Dies geschieht aus zwei Gründen. Erstens beschäftigt sich ein Teilgebiet dieser Theorie – wie schon angeführt – grundsätzlich mit dem Angebot und der Nachfrage am Ausbildungsmarkt und nicht explizit mit der volkswirtschaftlichen Auswirkung der Humankapitalakkumulierung. Zweitens ist die schulische Ausbildung beobachtbar und zumindest quantitativ messbar. Das trifft für die informellen Ausbildungswege meistens nicht zu. Es gibt aber auch starke Befürworter der informellen Humankapitalausbildung, die zwei Argumente für die Wichtigkeit der informellen Ausbildung hervorheben. Die Humankapitalakkumulierung ist sehr zeitintensiv. Die Menschen verbringen den größten Teil ihrer Zeit - auch während ihren Schuljahren - nicht in der Schule. Da die Bildung von Humankapital durch alle sozialen Kontakte geschehen kann, ist die Zeitspanne der möglichen Humankapitalakkumulation groß. Natürlich ist die formelle Ausbildung speziell auf die Bildung des Humankapitals ausgerichtet und dadurch ist sie in dieser Hinsicht meist produktiver als der informelle Weg. Trotzdem ist die in den

Schulen verbrachte Zeit im Verhältnis zu der Zeit der sonstigen, zwischen-menschlichen Kontakte – nach den Verfechtern dieses Humankapitalakkumulie-rungswegs - nicht groß genug um den informellen Weg der Wissensakkumula-tion vernachlässigen zu dürfen. Der zweite starke Einwand der Befürworter in-formeller Humankapitalakkumulierung ist die Tatsache, dass in den ersten bei-den Stufen des Ausbildungssystems fast ausschließlich allgemeines Humanka-pital erlangt wird. Auch in der Tertiärstufe der formellen Ausbildung wird noch oft Allgemeinwissen vermittelt. Dagegen geht es bei informeller Ausbildung häufig um spezielles Humankapital. Auch aus diesem Gesichtspunkt ist Lear-ning-by-Doing der wichtigste informelle Weg der Humankapitalakkumulierung. Durch Mobilität auf dem Arbeitsmarkt und durch das Durchlaufen unterschied-licher Arbeitsplätze und Abteilungen eines Unternehmens werden das zuhause und in der Schule erlernte Wissen und die angeborene Fähigkeiten vertieft. Learning-by-Doing bedeutet eine Effizienzsteigerung, welche durch die vielen Wiederholungen gleicher Arbeitsschritten entsteht und das Lernen am Arbeits-platz während der Arbeitszeit durch den Kontakt mit dem Mitarbeiter. Speziel-les Humankapital ist in einem Wirtschaftsprozess produktiver als allgemeines Humankapital.

Auch die sonstige informelle Ausbildung kann die Produktivität des Indivi-duums eindeutig erhöhen. So betrifft das Lernen zuhause durch den Kontakt zu den Eltern auch nicht nur das allgemeine Humankapital bzw. das Sozialkapital. Wie eine Studie von *Arnold Chevalier* zeigt, verdienen Kinder, die in dir Fuß-stapfen des Vaters treten, mehr als der durchschnittliche Arbeiter in der gleichen Branche. Das bedeutet nach dem Grundsatz der Humankapitaltheorie, dass ihr Humankapitalbesitz größer ist als der vom Durchschnitt. Aus diesem Grund ar-beiten sie produktiver und verdienen mehr.[80]

6.2 Formale Einbindung des Humankapitals und der Humankapitalak-kumulation in die Wachstumsmodelle

Das Wachstumsmodell von *Solow* ist relativ einfach und klar aber auch leicht zu erweitern und zu verbessern. Dadurch ist es weit verbreitet und eine Vielzahl von Variationen wurde ausgearbeitet. Dies ist der Grund, weshalb die neuen Wachstumsmodelle mit integriertem Humankapital bzw. Humankapital-akkumulation oft das Solow-Modell als Basis nehmen. Wie kann aber das Hu-

---

[80] Vgl. www.wissenschaft.de , 2002

mankapital und dessen Vermehrung formal in das Wachstumsmodell eingebunden werden? Die nächsten Beispiele zeigen wie die unterschiedlichen Wirkungen des Humankapitals formal dargestellt werden können. Dabei verwende ich bei jedem separaten Aspekt immer wieder die Originalproduktionsfunktion und nicht die schon früher erweiterte Version. Damit bleiben die Formeln einfach und übersichtlich. In diesem Kapitel geht es um die Integrationsmöglichkeit der verschiedenen Aspekte und nicht um ein vollständiges Modell. Die Modelle bzw. ihre Aussagen und Schlussfolgerungen werden in dem nächsten Kapitel besprochen. Als Produktionsfunktion dient die schon aus der Neoklassik bekannte Cobb-Douglas Funktion. Dies ist sinnvoll, weil viele Wachstumstheorien, zumindest die meisten, die das Humankapital als Variable integriert haben, diese Funktion als volkswirtschaftliche Produktionsfunktion verwenden. Obwohl manche Wirtschaftswissenschaftler Kritik an dem Realitätsbezug der mit dieser Funktion eingeführten stetige Substituierbarkeit der Faktoren übten und üben, wird diese von vielen weiterhin ohne Beschränkung verwendet.[81]

Bei der Darstellung der unterschiedlichen Funktionen werden die notwendigen mathematischen Bedingungen nicht einzeln vorausgesetzt. Es wird angenommen das solche Voraussetzungen (z.B. stetige Differenzierbarkeit u.a.) allgemein erfüllt sind. Da die mathematischen Lösungen zum Teil sehr lang sind, habe ich mich hier auf die Darstellung der Endergebnisse beschränkt. Die Lösungswege sind in den Anhängen erklärt. An den betreffenden Stellen wird darauf verwiesen.

In einer der einfachsten Formen des Solow-Modells ist das Volkseinkommen die Summe der in der Periode konsumierten Gütern und der Investition. Wenn $N(t) = \sum_{i=1}^{n} N_i(t)$ der Arbeitseinsatz[82] der aus n Individuen bestehenden Population, $c(t)$ der Pro-Kopf-Konsum und $I(t)$ die Investition ist dann kann das Volkseinkommen formal so dargestellt werden:

---

[81] Ich teile die Meinung, dass die Kritik der Cobb-Douglas Produktionsfunktion bei volkswirtschaftlicher Betrachtungsweise nicht standhaft ist. Die zwei Faktoren Sachkapital und Arbeitseinsatz sind bei einer grossaggregierten Denkweise weitgehend stetig substituierbar. Dies kann in bestimmten Betrieben natürlich nicht mehr zutreffend sein. Die Argumentation, dass eine Funktion (, egal ob Produktions- oder Nutzenfunktion oder was anderes), die auf Mikroebene nicht annehmbar ist, auf Makroebene wegen logischer Inkonsistenz nicht verwendbar ist, halte ich, wie offensichtlich viele Ökonomen auch, nicht für richtig. Die These der unbrauchbaren aggregierten Funktionen wird u.a. von Prof. em. Dr. Gerhard Brinkmann vertreten. Siehe auch Brinkmann, 1997.

[82] Es ist eigentlich die nichtfreie Zeit der Individuen. Wenn die Wirtschaftssubjekte nur Arbeitszeit und Freizeit haben, dann ist es auch die Produktionszeit. Falls die Individuen Zeit auch für Wissensakkumulation verwenden, dann ist es die Summe der für Produktion und für Wissensvermehrung verwendeten Zeit.

(Gl. 6.2-1) $\qquad Y(t) = N(t) \cdot c(t) + I(t) \cdot$

In diesem einfachen Modell wird die Investition sofort in Sachkapital umgewandelt. Die Investition in einer Periode $I(t)$ entspricht damit die Änderung des Kapitalstocks $\dot{K}(t)$.

$$I(t) = \frac{\partial K(t)}{\partial t} = \dot{K}(t) \cdot$$

Mit Hilfe dieser Gleichung kann (Gl. 6.2-1) umgeformt werden.

(Gl. 6.2-2) $\qquad Y(t) = N(t) \cdot c(t) + \dot{K}(t) \cdot$ [83]

Diese Gleichung bestimmt das Volkseinkommen von der Konsumseite her. Man kann dieses auch von der Produktionsseite her betrachten.

$$Y(t) = f\big(A(t), K(t), N(t)\big) \cdot$$

$A(t)$ ist der Technologiefaktor in der Produktion. Technischer Fortschritt kann durch die Entwicklung von $A(t)$ modelliert werden.[84]

(Gl. 6.2-3) $\qquad Y(t) = A(t) \cdot K(t)^{\beta} \cdot N(t)^{1-\beta} \cdot$

$A(t)$ und β sind exogen gegeben.

Humankapital spielt natürlich bei der Produktion eine Rolle und kann als zusätzliche Variable in (Gl. 6.2-3) eingeführt werden.

6.2.1 Humankapital als arbeitsproduktivitätsfördernde Variable

Eine Idee ist, dass die Erhöhung des Humankapitals den Arbeiter produktiver macht. Das heißt, dass ein ausgebildeter Arbeiter pro Zeiteinheit mehr Output produziert als ein ungelernter Arbeiter.

Die Produktivität des Individuums ist also $P_i(t) = P_i(h, t, x)$ und $\partial P_i(t) / \partial h > 0$. h ist der Humankapitalbestand und dementsprechend $h_i(t)$ der Humankapitalbestand des Individuums. Da wir uns einzig und allein für die Wirkung des Humankapitals interessieren, können wir hier die eventuellen anderen Einflussfaktoren der Produktivität, in der Formel als x dargestellt, als Konstante mit dem Wert 1 annehmen. So wird $P_i(t) = h_i(t)$. Das Modell bleibt

---

[83] Vgl. Lucas, 1993, S. 8, Transaktionen sind in dieser Formel Ware-für-Ware ohne Geld. Insbesondere beim Konsum $N(t)*c(t)$. Die Ware Arbeit wird direkt auf Konsumware getauscht.

[84] Vgl. Lucas, 1993, S. 8

einfach, wenn angenommen wird, dass jeder Arbeiter den gleichen Arbeitseinsatz ($N_i(t) = N_j(t) = \overline{N}(t)$, $i, j \in [1, n]$) liefert. Dann ergibt sich

(Gl. 6.2-4)
$$N(t) = \sum_{i=1}^{n} N_i(t) = n \cdot \overline{N}(t) \cdot$$

Der mit dem Humankapital gewichtete Arbeitseinsatz ist somit

(Gl. 6.2-5)
$$N^e(t) = \sum_{i=1}^{n} N_i^e(P_i, t) = \sum_{i=1}^{n} N_i \cdot P_i(t)$$
$$= \sum_{i=1}^{n} \frac{N(t)}{n} P_i(t) = \frac{N(t)}{n} \sum_{i=1}^{n} P_i(t)$$
$$= \frac{N(t)}{n} \cdot \left(\sum_{j=1}^{n} \frac{n}{n} h_i(t) \right) = \frac{N(t)}{n} \cdot n \cdot \left(\frac{1}{n} \sum_{j=1}^{n} h_i(t) \right)$$
$$= \overline{h}(t) \cdot N(t),$$

wobei $\overline{h}(t)$ das durchschnittliche Humankapital ($\frac{1}{n} \sum_{i=1}^{n} h_i$) in der Population ist.
Folglich lautet die Produktionsfunktion:

(Gl. 6.2-6)
$$Y(t) = A(t) \cdot K(t)^\beta \cdot \left[N(t) \cdot \overline{h}(t) \right]^{1-\beta} . \quad [85]$$

Das Volkseinkommen in (Gl. 6.2-6) wird umso größer, je ausgeprägter der
durchschnittliche Humankapitalbestand der Bevölkerung ist.

In dieser Gleichung übt das Humankapital seine Wirkung durch die Produktivitätssteigerung der Arbeiter aus. (Das Humankapital ist ein Harrod-neutraler
technischer Fortschritt, wenn technischer Fortschritt in seiner Originaldefinition
verwendet wird. Es wirkt quasi-arbeitsvermehrend, so als ob mehr Arbeiter in
der Volkswirtschaft beschäftigt wären.) Die Produktionstechnologie und dadurch der technische Fortschritt der Produktion (jetzt wiederum nach der eigenen Arbeitsdefinition nach Kapitel 2.2 Seite 8) sind aber immer noch exogen.

6.2.2 Humankapital als kapitalproduktivitätsfördernde Variable

Einer anderen Auffassung nach hat das Humankapital eine Wirkung auf das
Produktionskapital, weil das zur Produktion verwendetes Kapital um so besser
(sprich produktiver) ist, je mehr Humankapital in dessen Erstellung eingeflossen

---

[85] Siehe Lucas, 1993, S.8

ist. (Produktionskapital ist geronnenes Humankapital[86]) Bei dieser Methode beinhaltet das Kapital den technischen Fortschritt vollständig. In jeder Periode wird alles bis dahin vorhandene Wissen in das in dieser Periode erstellte Kapital „eingearbeitet". Durch die Benutzung dieses Kapitals entsteht aber keine weitere Produktionssteigerung durch Lerneffekte wie Learning-by-Doing.[87] Vertreter dieser Theorie sind unter anderem *Solow*[88] und *Johansen*[89]. Eine mögliche Darstellung der Produktionsfunktion dieser Theorie kann ähnlich wie die Produktionsfunktion des vorherigen Modells hergeleitet werden.

Die Produktionsfunktion hängt nur vom Kapital und von der Arbeit ab, da – wie oben ausgeführt - der technische Fortschritt vollständig in den Faktor Kapital eingebunden wird. Das produktive Kapital $Q(t)$ hängt von dem eingesetzten Kapital $K(t)$ und dessen Produktivität $P_{kap}(h(t))$ ab. Diese wird wiederum von dem Humankapital des Herstellungsdatums bestimmt, da mit der Zeit der Bestand des Humankapitals wächst, was ins produzierte Kapital bzw. in dessen Produktivität einfließt.

Formal ist $Q(t)$:

(Gl. 6.2-7) $$Q(t) = f\big(K(t), P_{kap}(t)\big).$$

Die einzelnen Produktionsmittel besitzen eine für sie spezielle Produktivität $P_{kap,i}(h(t))$, verursacht durch das Humankapital, was bei ihrer Erstellung verwendet wurde

(Gl. 6.2-8) $$Q_i(t) = K_i(t) \cdot P_{kap,i}\big(h(t)\big).$$

Wir nehmen an, dass die Kapitalausstattungen gleich sind ($K_i(t) = K_j(t) = \overline{K}(t)$, $i, j \in [1, n]$). Dann gilt:

(Gl. 6.2-9) $$K(t) = \sum_{i=1}^{m} K_i(t) = m \cdot \overline{K}(t).$$

Damit:

---

[86] frei nach Marx
[87] Vgl. Arrow, 1962, S.157
[88] Vgl. Solow, 1960
[89] Vgl. Johansen, 1959

(Gl. 6.2-10)

$$Q(t) = \sum_{i=1}^{m} Q_i(t) = \sum_{i=1}^{m} \left(K_i(t) \cdot P_{kap,i}\left(h(i_t)\right) \right)$$

$$= \sum_{i=1}^{m} \left[\overline{K}(t) \cdot P_{kap,i}\left(h(i_t)\right) \right] = \sum_{i=1}^{m} \left[\frac{K(t)}{m} \cdot P_{kap,i}\left(h(i_t)\right) \right]$$

$$= K(t) \cdot \frac{1}{m} \sum_{i=1}^{m} P_{kap,i}\left(h(i_t)\right)$$

$$= K(t) \cdot \overline{P}_{kap}\left(h(i_{t_0} - i_T)\right) \ .$$

$\dfrac{1}{m} \sum_{i=1}^{m} P_{kap,i}\left(h(i_t)\right)$ ist das durchschnittliche Humankapital in dem Zeitraum, in dem die sich noch in Betrieb befindlichen Maschinen produziert worden sind. Dieses kann mit $\overline{P}_{kap}\left(h(i_{t_0} - i_T)\right)$ bezeichnet werden. Maschinen werden nur aus einem bestimmten Zeitraum, von t_0 bis T, für die Produktion verwendet und nur das Wissen dieses Zeitraums beeinflusst die Produktivität der Volkswirtschaft in T. Das wird durch $h(i_{t_0} - i_T)$ ausgedrückt.

Y(t) ist:

(Gl. 6.2-11)

$$Y(t) = f\left(Q(t), N(t)\right)$$
$$= Q(t)^{\beta} \cdot N(t)^{1-\beta} \ .$$

(Gl. 6.2-11) mit (Gl. 6.2-7) - (Gl. 6.2-10) ergibt:

(Gl. 6.2-12)

$$Y(t) = f\left(K(t), P_{kap}\left(h(t)\right)\right)$$
$$= \left(\overline{P}_{kap}\left(h(i_{t_0} - i_T)\right) \cdot K(t) \right)^{\beta} \cdot N(t)^{1-\beta} \ .$$

Wie gesagt ähnelt (Gl. 6.2-12) der Produktionsfunktion aus (Gl. 6.2-6) sehr. Die Wirkungsweise des Humankapitals ist hier ähnlich zu dem Effekt in Kapitel 6.2.1. In beiden Fällen erhöht das Humankapital die Produktivität eines Faktors. Aber bis in Kapitel 6.2.1. die Produktivität des Faktors Arbeit gesteigert wird, beeinflusste hier das Humankapital das Produktionskapital. (In dieser Theorie ist Humankapital ein Solow-neutraler technischer Fortschritt (technischer Fortschritt nach der Originaldefinition). Es ist quasi-kapitalvermehrend. Es wirkt so als ob mehr Kapital in der Volkswirtschaft seine Verwendung finden würde.)

6.2.3 Humankapital als technologiebestimmender Faktor der Produktion

Nach Ansicht einiger Wirtschaftswissenschaftler wirkt sich der Humankapitalbestand auf die verwendete Produktionstechnologie aus. Es wurde gezeigt,
dass die besser ausgebildeten Farmer in den USA eher die neueste Technologie
auf ihren Ranchen verwenden.[90] Die Ursache dafür ist nicht eindeutig. *Nelson*
und *Phelps* argumentieren, dass Ausbildung die Informationsverarbeitung und
das Informationsverständnis verbessert.[91] Dadurch erkennen und verstehen die
ausgebildeten Individuen das Potential der neuen Technologie schneller.[92] Diese
Erkenntnis zeigt auch, dass in der Produktion nicht die neueste Technologie angewendet wird. Diese wird als theoretische Produktionstechnologie bezeichnet,
denn sie könnte schon theoretisch verwendet werden. Das heißt, es existiert
immer eine theoretische Produktionstechnologie $T(t)$ so dass,

$$Y(t) = A(t) \cdot K(t)^{\beta} \cdot N(t)^{1-\beta} \leq T(t) \cdot K(t)^{\beta} \cdot N(t)^{1-\beta},$$

falls $T(t+1) > T(t)$ für alle t[93]. (Neuere Technologie steht gleichzeitig für bessere, produktivere Technologie.) Die Zeitverzögerung zwischen der Erfindung
und dem Einsatz von $T(t)$ hängt aus den oben genannten Gründen von der Höhe
des Humankapitals ab. Formal:

(Gl. 6.2-13) $\qquad A(t) = T(t - w(h)), \qquad \dfrac{\partial w(h)}{\partial h} < 0$ [94]

Die in der Produktion angewandte Technologie ist die theoretische Technologie
einer früheren Periode. Wie viele Perioden zwischen der Erfindung und dem
produktiven Einsatz liegen hängt von der Funktion $w(h)$ ab, wobei $w(h)$ eine in
dem Humankapital fallende Funktion ist. Je höher der Humankapitalbestand,
desto schneller wird die theoretische Produktionstechnologie in der Wirtschaft
eingesetzt.

Falls ein exogenes Wachstum der theoretischen Technologie nach

$$T(t) = T_0 \cdot e^{\lambda t},$$

---

[90] Vgl. Rogers, 1962, Kapitel 6

[91] Vgl. Nelson / Phelps, 1966, S.69

[92] Vgl. Nelson / Phelps, 1966, S. 70

[93] der Fall wo $T(t+1) < T(t)$ wäre, wenn Wissen vergessen wird. Da dies offensichtlich nicht
der Normalfall ist (obwohl durch globale Katastrophen es möglich wäre), wird dieses Szenario
nicht weiterverfolgt.

[94] Siehe Nelson / Phelps, 1966, S. 72

mit der exogenen Wachstumsrate λ angenommen wird, ist die angewandte Produktionstechnologie

(Gl. 6.2-14) $\qquad A(t) = T_0 \cdot e^{\lambda[t-w(h)]}.$

Folglich ist der Output

(Gl. 6.2-15) $\qquad Y(t) = T_0 \cdot e^{\lambda[t-w(h)]} \cdot K(t)^\beta \cdot N(t)^{1-\beta}.$

Ähnlich ist der Ansatz bei dem die Änderung der angewandten Produktionstechnologie von der Ausbildungsleistung und von der Technologielücke der angewandten und der theoretischen Produktionstechnologie abhängt. (Da wir schon vorausgesetzt haben, dass die Technologie mit der Zeit immer besser wird, können wir von einer Verbesserung der Produktionstechnologie statt von einer Änderung sprechen).

(Gl. 6.2-16) $\qquad \dot{A}(t) = \Phi(h) \cdot [T(t) - A(t)], \quad \Phi(0) = 0, \quad \dfrac{\partial \Phi(h)}{\partial h} > 0.$

95

Oder als Änderungsrate (bzw. Verbesserungsrate) ausgedrückt:

$$\frac{\dot{A}(t)}{A(t)} = \Phi(h) \cdot \left[\frac{T(t) - A(t)}{A(t)} \right].$$

Die Verbesserungsrate der Produktionstechnologie wächst mit dem Humankapitalbestand $\Phi(h)$ und mit der „Technologielücke" $[T(t) - A(t)]/A(t)$. Je besser die Ausbildung, desto schneller werden die neuesten Technologien produktiv eingesetzt. Je näher die angewandte Produktionstechnologie an der technischen Front liegt, desto langsamer werden diese neuen Techniken in der Wirtschaft verwendet.

Die Lösung der Funktion in (Gl. 6.2-15) ist[96]:

(Gl. 6.2-17) $\qquad A(t) = \left(A_0 - \dfrac{\Phi}{\Phi + \lambda} T_0 \right) e^{-\phi \cdot t} + \dfrac{\Phi}{\Phi + \lambda} T_0 e^{\lambda \cdot t}.$ [97]

Folglich ist die Produktionsfunktion

---

[95] Siehe Vgl. Nelson / Phelps, 1966, S. 73

[96] Ausführlicher, mathematischer Lösungsweg ist im 1)

[97] Vgl. Nelson / Phelps, 1966, S. 73

(Gl. 6.2-18)

$$Y(t) = \left[\left(A_0 - \frac{\Phi}{\Phi + \lambda} T_0 \right) e^{-\phi t} + \frac{\Phi}{\Phi + \lambda} T_0 e^{\lambda t} \right] \cdot K(t)^\beta \cdot N(t)^{1-\beta} \, .$$

6.3 Formale Einbindung der Humankapitalakkumulierung

Die bisher abgeleiteten Produktionsfunktionen beschreiben die möglichen, unterschiedlichen Auswirkungen des Humankapitals auf die Produktionshöhe einer Volkswirtschaft nicht aber die Wirkung der Humankapitalakkumulierung. Die formale Beschreibung der Humankapitalakkumulierung hängt von der Art der beschriebenen Vermehrung ab. So muss die formale Ausbildung anders als Learning-by-Doing formalisiert werden.

6.3.1 Formelle Humankapitalakkumulierung

Bei formeller Ausbildung teilt das Individuum seine nichtfreie Zeit (was gleich dem bisherigen Arbeitseinsatz $N(t)$ ist) auf Produktion und Lernen auf. Einfachheitshalber wird angenommen, dass die Zeiteinteilung der Individuen gleich ist ($u_i(t) = u_j(t) = u(t)$, $i, j \in [1, n]$). So wird $u(t)$ als Anteil des „Arbeitseinsatzes" für Produktion und *(1-u(t))* für die Vermehrung des Humankapitals verwendet. Die Produktionsfunktion ist dieselbe wie in (Gl. 6.2-6).

(Gl. 6.3-1) $\qquad Y(t) = A(t) \cdot K(t)^\beta \cdot \left[u(t) \cdot N(t) \cdot \overline{h}(t) \right]^{1-\beta} .$ [98]

Aber für die Akkumulation von Humankapital wird der Zeitanteil (1-*u(t)*) genutzt. Die Höhe der Humankapitalakkumulierung ist also eine Funktion von (1-*u(t)*) und des bereits vorhandenen Humankapitalbestandes.

(Gl. 6.3-2) $\qquad h_i(t) = f\big((1 - u_i(t)), h_i(t)\big).$ [99]

Die Indexierung *i* bezeichnet, wie bereits zuvor, das *i*-te Individuum. Beispielsweise kann diese Funktion die folgende Form annehmen:

---

[98] Vgl. Lucas, 1988, S. 19. Die Abhängigkeit von *u* von *t* ist notwendig bei der in nächstem Kapitel
vorgestellten Modellen.
[99] Vgl. Lucas, 1988, S. 19

(Gl. 6.3-3) $\qquad \dot{h}_i(t) = h_i(t)^{\xi} \cdot G(1 - u(t))$, [100]

wobei G eine wachsende Funktion mit $G(0) = 0$ ist. Dabei bestimmt ξ, ob der Grenzertrag der Humankapitalakkumulation abnimmt ($\xi < 1$), steigt ($\xi > 1$) oder konstant bleibt ($\xi = 1$)[101].

In einem sehr einfachen Modell sind $\xi = 1$, $G(1-u_i(t)) = \delta(1-u_i(t))$ und $u_i(t) = u_i =$ konstant.

(Gl. 6.3-4) $\qquad \dot{h}_i(t) = h_i(t) \cdot \delta(1 - u_i) \cdot$

Die Lösung dieser Differentialgleichung lautet

(Gl. 6.3-5) $\qquad h_i(t) = h_{i,0} \cdot e^{\delta(1-u)t}$. [102]

Somit ergibt sich als Lösung für die Entwicklung des durchschnittlichen Humankapitalbestandes einer Volkswirtschaft:

(Gl. 6.3-6)

$$\frac{1}{n}\sum_{i=1}^{n} h_i(t) = \frac{1}{n}\sum_{i=1}^{n}\left(h_{i,0} \cdot e^{\delta(1-u)t}\right) = e^{\delta(1-u)t} \cdot \frac{1}{n}\sum_{i=1}^{n} h_{i,0} = e^{\delta(1-u)t} \cdot \overline{h}_0,$$

wobei $\overline{h}_0 = \dfrac{1}{n}\sum_{i=1}^{n} h_{i,o}$ die durchschnittliche Anfangsausstattung der Wirtschaftsindividuen mit Humankapital ist.

Mit (Gl. 6.3-6) bekommen wir die volkswirtschaftliche Produktionsfunktion

(Gl. 6.3-7) $\qquad Y(t) = A(t) \cdot K(t)^{\beta} \cdot \left[u \cdot N(t) \cdot \overline{h}_0 \cdot e^{\delta(1-u)t}\right]^{1-\beta}$.

Wichtig zu beachten ist, dass die Erhöhung der Produktionszeit durch $[u \cdot N(t)]^{1-\beta}$ einerseits den Output erhöht, anderseits durch $\left[\overline{h}_0 \cdot e^{\delta(1-u)t}\right]^{1-\beta}$ sinken lässt. Die Problematik ist die nutzenmaximierende Zeiteinteilung der Produktion bzw. Wissensakkumulation zu finden.

6.3.2 Modellierung von Learning-by-Doing

Die Methode in Kapitel 6.3.1 wurde für die Modellierung der formellen Humankapitalakkumulierung erarbeitet. Bei der Betrachtung der formellen Ausbildung müssen die Individuen ihre Zeit auf Produktion und Lernen auftei-

---

[100] Vgl. Lucas, 1988, S.19 und Uzawa, 1965
[101] Vgl. Lucas, 1988, S. 19
[102] Ausführlicher, mathematischer Lösungsweg ist im 2)

len. Wenn Menschen auch während der Arbeitszeit ihr Humankapital durch Learning-by-Doing erhöhen können, muss diese Zeitaufteilung nicht mehr stattfinden. Die Zeit $u(t)$, die für die Produktion aufgewendet wird, fließt in die Gleichung der Humanakkumulierung ein. Dabei ist aber zu beachten, dass die arbeitenden Wirtschaftssubjekte ihre Restzeit $(1 - u(t))$ nicht oder zumindest nicht vollständig in der Schule oder in anderen Aus- bzw. Weiterbildungsstätten verbringen. Unter der Annahme, dass sie in ihrer Restzeit keine humankapitalerhöhenden Aktivitäten betreiben, ist die Änderung des Humankapitalbestandes

(Gl. 6.3-8) $$\dot{h}_i(t) = f\big((u(t)), h_i(t)\big)$$

und ähnlich zu (Gl. 6.3-6)

(Gl. 6.3-9) $$\dot{h}_i(t) = h_i(t)^\xi \cdot G(u) \cdot$$

Wenn wir wieder $\xi = 1$ einsetzen, $G(u) = \delta u$ annehmen und die Gleichung lösen erhalten wir analog zu (Gl. 6.3-7)

(Gl. 6.3-10) $$h_i(t) = h_{i,0} \cdot e^{\delta u \cdot t} \cdot {}^{103}$$

Der volkswirtschaftliche Output ist ganz ähnlich wie in (Gl. 6.3-7)

(Gl. 6.3-11) $$Y(t) = A(t) \cdot K(t)^\beta \cdot \big[u \cdot N(t) \cdot \overline{h}_0 \cdot e^{u \cdot t}\big]^{1-\beta} \cdot$$

Der einzige Unterschied besteht darin, dass in dem Exponenten von e nicht mehr *(1-u)* –wie in (Gl. 6.3-7) - sonder nur u steht. Dieser feine Unterschied hat aber eine große Auswirkung. Die volkseinkommensmildernde Wirkung der Produktionszeiterhöhung ist verschwunden und damit existiert die Problematik der Zeitaufteilung zwischen Produktion und Weiter- bzw. Ausbildung nicht mehr. Durch die zusätzliche Produktion wächst das Humankapital und verstärkt somit das Volkseinkommen.

Außer Learning-by-Doing ist mir kein informeller Wissensakkumulierungsweg bekannt, welcher in ein Modell integriert wurde. Dies hat sicherlich mehrere Gründe. Informelle Wissensvermehrung geschieht in der Freizeit aber nur in einem Teil davon. Arbeitszeit und Schulzeit sind quantitativ messbar jedoch den Anteil der Freizeit in dem sozusagen zufällig Wissen aufgegriffen wird, ist praktisch unmöglich zu bestimmen. Ein anderer Argumentationsweg ist zu behaupten, dass diese Art der Humankapitalvermehrung in der Konstante $h_{i,0}$ mitberücksichtigt wird / werden kann. Wie früher schon erwähnt, ist informelles Lernen durch alle sozialen Kontakte möglich. Langanhaltende soziale Kontakte

---

[103] Der Lösungsweg ist auch analog zu dem, im Anhang 2) beschriebenen. Nur *(1-u)* muss durch u ersetzt werden.

wie Familie und Freunde beeinflussen den Wissensbestand eines Individuums aber sicherlich stärker als ein kurzes Zusammentreffen mit „Unbekannten". So könnte man $h_{i,0}$ weiter auf eine Komponente mit angeborenen Fähigkeiten ($h_{i,angeboren}$) und auf eine Komponente mit dem Humankapitalbestand des nahen sozialen Umfeldes ($h_{i,umfeld}$) aufteilen.

(Gl. 6.3-12) $\qquad h_{i,0} = h_{i,angeboren} + h_{i,umfeld}$.

Somit wäre dieser Teil der informellen Humankapitalakkumulierung auch abgedeckt.

6.4 Kombinationsmöglichkeiten

Die in diesem Kapitel aufgezählten, verschiedenen Auswirkungen der Humankapitalakkumulierung und unterschiedlichen Humankapitalakkumulierungswege sind miteinander fast uneingeschränkt kombinierbar.[104] Da aber die Modelle so einfach wie möglich gehalten werden sollen, werden nur selten kombinierte Modelle entwickelt. Die Aufgabe der Modelle ist gerade die einfache aber noch zutreffende Beschreibung unserer komplexen Welt. Deshalb erörtert jeder Wissenschaftler seine Meinung über die wichtigste Wirkungsweise und / oder den wichtigsten Akkumulierungsweg, welche die Alternativen dominieren. Die Modelle bauen auf diesen wichtig erachteten Komponenten auf.

---

[104] Ausnahme bildet natürlich die Kombination von (Gl. 6.2-12) mit Gleichungen wo die Auswirkungen auf die Produktionstechnik dargestellt sind, da im (Gl. 6.2-12) keine Produktionstechnik vorhanden ist

7 Wachstum durch Lernen: Das Modell von Lucas

7.1 Einleitung zu dem Lucas'schen Wachstumsmodell

Lucas veröffentlichte zwei wichtige Arbeiten zum Thema Humankapital-wachstum. Die Arbeit „On the Mechanics of Economic Development" im Jahr 1988[105] und den Artikel "Making a Miracle" im Jahr 1993[106]. Wie in der Einleitung bereits erwähnt, baut *Lucas* in diesen Arbeiten ein Wachstumsmodell auf das einerseits die in der Realität beobachtbaren, langanhaltenden, unterschiedlichen Wachstumsraten der Länder mit verschiedenen Entwicklungsständen aber auch den plötzlichen Wachstumssprung bestimmter Länder erklären kann. Es ist wichtig zu beachten, dass er diesen plötzlichen Wachstumsschub einiger asiatischen Länder als Gegenprobe für seine Theorie benutzt.

Er nimmt das Wachstumsmodell von *Solow* als Grundlage und erweitert es durch die Möglichkeit der Humankapitalakkumulation, insbesondere durch Learning-by-Doing.

Dieser Abschnitt meiner Arbeit fasst das Modell von *Lucas* zusammen. Eine Untersuchung von weiterführenden Fragen erfolgt in den nachfolgenden Kapiteln.

Vollständigkeitshalber wird die ganze Arbeit von *Lucas* zusammengefasst. Erkenntnisse, welche schon angesprochen bzw. erläutert wurden, werden wiederholt betrachtet um somit die Gedankengänge und die Vorgehensweise von *Lucas* zusammenhängend darzustellen.. Die in den Gleichungen verwendeten Bezeichnungen sind mit denen in Kapital 6 identisch.

Da *Lucas* an einigen Stellen die mathematischen Zwischenschritte ausgelassen hat, habe ich die ausführlichen Lösungswege nachgearbeitet. Da diese aber oft sehr lang sind (und nur Mathematik und keine Ökonomie beinhalten), habe ich an diesen Stellen auf die ausführliche Beschreibung im Anhang verwiesen.

---

[105] Siehe Lucas, 1988
[106] Siehe Lucas, 1993

7.2 Die Motivation von Lucas

Lucas beginnt seine Arbeit mit einer knappen Definition. Er definiert das Problem der ökonomischen Entwicklung als ein Problem der Erklärung des beobachtbaren Einkommenswachstums der verschiedenen Länder und in verschiedenen Dekaden. Obwohl diese Definition auf dem ersten Blick sehr ungenau erscheint, führt die Betrachtung des Einkommenswachstums automatisch zur Betrachtung vieler anderer Probleme.

Um die Unterschiede zwischen den Ländern deutlich zu machen präsentiert Lucas einige Zahlen der Weltwirtschaft[107]. Das jährliche Pro-Kopf-Durchschnittseinkommen in den sogenannten Industrieländern ist US $10.000, wogegen es in Indien nur $240 beträgt. Dies impliziert einen 40fachen Wohlfahrtunterschied (falls Wohlfahrt nur monetär bewertet wird). Natürlich mildert der Preisniveauunterschied dieses Missverhältnis, man erkennt trotzdem den enormen Gegensatz.

Das NSP-Wachstum zeigt (auch über einen längeren Zeitraum) ein ähnliches Bild. Zwischen 1960-1980 wuchs das NSP in Indien um 1,4%, in Ägypten um 3,4%, in Süd-Korea um 7,0% und in den U.S.A. um 2,3%. Der Durchschnitt der Industrieländer lag bei 3,6%. Das bedeutet, dass das Einkommen sich in Indien innerhalb von 50 Jahren verdoppelt, in Korea dagegen braucht es dafür lediglich 10 Jahre. Ein Inder ist im Durchschnitt zweimal wohlhabender als sein Großvater. Ein Koreaner 32mal so wohlhabend. Dieser Unterschied ist genauso markant und sogar noch aussagekräftiger als der Einkommensunterschied.

Bei „fortgeschrittenen" Ländern ist das NSP-Wachstum langfristig stabil. Bei den armen Ländern gibt es aber oft plötzliche große Veränderungen im Wachstum, die zum Teil durch Politik oder durch das Militär verursacht werden. Zum Beispiel fiel das BSP-Wachstum Angolas in der 60-er Jahren von 4.2% auf –9.2%. Es gibt aber auch Beispiele für eine starke Erhöhung des Wachstums. Süd-Korea, Taiwan, Hongkong und Singapur sind die bekanntesten Staaten die auf den ersten Blick ein „unerklärlich" hohes Wirtschaftswachstum über einem längeren Zeitraum erreichten. In der Periode 1960-1980 wuchsen diese Volkswirtschaften mit 7,0%, 6,5%, 6,8%, 7,5% jährlich deutlich stärker als in den 50-er Jahren und davor.

Diese Zahlen zeigen große Möglichkeiten auf. Gibt es irgendetwas, was die Regierungen von Entwicklungsländern tun können um solche Wachstumssprünge zu erreichen? Falls ja, was genau? Falls nicht, wieso nicht? Lucas ver-

---

[107] World Bank, 1983

sucht eine Theorie zu entwickeln, von welchen Handlungsempfehlungen abgeleitet werden können.

Man kann mit der Auflistung der Transformationseigenschaften der schnellwachsenden Länder beginnen. Sie wurden alle zu Exportländern, sie wurden urbanisiert. Die Bevölkerung wurde immer besser geschult. Die Zusammensetzung ihrer Outputs hat sich maßgeblich verändert. Sie haben hohe Sparquoten und Pro-Business Regierungen. Wahrscheinlich hängen diese Fakten – oder mindestens einige davon - mit dem beobachteten extremen Wirtschaftswachstum zusammen. Die Mehrzahl dieser Änderungen sind aber nur die Folgen, welche *Lucas* erklären will, und nicht die Begründung für die beobachtete Wirtschaftsentwicklung

Um so eine Theorie zu entwickeln geht Lucas wie folgt vor. Er verwendet das standart-neoklassische Modell, welches das Wirtschaftswachstum durch das Produktivitätswachstum erklärt. Dabei greift er auf die Arbeit von *Solow* und *Denison* zurück. Dann führt er den Effekt der Humankapitalakkumulierung ein um diese Theorie „angemessener" zu machen.

Lucas macht einige Vereinfachungen um die leichte Handhabung des Modells zu sichern. Er betrachtet keine demographischen Veränderungen, alle Transaktionen sind Ware-für-Ware Transaktion ohne Geld. Außerdem konzentriert er sich auf die Technologie und betrachtet die Konsumpräferenzen nur flüchtig.

7.3   Neoklassische Wachstumstheorie (Überblick)

Lucas nimmt die Wachstumstheorie von *Robert Solow* und *Edward Denison* als Basis. *Solow* und *Denison* wollten keine Entwicklungstheorie schaffen, sie wollten nur die Hauptbestandteile des U.S.-Wachstums erklären. *Solow* schuf ein sehr einfaches Modell, welches die Stabilität des U.S.-Wachstums begründen konnte. Es gibt viele Variationen dieses Modells. Lucas verwendet eine besonders einfache.

Er betrachtet eine geschlossene Volkswirtschaft mit wettbewerbsfähigen Märkten, identischen, rationalen Teilnehmern und mit einer Technologie, die konstante Erträge einbringt. In der Periode t widmen sich $N(t)$ Personen der Produktion. Die Wachstumsrate von $N(t)$ ist mit λ exogen gegeben.

(Gl. 7.3-1) $\qquad\qquad N(t) = N_0 \cdot e^{\lambda t}$.

Der Pro-Kopf-Konsum $c(t)$ ist zeitlich verteilt und die Präferenzen der zeitlichen Verteilung sind mit

(Gl. 7.3-2) $\qquad U(t) = \int_0^\infty e^{-\rho t} \frac{1}{1-\sigma} \left[c(t)^{1-\sigma} - 1 \right] N(t) dt$

gegeben, wobei der Diskontierungsfaktor ρ und der Koeffizient der Risikoaversion σ positiv sind.

Die Pro-Kopf-Produktion wird zum Konsum $c(t)$ und zur Kapitalanhäufung verwendet. Seien $K(t)$ der Kapitalstock und $\dot{K}(t)$ die Rate der Kapitaländerung – wie in Kapitel 6 – dann ist (Gl. 6.2-1) der volkswirtschaftliche Output.

Die Produktion hängt von dem Niveau des Kapital- und Arbeitsinputs und der Technologie A(t) ab.

(Gl. 7.3-3) $\qquad \begin{aligned} Y(t) &= C(t) + I(t) \\ &= N(t) \cdot c(t) + \dot{K}(t) = A(t) \cdot K(t)^\beta \cdot N(t)^{1-\beta}. \end{aligned}$ [108]

β und die Änderungsrate der Technologie $\mu = \dfrac{\dot{A}(t)}{A(t)}$ sind exogen gegeben und $\mu > 0$

$0 < \beta < 1$.

Das Problem hier ist einen Zeitpfad $c(t)$ für den Konsum zu finden. Falls $c(t)$ und ein anfänglicher Kapitalbestand K_0 gegeben sind, impliziert (Gl. 7.3-3) einen Pfad für $K(t)$. $A(t)$ und $N(t)$ sind exogen gegeben. Die Maximierung des Nutzens in (Gl. 7.3-1) der jetzigen Periode ist nicht optimal, da dies zu einem Kapitalinvestment $\dot{K}(t) = 0$ führt (oder falls möglich, zu einem negativen Wert). Dies wird durch die Tatsache verursacht, dass in (Gl. 7.3-3) die Kapitalakkumulation $\dot{K}(t)$ nicht berücksichtigt wird. $\dot{K}(t)$ hat also keinen „Wert". Optimal ist die Maximierung des Nutzens unter Einbeziehung der linken Seite von (Gl. 7.3-3). Dies bezeichnet man als „current-value" Hamiltonfunktion, welches die Summe der Periodennutzen und der Rate des Kapitalwachstums ist.

(Gl. 7.3-4)

$$H(K, \theta, c, t) = \frac{N(t)}{1-\sigma} \left[c(t)^{1-\sigma} - 1 \right] + \theta(t) \left[A(t) \cdot K(t)^\beta \cdot N(t)^{1-\beta} - N(t) \cdot c(t) \right].$$

Eine optimale Strategie maximiert die „current-value" Hamiltonfunktion in jeder Periode, vorausgesetzt der Preis der Kapitalvermehrung θ ist richtig gewählt. Eine Voraussetzung dafür ist, dass die Ableitung der „current-value" Hamiltonfunktion nach dem Konsum gleich Null sein muss.

$$\frac{\partial}{\partial c} H(K, \theta, c, t) = 0 \,.$$

Daraus folgt:

(Gl. 7.3-5) $\qquad c(t)^{-\sigma} = \theta(t) \,.$ [109]

Das bedeutet, um $H(K, \theta, c, t)$ zu maximieren, müssen die Konsum- und Investitionswaren in jeder Periode t so verteilt werden, dass ihre Grenzerträge gleich sind.

Außerdem muss $\theta(t)$ in allen Perioden t

(Gl. 7.3-6)
$$\dot{\theta}(t) = \rho\theta(t) - \frac{\partial}{\partial K} H(K(t), \theta(t), c(t), t)$$
$$= \theta(t)\left[\rho - \beta \cdot A(t) \cdot K(t)^{\beta-1} \cdot N(t)^{1-\beta}\right]$$

erfüllen, wenn (Gl. 7.3-3) einen optimalen Pfad liefern soll.

Mit Hilfe von (Gl. 7.3-3) können (Gl. 7.3-2) und (Gl. 7.3-4) zu einem Differentialgleichungssystem umformuliert werden. Durch diese Überlegungen und mit Hilfe des Maximumprinzips von *Pontryagin* kann man einen optimalen Pfad errechnen[110]. Der optimale Pfad ist die spezielle Lösung dieses Gleichungssystems, welche die Bedingung

(Gl. 7.3-7) $\qquad \lim_{t \to \infty} e^{-\rho \cdot t} \cdot \theta(t) \cdot K(t) = 0$

erfüllt.

In einem Modell mit konvexer Nutzen- und Produktionsfunktion und ohne externe Effekte stimmt dieser Pfad mit dem Wettbewerbsgleichgewicht überein. Die Schlussfolgerung aus der Übereinstimmung des Optimal- und Wettbewerbspfades ist, dass die Wirtschaftsakteure rationale Erwartungen (und vollständige Informationen) und dadurch perfektes Wissen über die Zukunftspreise haben.

Um dieses Modell auf das Wachstum der USA anwenden zu können, konstruiert *Lucas* den Gleichgewichtswachstumspfad, das heißt, einen Pfad, wo das Wachstum von Kapital, Konsum und Preis konstant ist. Sei κ die Wachstums-

---

[108] Vgl. Lucas, 1988, S.8

[109] Ausführlicher, mathematischer Lösungsweg ist im 3)

[110] *Lucas* nimmt diese Vorgehensweise aus einer Arbeit von *David Cass* aus dem Jahre 1961. Obwohl *Lucas* mehrmals auf diese Arbeit zurückgreift ist diese Arbeit in der Literaturangabe nicht vorhanden. Somit ist die Angabe des Titels nicht möglich.

rate des Pro-Kopf-Konsums $\dot{c}(t)/c(t)$ auf dem Gleichgewichtswachstumspfad. Dann folgt aus (Gl. 7.3-5):

(Gl. 7.3-8) $\qquad\qquad \dfrac{\dot{\theta}(t)}{\theta(t)} = -\sigma\kappa$, [111]

und aus (Gl. 7.3-6):

(Gl. 7.3-9) $\qquad\qquad \beta \cdot A(t) \cdot K(t)^{\beta-1} \cdot N(t)^{1-\beta} = \rho + \sigma\kappa$.

Das heißt, die Grenzproduktivität des Kapitals muss auf einem Gleichgewichtswachstumspfad gleich dem konstanten Wert $\rho + \sigma\kappa$ sein. Wird (Gl. 7.3-3) durch $K(t)$ dividiert, erhält man:

$$\frac{N(t)\cdot c(t)}{K(t)} + \frac{\dot{K}(t)}{K(t)} = A(t)\cdot\frac{K(t)^{\beta}}{K(t)}\cdot N(t)^{1-\beta} = A(t)\cdot K(t)^{\beta-1}\cdot N(t)^{1-\beta}.$$

Mit Hilfe von (Gl. 7.3-9):

(Gl. 7.3-10) $\qquad \dfrac{N(t)\cdot c(t)}{K(t)} + \dfrac{\dot{K}(t)}{K(t)} = A(t)\cdot K(t)^{\beta-1}\cdot N(t)^{1-\beta} = \dfrac{\rho + \sigma\kappa}{\beta}.$

Da die Kapitalakkumulierungsrate $\dot{K}(t)/K(t)$ an einem Gleichgewichtswachstumspfad per Definition konstant ist (und weil $(\rho + \sigma\kappa)/\beta$ konstant ist) muss $(N(t)\cdot c(t))/K(t)$ auch konstant sein.

(Gl. 7.3-11) $\qquad\qquad \dfrac{N(t)\cdot c(t)}{K(t)} = const.$

Mit der Hilfe der Ableitung von (Gl. 7.3-11) und aus den Definitionen $\dot{c}(t)/c(t) = \kappa$, $\dot{N}(t)/N(t) = \lambda$ folgt

(Gl. 7.3-12) $\qquad\qquad \dfrac{\dot{N}(t)}{N(t)} + \dfrac{\dot{c}(t)}{c(t)} = \dfrac{\dot{K}(t)}{K(t)} = \lambda + \kappa$. [112]

Mit Hilfe der Ableitung von (Gl. 7.3-10) erhält man für κ:

(Gl. 7.3-13) $\qquad\qquad \kappa = \dfrac{\mu}{1-\beta}$. [113]

Die gleichgewichtige Sparquote ist:

---

[111] Ausführlicher, mathematischer Lösungsweg ist im 4) Seite 1.

[112] Ausführlicher, mathematischer Lösungsweg ist im 5)

[113] Ausführlicher, mathematischer Lösungsweg ist im 6)

(Gl. 7.3-14)
$$s = \frac{\dot{K}(t)}{N(t)\cdot c(t) + \dot{K}(t)} = \frac{\dot{K}(t)}{K(t)} \cdot \frac{K(t)}{N(t)\cdot c(t) + \dot{K}(t)}.$$

Mit (Gl. 7.3-13) kann s bestimmt werden.

Setzt man $\dot{K}(t)/K(t) = \lambda + \kappa$ aus (Gl. 7.3-12) und $(N(t)\cdot c(t) + \dot{K}(t))/K(t) = (\rho + \sigma\kappa)/\beta$ aus (Gl. 7.3-10) in (Gl. 7.3-14) ein, bekommt man:

(Gl. 7.3-15)

$$s = (\lambda + \kappa)\cdot \frac{\beta}{\rho + \sigma\kappa} = \frac{\beta\left(\lambda + \frac{\mu}{1-\beta}\right)}{\rho + \sigma\frac{\mu}{1-\beta}} = \frac{\beta\cdot[(1-\beta)\cdot\lambda + \mu]}{(1-\beta)\cdot\rho + \sigma\cdot\mu}.$$

Wie (Gl. 7.3-12) und (Gl. 7.3-13) zeigen, hängt in diesem Modell die Größenordnung des Pro-Kopf-Wachstums einer Volkswirtschaft, die sich auf dem Gleichgewichtswachstumspfad befindet, von der exogen gegebenen Wachstumsrate der Technik μ ab. Die Zeitpräferenz ρ und der Grad der Risikoaversion σ haben keine Auswirkung auf die langfristige Wachstumsrate. Niedrige Zeitpräferenz und niedrige Risikoaversion induzieren eine hohe Sparquote (vgl. (Gl. 7.3-15)). Eine hohe Sparquote ist mit einem relativ hohen **Outputniveau** auf dem Gleichgewichtswachstumspfad verbunden. Eine Gesellschaft mit hoher Sparquote wird reicher, wächst aber nicht schneller als eine mit niedrigerer Sparquote.

Damit die Bedingung (Gl. 7.3-7) eines optimalen Pfades durch den in (Gl. 7.3-13) und (Gl. 7.3-14) charakterisierten Gleichgewichtswachstumspfad erfüllt ist, muss $\rho + \sigma\kappa > \kappa + \lambda$ erfüllt sein. Dies zeigt, dass eine Ökonomie, die sich von Anfang an auf dem Gleichgewichtswachstumspfad befindet, diesen als optimal betrachtet und deswegen nicht verlässt.

Cass zeigt außerdem, dass der optimale Kapital-Konsum Pfad einer Ökonomie, die sich nicht auf dem Gleichgewichtswachstumspfad befinden, asymptotisch zu diesem konvergiert.[114] Deswegen ist der Gleichgewichtswachstumspfad meistens eine gute Näherung für den aktuellen Pfad.

Vergleicht man die mit diesem Modell für die U.S. Ökonomie ausgerechneten Zahlen mit den tatsächlich beobachteten Zahlen, so fällt auf, dass das Kapitalwachstum überschätzt wird. Aber wegen seiner Einfachheit gibt es für Verbesserungen genügend Raum in diesem Modell.

---

[114] Siehe Lucas, 1998 S.11

Trotz seiner „Beschränktheit" hat das simple neoklassische Modell einen großen Beitrag zu den Wirtschaftswissenschaften geleistet. Es zeigt, dass Wachstum die Summe aller Aktivitäten einer Gesellschaft ist. Außerdem macht es den Unterschied zwischen Wachstumseffekten – also Parameterveränderungen, welche die Wachstumsrate verändern - und Niveaueffekten - Veränderungen, welche die Lage des Wachstumspfads nach oben oder nach unten verschieben ohne seine Steigung zu ändern - deutlich. In dem Modell von *Solows* ist die Veränderung der Sparquote ein Niveaueffekt. *Lucas* ist der Ansicht, dass diese Folgerung in der Wirtschaft unglücklicherweise vernachlässigt blieb, obwohl demnach Steuerstrukturänderungen, welche die Sparquote beeinflussen, auf die Wachstumsrate keine Wirkung haben. Weiterhin kann man ableiten, dass die meisten Ineffizienzen (z.B.: Handelsbeschränkungen) „nur" Niveaueffekte sind. Damit beeinflusst die Abschaffung dieser die Wachstumsrate nicht. Damit widerspricht *Lucas* den Folgerungen von *Krueger*[115] und *Harberger*[116]. Diese Autoren identifizieren die Abschaffung solcher Handelsbarrieren als Schlüsselerklärung des eingetretenen zügigen Wachstums bestimmter Länder. *Lucas* betont, dass er über die Schlussfolgerungen der oben erwähnten Arbeiten nicht streiten will, nach der neoklassischen Theorie die Aufhebung der Inneffizienzen allein nicht solche Wirkung haben kann. Bei dieser Theorie ist die Handelsbeschränkung „nur" ein Niveaueffekt analog zu einer einmaligen Verschiebung der Outputkurve nach oben und eben kein Wachstumseffekt, der die Wachstumsrate – auch langfristig – beeinflussen würde. Als Unterstützung der Folgerungen aus der neoklassischen Theorie erwähnt *Lucas* die Wachstumsraten der Länder mit zentraler Planwirtschaft. Es ist bekannt, dass das Wirtschaftsystem dieser Länder teilweise stark ineffizient war (bzw. ist). Trotzdem haben Ost-Block Länder während der Planwirtschaft ähnliche Wachstumsraten wie die westlichen Marktwirtschaften erzielt. Die Erklärung, dass Ineffizienzen nur Niveaueffekte sind, würde diesen - auf den ersten Blick verblüffenden – Fakt erklären.

7.4 Lucas' Einschätzung der neoklassischen Wachstumstheorie

Lucas betrachtet das in Kapitel 7.3 dargestellte Modell genau. Er beobachtet, wo dieses Modell fehlschlägt, um bessere Alternativen zu finden.

---

[115] Vgl. Krueger, 1983
[116] Vgl. Harberger, 1984

Das Modell wird ausgeweitet auf mehrere Volkswirtschaften die miteinander interagieren. Er fängt mit einer Welt an, wo Kapital und Arbeit nicht mobil sind. In diesem Fall besitzen Volkswirtschaften die gleichen Präferenzen und die gleiche Technologie und konvergieren zu identischem Einkommen und Wachstum. Um realistischer zu werden, werden verschiedene Anfangsausstattungen postuliert. Die Wachstumsraten in diesem Modell reagieren aber sehr unempfindlich auf Variationen in den Modellparametern. Obwohl *Lucas* die Möglichkeit, dass das Wachstum eines Landes von der Risikoaversion der Individuen und von dem Zins abhängt nicht ausgrenzen will, betrachtet er diesen Weg als nicht vielversprechend. Er will kein Modell haben, wo das (plötzliche) Wachstum von der spontanen Änderung der Risikoaversion der Individuen abhängt.

Lucas kommt zu der Schlussfolgerung, dass außer der Technologie keine im neoklassischen Modell erwähnte Größe (Bevölkerungszahl, -wachstum, Sparquote, etc.) einen markanten, langfristigen Einfluss auf die Wachstumsrate hat. *Lucas* meint aber, dass allein der Unterschied in der Technologie und in deren Wachstum nicht ausreicht um die realen Wachstumsraten zu erklären, da die Technologien meist weltbekannt sind. Beim Fehlen von Technologieunterschiede und bei Faktorimmobilität sollen die Unterschiede zwischen den Ländern nach dem neoklassischen Modell also ausgeglichen werden. Bei Faktormobilität ist dieser Ausgleich noch verstärkt. Da dies eindeutig nicht passiert, kommt er zu der Schlussfolgerung, dass dieses Modell die Realität nicht richtig abbildet.

Lucas wird auch auf die teilweise Immobilität des Faktors Kapital aufmerksam. Nach der neoklassischen Theorie sollten die Neuinvestitionen in Länder mit niedrigem Lohnniveau getätigt werden. Dies ist aber in der Realität eindeutig nicht der Fall. Er bestreitet, dass diese Immobilität des Kapitals durch politische Unsicherheiten entsteht. Wäre dies der Fall, so wäre die freie Mobilität des Kapitals während der Kolonialzeit – als politische Unsicherheiten in den besetzten Gebieten nicht vorhanden waren – erkennbar gewesen. Auch militärische Regime begrenzen das politische Risiko stark. Trotzdem wanderte und wandert das Kapital nicht in dem von der neoklassischen Theorie prognostizierten Maß in diese Gebiete. *Lucas* meint, dass dieser Unterschied eine der größten – wenn nicht die größte - Diskrepanz zwischen Theorie und Praxis ist.

7.5 Humankapital und Wachstum

Die neoklassische Theorie hat nach *Lucas* zwei Schwachstellen. Erstens erklärt sie nicht die Unterschiede zwischen den Ländern. Zweitens schätzt sie die Wirkung der Faktormobilitäten nicht richtig ein. In der neoklassischen Theorie mit exogenem technischem Fortschritt ist es die Änderung der Technik, die das Wachstum der Wirtschaft auslöst. *Lucas* will den Fehler dieser Theorien nicht nur durch die Einführung einer neuen Variablen lösen. Er sucht eine Alternative zum technischen Fortschritt, etwas was die Funktion eines Wachstumsmotors übernehmen kann und dabei das in der Realität beobachtbare Wirtschaftswachstum verschiedener Länder erklärt.

Deswegen führt *Lucas* das Humankapital ins Modell ein. Er konzentriert sich auf den Fakt, dass sich die Art, in der ein Individuum seine Zeit in der jetzigen Periode einteilt, auf seine zukünftige Produktivität auswirkt. Deswegen muss man die Wirkung des Humankapitals sowohl auf die jetzige Periode als auch die Auswirkung der jetzigen Zeiteinteilung auf die zukünftige Produktivität betrachten. Außerdem führt *Lucas* die Begriffe externer und interner Effekt des Humankapitals ein. Als internen Effekt bezeichnet man die Wirkung, die das individuelle Humankapital auf das Einkommen einer Person hat. Dagegen beschreibt der externe Effekt die Wirkung auf das Durchschnittshumankapital einer Volkswirtschaft. Extern deswegen, da ein einzelnes Individuum keinen Einfluss auf diese Größe hat (wenn eine atomistische Gesellschaft angenommen wird)[117]. Dadurch wird er von keiner Person bei der Entscheidung über ihre Zeiteinteilung betrachtet. Trotzdem profitieren alle davon, da die Höhe des Durchschnittshumankapitals wiederum die Produktivität aller Arbeiter beeinflusst. *Lucas* betont, dass Humankapitalakkumulation durch den externen Effekt ein soziales Unterfangen ist.

7.6 Modell der formellen Ausbildung

Ausgehend von der einfachen neoklassischen Produktionsfunktion

$$Y(t) = C(t) + I(t) = C(t) + \frac{\partial K}{\partial t}$$

verwendet *Lucas* (Gl. 6.3-1) (Produktionsseite des Outputs einer Volkswirtschaft), erweitert diese aber mit dem externen Effekt des Humankapitals h_a und

---

[117] Diese Annahme, ist meiner Meinung nach, bei einer Volkswirtschaft mit mehreren Millionen Individuen ohne Beschränkung verwendbar.

setzt sie mit (Gl. 6.2-1) (Verwendungsseite des Outputs in einer Volkswirtschaft) gleich. Außerdem setzt er jetzt eine konstante Technologie A voraus.[118]

(Gl. 7.6-1)
$$N(t) \cdot c(t) + \dot{K}(t) = A \cdot K(t)^{\beta} \cdot \left[u(t) \cdot N(t) \cdot \bar{h}\right]^{1-\beta} \cdot h_a^{\gamma}.$$

Obwohl $\bar{h}$ und h_a gleich sind, behält *Lucas* teilweise die unterschiedlichen Bezeichnungen bei, damit die zwei Wirkungen des Humankapitals weiterhin separat sichtbar bleiben.

Lucas führt auch die Humankapitalakkumulation ein. Zunächst untersucht er die Wissensakkumulation, die während der nicht für Arbeit verwendeten Zeit stattfindet. Er verbindet die Änderung der Humankapitalshöhe mit der für die Akkumulation verwendeten Zeit (1-*u(t)*) wie im (Gl. 6.3-3) dargestellt wurde.

(Gl. 7.6-2)
$$\dot{h}_i(t) = h_i(t)^{\xi} \cdot G(1 - u(t)).$$

Daraus folgt:

(Gl. 7.6-3)
$$\frac{\dot{h}_i(t)}{h_i(t)} = h_i(t)^{\xi-1} \cdot G(1 - u(t)).$$

Lucas nimmt an, dass die Humankapitalakkumulierung abnehmende Grenzerträge mit sich bringt. (Dies würde sich in der Gleichung mit $\xi < 1$ ausdrücken.) Falls es stimmt, folgt aus (Gl. 7.6-3) wegen $u \geq 0$

(Gl. 7.6-4)
$$\frac{\dot{h}_i(t)}{h_i(t)} \leq h_i(t)^{\xi-1} \cdot G(1),$$

und analog aus volkswirtschaftlicher Sicht

(Gl. 7.6-5)
$$\frac{\dot{\bar{h}}(t)}{\bar{h}(t)} \leq \bar{h}(t)^{\xi-1} \cdot G(1).$$

Die Wachstumsrate des Humankapitals würde demzufolge gegen Null tendieren, egal wie viel Zeit die Wirtschaftssubjekte für die Vermehrung ihres Wissens verwenden. Deswegen lehnt *Lucas* diese Art der Humankapitalakkumulation als alternativen Wachstumsmotor zum technischen Fortschritt ab. Er meint diese Formulierung macht das Modell von *Solow* komplizierter ohne dabei neue Möglichkeiten zu bieten.

Er untersucht aber das Modell von *Uzawa. Uzawa* hat ein ähnliches Modell, wie in (Gl. 7.6-2) - (Gl. 7.6-3) dargestellt, ausgearbeitet, jedoch mit der Annah-

---

[118] Dadurch zeigt er auch in der Gleichung, dass er einen Ersatz für den technischen Fortschritt sucht.

me, dass $\xi = 1$ ist. Die Akkumulierung des Wissens hat bei *Uzawa* konstante Skalenerträge.[119]

(Gl. 7.6-6) $$\dot{\overline{h}}(t) = \overline{h}(t) \cdot G(1 - u(t))\cdot$$

Lucas setzt die Funktion G einfachheitshalber als linear voraus. Damit erhalten wir die in (Gl. 6.3-10) dargestellte Funktion:

(Gl. 7.6-7) $$\dot{\overline{h}}(t) = \overline{h}(t) \cdot \delta \cdot (1 - u(t))\cdot$$

Nach (Gl. 7.6-7) ändert sich der Wissensbestand nicht, wenn keine Kraft für die Vermehrung des Humankapitals aufgewendet wird $((1-u(t)) = 0)$. Falls alle verfügbare Zeit auf die Akkumulation von Wissen verwendet wird $((1-u(t)) = 1)$, wächst das Humankapital der Volkswirtschaft mit maximaler Rate δ.

Außer der Einführung des Humankapitals und der Humankapitalakkumulierung ist das Modell identisch mit dem Solow-Modell aus Kapitel 6.3. Die Annahmen eines geschlossenen Systems, eines konstanten Bevölkerungswachstums λ und Präferenzen gemäß (Gl. 7.3-2) wurden übernommen.

Sind externe Effekte vorhanden, decken sich der Optimal- und Gleichgewichtspfad nicht mehr.

Unter Optimalpfad versteht *Lucas* die Kombination von Kapital, Konsum, Humankapital und der zur Produktion verwendeten Zeit, die den Nutzen für alle Perioden t maximiert, bezüglich der Nebenbedingung, dass individuelles Humankapitalwachstum sich auf das Durchschnittshumankapital auswirkt..

Mit Gleichgewichtspfad wird dagegen eine Optimierung verstanden, wobei der Pfad des externen Effektes des Humankapitals $h_a(t)$ als exogen vorgegeben ist - so wie der exogene technische Fortschritt im Solow-Modell. Das bedeutet, die Wirtschaftsakteure lösen ihre Optimierungsfunktionen mit der Erwartung, dass das Durchschnittskapital dem vorgegebenen Pfad $h_a(t)$ folgt. Wenn der Lösungspfad des Humankapitalsdurchschnittes sich mit dem gegebenen Pfad $h_a(t)$ deckt, ist das System im Gleichgewicht.[120]

---

[119] Uzawa, 1965

[120] Diese Formulierung des Gleichgewichtsverhaltens bei vorhandenen externen Effekten ist von Arrow (1962) und Romer (1986). Hier verursachen die deutschen Begriffe leider ein bisschen Durcheinander. Der Optimal- (optimal path) und (Wettbewerbs)Gleichgewichtspfad (equilibrium path) wurden auf Seite 61 definiert. Der Gleichgewichtswachstumspfad ist dagegen das, was im Englischen als „balanced growth path" bezeichnet wird. Also, ein Wachstumspfad eines Systems, wo die Wachstumsraten aller Variablen konstant sind. („Steady State" Wachstum.)

Die „current-value" Hamiltonfunktion für das Optimierungsproblem mit den Preisen $\theta_1(t)$ und $\theta_2(t)$, welche die Zunahme des physischen Kapitals und des Humankapitals bewerten, ist

(Gl. 7.6-8)

$$H(K, h, \theta_1, \theta_2, c, u, t) =$$
$$= \frac{N}{1-\sigma}\left[c(t)^{1-\sigma} - 1\right] + \theta_1(t)\left[A \cdot K(t)^\beta \cdot \left(u(t) \cdot \overline{h}(t) \cdot N(t)\right)^{1-\beta} \cdot h_a(t)^\gamma - N(t) \cdot c(t)\right]$$
$$+ \theta_2(t)\left[\delta \cdot \overline{h}(t)(1 - u(t))\right].$$

In diesem Modell gibt es zwei Entscheidungsvariablen. Der Konsum *c(t)* und die für die Produktion aufgewendete Zeit *u(t)*. Diese sind im Optimum so gewählt, dass die „current-value" Hamiltonfunktion maximiert wird. Dazu müssen $\theta_1(t)$ und $\theta_2(t)$ richtig bewertet werden. Wie wir schon in Kapitel 6.3 gesehen haben, ist die Voraussetzung für die Maximierung von (Gl. 7.6-8), dass deren Ableitungen nach Konsum *c(t)* und nach der Arbeitszeit *u(t)* gleich 0 sein müssen.
Also

$$\frac{\partial}{\partial c}H(K, h, \theta_1, \theta_2, c, u, t) = 0$$

und daraus

(Gl. 7.6-9) $\qquad c(t)^{-\sigma} = \theta_1(t),$ [121]

wie schon in (Gl. 7.3-5) bedeutet dies, dass die Grenzerträge der zwei Güterformen, nämlich Konsumgut und Investitionsgut, in jeder Periode gleich sein müssen.
Aus

$$\frac{\partial}{\partial u}H(K, h, \theta_1, \theta_2, c, u, t) = 0$$

folgt

(Gl. 7.6-10)

$$\theta_1(t)(1 - \beta)A \cdot K(t)^\beta \left(u(t) \cdot N(t) \cdot \overline{h}(t)\right)^{-\beta} N(t) \cdot h_a(t)^{1+\gamma} = \theta_2(t) \cdot \delta \cdot h(t) . \quad [122]$$

Ähnlich müssen die Grenzerträge der Zeit in ihren zwei Verwendungen Arbeit und Humanakkumulation in jeder Periode gleich hoch sein.

---

[121] Ausführlicher, mathematischer Lösungsweg ist im 7)
[122] Ausführlicher, mathematischer Lösungsweg ist im 7)

Außerdem, sinngemäß wie in (Gl. 7.3-6), sind die Änderungen von θ_1 und θ_2 durch die folgende Gleichungen gegeben:

(Gl. 7.6-11)

$$\dot{\theta}_1 = \rho \cdot \theta_1(t) - \frac{\partial}{\partial K} H(K, h, \theta_1, \theta_2, c, u, t)$$
$$= \rho \cdot \theta_1(t) - \theta_1(t) \cdot \beta \cdot A \cdot K(t)^{\beta-1} \cdot (u(t) \cdot N(t) \cdot \overline{h}(t))^{1-\beta} \cdot h_a(t)^{\gamma},$$

(Gl.7.6-12)

$$\dot{\theta}_2 = \rho \cdot \theta_2(t) - \frac{\partial}{\partial h} H(K, h, \theta_1, \theta_2, c, u, t)$$
$$= \rho \cdot \theta_2(t) - \theta_1 \cdot (1 - \beta + \gamma) \cdot A \cdot K(t)^{\beta} \cdot (u(t) \cdot N(t))^{1-\beta} \cdot h_a(t)^{-\beta+\gamma} - \theta_2(t) \cdot \delta(1 - u(t)) .$$

(Gl. 7.6-1), (Gl. 7.6-7) und (Gl. 7.6-9) - (Gl.7.6-12) beschreiben dann den <u>optimalen</u> Evolutionspfad von $K(t)$ und $h(t)$ für beliebige Anfangswerte.[123]

Im Gleichgewicht löst der private Sektor im Wesentlichen das gleiche Problem, wobei $h_a(t)^{\gamma}$ in (Gl. 7.6-1) exogen gegeben ist. Markträumung benötigt $h_a(t) = \overline{h}(t)$ für alle Perioden t, so dass (Gl. 7.6-1), (Gl. 7.6-7) und (Gl. 7.6-9) - (Gl. 7.6-11) sowohl für den Gleichgewichts- als auch für den Optimalpfad notwendige Bedingungen sind. Aber (Gl.7.6-12) gilt im Gleichgewichtsfall nicht mehr. Genau in der Bewertung von Humankapital unterscheiden sich Optimal- und Gleichgewichtspfad. Für den privaten Sektor muss (Gl.7.6-12) durch

(Gl.7.6-13)

$$\dot{\theta}_2(t) = \rho \cdot \theta_2(t) - \theta_1(t) \cdot (1 - \beta) \cdot A \cdot K(t)^{\beta} \cdot (u(t) \cdot N(t))^{1-\beta} \cdot h_a(t)^{\gamma-\beta} - \theta_2(t) \cdot \delta(1 - u(t))$$

ersetzt werden. Weil die Individuen den externen Effekt des Humankapitals nicht mit berücksichtigen, darf bei $\partial H(K, h, \theta_1, \theta_2, c, u, t) / \partial h$ h_a nicht mitabgeleitet werden. Der Unterschied zwischen (Gl.7.6-12) und (Gl.7.6-13) ist, dass die Preisänderung des Humankapitals im (Gl.7.6-13) den externen Effekt nicht mitberücksichtigt und dadurch geringer ausfällt als im Optimum. Es ist sofort sichtbar, dass (Gl.7.6-12) und (Gl.7.6-13) identisch sind, falls $\gamma = 0$ ist. Dies bedeutet, dass das Humankapital keinen externen Effekt verursacht, was wiederum zeigt, dass ohne externe Effekte Optimal- und Gleichgewichtspfad zusammen-

---

[123] Genaugenommen braucht man, wie von *Lucas* erwähnt, noch zwei transversale Bedingungen ähnlich zu (Gl. 7.3-7). Diese werden aber von *Lucas* nicht angegeben.

fallen. Erst der externe Effekt erzeugt eine Divergenz zwischen der privaten (Gl.7.6-13) und der sozialen Bewertung (Gl.7.6-12) des Humankapitals.

Wie bei dem einfachen Solow-Modell ist die Suche der Gleichgewichtswachstumspfad beider Modelle der leichteste Weg zur Charakterisierung von Optimal- und Gleichgewichtspfad. In diesen Modellen sind auf den Gleichgewichtswachstumspfaden nicht nur die Wachstumsraten von Konsum Kapital und Humankapital, sondern auch die Rückgangsraten der Preise beider Kapitalarten und auch die Zeitallokation $u(t)$ konstant. Lucas fängt mit dem gemeinsamen Teil der Modelle an (also ohne (Gl.7.6-12) und (Gl.7.6-13)).

Sei κ wieder $\dot{c}(t)/c(t)$. Dann implizieren (Gl. 7.6-9) und (Gl. 7.6-11)

(Gl. 7.6-14) $\qquad \beta \cdot A \cdot K(t)^{\beta-1} \cdot \left(u(t) \cdot N(t) \cdot \overline{h}(t)\right)^{1-\beta} \cdot h_a(t)^{\gamma} = \rho + \sigma \cdot \kappa ,$

was analog zu (Gl. 7.3-9) des Solow-Modells ist.

Analog zu der Vorgehensweise in Kapitel 7.3 erhält man wieder die Wachstumsrate $\kappa + \lambda$ für $K(t)$ und eine konstant Sparquote mit dem in (Gl. 7.3-15) angegebenen Wert.[124] Dies kann dadurch erklärt werden, dass für die Herleitung der Kapitalakkumulation bedeutungslos ist, ob $h(t)$ wie in dem vorherigen Modell exogen gegeben ist oder von den Wirtschaftsakteuren gewählt wird.

Sei $v = \dot{h}(t)/h(t)$ auf einem Gleichgewichtswachstumspfad. Es ist eindeutig aus (Gl. 7.6-7), dass

(Gl. 7.6-15) $\qquad v = \delta\left(1 - u(t)\right).$

Mit Hilfe der Ableitung von (Gl. 7.6-14) nach der Zeit erhält man für die gemeinsame Wachstumsrate von Konsum und Pro-Kopf-Kapital

(Gl. 7.6-16) $\qquad \kappa = \left(\dfrac{1-\beta+\gamma}{1-\beta}\right)v .$ [125]

Wenn man (Gl. 7.6-16) mit (Gl. 7.3-13) vergleicht, ist es sofort ersichtlich, dass sofern die Wachstumsrate des Humankapitals v konstant ist (und auf einem Gleichgewichtswachstumspfad ist sie konstant), $(1-\beta+\gamma)v$ die Rolle der exogenen Wachstumsrate des technischen Fortschritts μ aus dem einfachen Solow-Modell übernimmt.

Jetzt muss aber noch die Wachstumsrate des Humankapitals v errechnet werden. Aus der Ableitung von (Gl. 7.6-9) und (Gl. 7.6-10) erhält man

---

[124] Aus (Gl. 7.6-14) erhält man wieder (Gl. 7.3-10) (jedoch mit modifiziertem mittleren Teil, was hier aber keine Rolle spielt). Wie in (Gl. 7.3-11), Anhang 3) und in (Gl. 7.3-12) gezeigt wurde, ist $\dot{K}(t)/K(t) = \kappa + \lambda$. Daraus kann auch die Sparquote eindeutig abgeleitet werden
[125] Ausführlicher, mathematischer Lösungsweg ist im 8).

(Gl. 7.6-17) $\qquad \dfrac{\dot{\theta}_2(t)}{\theta_2(t)} = (\beta - \sigma)\kappa - (\beta - \gamma)v + \lambda$. [126]

Ab diesem Punkt unterscheidet sich die Analyse des Optimal- und Gleichge-wichtspfades. Bei der Betrachtung des Optimalpfades bekommt man mit Hilfe von (Gl. 7.6-10) und (Gl.7.6-12)

(Gl. 7.6-18) $\qquad \dfrac{\dot{\theta}_2(t)}{\theta_2(t)} = \rho - \delta - \dfrac{\gamma}{1-\beta}\delta \cdot u$. [127]

Wenn man jetzt (Gl. 7.6-15) nach u umformt, dies in (Gl. 7.6-18) einsetzt und (Gl. 7.6-17) und (Gl. 7.6-18) gleichsetzt und für κ (Gl. 7.6-16) heranzieht, erhält man die Lösung der optimalen Wachstumsrate des Humankapitals v^* indem man nach v auflöst

(Gl. 7.6-19) $\qquad v^* = \sigma^{-1}\left[\delta - \dfrac{1-\beta}{1-\beta+\gamma}(\rho-\lambda)\right]$. [128]

Entlang eines Gleichgewichtspfades gilt (Gl.7.6-13) (anstelle von (Gl.7.6-12)), so haben wir statt (Gl. 7.6-18)

(Gl. 7.6-20) $\qquad \dfrac{\dot{\theta}_2(t)}{\theta_2(t)} = \rho - \delta$. [129]

Und durch dasselbe Vorgehen wie in (Gl. 7.6-19) erhalten wir die Wachstums-rate des Humankapitals v auf einem Gleichgewichtspfad.

(Gl. 7.6-21) $\qquad v = \dfrac{(1-\beta)(\delta-(\rho-\lambda))}{\sigma(1-\beta+\gamma)-\gamma}$. [130]

Der Unterschied zwischen v^* und v ist

(Gl. 7.6-22) $\qquad v^* = v + \dfrac{\delta \cdot \gamma}{1-\beta+\gamma}$.

Man muss beachten, dass die Wachstumsrate des Humankapitals in (Gl. 7.6-19) und (Gl. 7.6-21) nicht größer als δ sein darf, da δ – wie aus (Gl. 7.6-15) er-sichtlich - die maximale effektive Wissensvermehrung ist. Da v^* größer als v ist, bedeutet dies nach (Gl. 7.6-19), dass

---

[126] Ausführlicher, mathematischer Lösungsweg ist im 4), Seite 2-3.
[127] Ausführlicher, mathematischer Lösungsweg ist im 9).
[128] Ausführlicher, mathematischer Lösungsweg ist im 10).
[129] Ausführlicher, mathematischer Lösungsweg ist im 11).
[130] Für detaillierte mathematische Ableitung siehe Anhang 12).

(Gl. 7.6-23)
$$\sigma \geq 1 - \frac{1-\beta}{1-\beta+\gamma} \cdot \frac{\rho - \lambda}{\delta}.$$

Das Modell kann also nicht für zu kleine Risikoaversionswerte σ verwendet werden.

Die wichtigsten Resultate sind:

1) (Gl. 7.6-22) zeigt, dass die Wachstumsrate mit wachsender Effektivität der Investition in Humankapital δ wächst und mit wachsendem Diskontsatz ρ fällt. (Hier ist ein Zusammenhang mit dem Sparverhalten zu finden, welcher in der Wirtschaftspolitik stark propagiert, in dem Modell von *Solow* aber eindeutig verneint wird.)

2) Die Ineffizienz ist klein, falls der externe Effekt des Humankapitals klein ist.

3) Wie in (Gl. 7.6-16) zu sehen ist, ist $\kappa > v$, falls der externe Effekt der Humankapitalakkumulierung vorhanden ist. Dieser induziert schnellere Kapitalakkumulation als Wissensakkumulation. Diese Erkenntnis lässt den statistischen Zusammenhang zwischen Investition (sprich Kapitalwachstum) und Wirtschaftswachstum in neuem Licht erscheinen. Wenn Wirtschaftswachstum durch Humankapitalakkumulierung angetrieben wird, muss der Kapitalstock auch schneller wachsen. (Man kann seine Fähigkeiten im Umgang mit Computern nicht vertiefen ohne einen Computer zu benutzten.) In Folge dessen entsteht zwischen Kapitalwachstum und Wirtschaftswachstum ein statistischer Zusammenhang. Dabei ist das Kapitalwachstum (in diesem Modell) nur eine notwendige aber keine hinreichende Bedingung.

4) Zu einem Gleichgewichtswachstumspfad können mehrere mögliche Kombinationen der Wachstumsraten von Kapital und Humankapital führen. Eine Ökonomie A aber, die näher an ihrem Optimalpfad ist als eine mit der gleichen Anfangsausstattung „gestarteten" Ökonomie B, besitzt auf ihrem Gleichgewichtswachstumspfad immer eine größere Humankapitalwachstumsrate, da $v^* > v$ ist.

Die Dynamik dieses Systems ist nicht so leicht zu verstehen wie die des Ein-Kapital-Systems. *Lucas* vermutet trotzdem, dass beide Pfade(Optimal- und Gleichgewichtspfad) von den Anfangsausstattungen unabhängig zum Gleichgewichtswachstumspfad konvergieren. Wie oben bereits angesprochen, existieren mehrere Gleichgewichtswachstumspfade. Nach *Lucas* hängt die Wachstumsratenkombination von der Anfangsausstattung der Ökonomien ab. Er vertritt die Meinung, dass auch dieses Modell eine Erhaltung der Unterschiede in den Ausstattungsniveaus unterstützt. Eine Ökonomie, die am Anfang mit einem niedrigeren Humankapitalniveau ausgestattet ist, wächst in dieser Hinsicht weniger stark als eine Ökonomie, deren Anfangsausstattung an Humankapital größer ist.

Auf allen möglichen Gleichgewichtswachstumspfaden ist die Grenzproduktivität des Kapitals $\rho + \sigma \kappa$ konstant wie es (Gl. 7.6-14) zeigt. Obwohl die Ausstattungen mit den beiden Kapitalarten unterschiedlich sind, sind die Grenzerträge des physischen Kapitals und des Humankapitals in allen Ökonomien konstant. Sind keine externen Effekte vorhanden, ist auch die Lohnrate der Arbeit mit einem bestimmten Fachwissen (Grenzproduktivität der Arbeit) konstant.

Allgemein gilt aber: Ist $\gamma > 0$, wächst das Lohnniveau mit wachsender Ausstattung an Kapital und Wissen. Die Elastizität des Lohnes ist

(Gl. 7.6-24)
$$\frac{K(t)}{w(t)} \frac{\partial w}{\partial K} = \frac{(1+\beta) \cdot \gamma}{1 - \beta + \gamma} .$$ [131]

In allen Ländern wachsen die Löhne mit der Rate

$$w(t) = \frac{\gamma}{1 - \beta} v .$$ [132]

Da die Wissensvermehrung auch Lohnsteigerung bedeutet, muss diese Komponente (aus (Gl. 7.6-16)) auch in die Rechnung miteinbezogen werden.

(Gl. 7.6-25)
$$w + v = \frac{\gamma}{1 - \beta} v + v = \frac{1 - \beta + \gamma}{1 - \beta} v = \kappa .$$

Die Löhne wachsen also mit der Wachstumsrate des (physischen) Pro-Kopf-Kapitals κ. Da diese aber umso größer ist, je wohlhabender ein Land ist, verdienen die Arbeiter aller Wissensniveaus in einem wohlhabenden Land immer besser als die in einem ärmeren Land.

Dieses Modell erklärt die Einkommensniveauunterschiede der Länder mit verschiedenen Anfangsausstattungen. Es handelt sich hierbei aber um keine echte Weiterentwicklung. Dieses Modell ist ein neoklassisches Wachstumsmodell mit geschlossenen Volkswirtschaften. Die Faktormobilität ist in diesem Modell gleich Null. Die Folgerungen aus den einfachen neoklassischen Modellen ohne Faktormobilität sind die Selben. Auch diese einfachen Modelle können die Einkommensunterschiede der Länder mit verschiedenen Anfangsausstattungen unter der hier getroffenen Annahme der Faktorimmobilität erklären, ohne

---

[131] Siehe Lucas, 1988, S.25
[132] Siehe Lucas, 1988, S.25

dabei Humankapital als zusätzliche Variable zu benötigen. Auch der Test an der Ökonomie der USA zeigt, dass dieses Modell nicht besser als das Original ist. *Lucas* selbst kommt zu der Schlussfolgerung, dass dieses Modell zu den beobachteten U.S. Zahlen keineswegs besser passt als das einfache Modell von *Solow*.

In dem vorgestellten Modell von *Lucas* wurde die Technologievariable des Solow-Modells einfach als landesspezifischer Humankapitalstock uminterpretiert. Der Anfangswert A_0 dieser „Technologie" ist $Ah_0^{1-\alpha}$ und deren Wachstumsrate μ ist $\delta(1-\beta+\gamma)(1-u)$. Durch diese Änderungen wurde das Modell von *Solow* mit schnell zueinander konvergierenden Ländern zu einem Modell mit stetigen Einkommensunterschieden zwischen den Ländern ohne jegliche Konvergenz konvertiert. Die Annahme eines nur auf der eigenen Humankapitalakkumulierung basierenden Wachstums impliziert eine ewig wachsende Ungleichheit unter den Ländern, deren Anfangsausstattung unterschiedlich sind. Wie wir aber schon gesehen haben, trifft diese Aussage nur auf bestimmte Gruppen von Ländern zu. Es gibt Regionen, wo eine Konvergenz erkennbar ist und es gibt Länder, welche ihre Wachstumsraten langfristig erhöhen können. Ein realitätsnahes Modell sollte also sowohl die Konvergenz zwischen bestimmten Ländern, die Nichtkonvergenz zwischen anderen Ländern als auch einen „Gruppenwechsel" ermöglichen.

In dem obigen Modell ist der Humankapitalbestand länderspezifisch. Die Geschwindigkeit der Humankapitalakkumulierung eines Landes hängt nur von dem eigenen Humankapitalniveau ab. Dies ist gleichbedeutend mit der Aussage, dass die Erfindungen eines Landes nur in diesem Land verwendet werden, andere Länder überhaupt nichts von deren Existenz erfahren und diese selbst neu erfinden müssen. Das ist in der Realität nicht der Fall. Die Erfindungen eines Landes werden publiziert, so dass jeder sie nachlesen und (falls er sie versteht) sich das Wissen auch aneignen kann. Dadurch profitieren alle Länder von den Erfindungen eines Landes. Eine Möglichkeit, Konvergenz in das obige Modell zu bringen, ist die Einführung dieses Spillovers von einem Land zum anderen. Dieses Vorgehen wurde von *Parente* und *Parscott* [133] vorgeschlagen. *Lucas* hat so ein Modell in seinem Artikel „Making a Miracle"[134] ausgearbeitet.

Die Funktion der Humankapitalakkumulierung in (Gl. 7.6-7) wird erweitert, so dass die Vermehrung des Humankapitalbestandes in einem Land auch von den Humankapitalniveaus der anderen Länder der Welt abhängt. Sei

---

[133] Vgl. Parente / Prescott, 1991
[134] Lucas, 1991

$H(t) = \sum_k u_l(t) \cdot \bar{h}_l(t) \cdot N_l(t)$ der effektive Arbeitseinsatz in einer Welt mit k Län-

dern. Da wir die Auswirkung des Humankapitals beobachten möchten, können wir durch die Annahme, dass jedes Land den gleichen Arbeitseinsatz $N_i(t)$ leistet $N_i(t) = N_j(t) = N(t)$, $i, j \in [1, k]$ das Modell vereinfachen. $N(t)$ wird als Einheit definiert. Dann ist $H(t) = \sum_k u_l(t) \cdot \bar{h}_l(t)$. Das Durchschnittsniveau des Humanka-

pitals der Welt ist demnach:

(Gl. 7.6-26) $\qquad\qquad Z(t) = H(T) / \sum_k u_l$.

Dann wird aus (Gl. 7.6-7):

(Gl. 7.6-27) $\qquad\qquad \dfrac{d\bar{h}_l(t)}{dt} = \delta(1 - u_l(t))\bar{h}_l(t)^{1-\varepsilon} Z(t)^{\varepsilon}$. [135]

Mit dieser Änderung bleibt die Dynamik des Humankapitals im Wesentlichen unverändert. Die Wachstumsbrandbreite der Länder aber verkleinert sich. Eine Ökonomie, deren Humankapitalstock niedriger ist als der Weltdurchschnitt, wird schneller wachsen als eine Wirtschaft mit überdurchschnittlich hohem Humankapitalniveau. Wenn die Zeiteinteilung $u(t)_k$ der Länder gleich ist ($u(t)_i = u(t)_j = u$, $i, j \in [1, k]$) ist

(Gl. 7.6-28) $\qquad\qquad \dfrac{\dot{Z}(t)}{Z(t)} = \dfrac{\dot{H}(t)}{H(t)} = \delta(1 - u)$. [136]

Der Pfad des relativen Humankapitals eines Landes $z_l = \bar{h}_l / Z(t)$ ist

(Gl. 7.6-29) $\qquad\qquad \dfrac{\partial}{\partial t} z_l(t) = \delta(1 - u)z(t)\left[z(t)^{\varepsilon} - 1\right]$. [137]

Offensichtlich konvergiert $z_i(t)$ zu 1. Das bedeutet, dass die relativen Einkommen auch zu 1 konvergieren.

Mit der Einführung des „weltexternen" Effektes wird das Modell wieder zu einer Theorie, welche die Konvergenz aller Länder vorsieht, ohne dabei Raum für langfristige Wachstumsunterschiede zu lassen.

---

[135] Vgl. Lucas, 1991, S.255
[136] Vgl. Lucas, 1991, S.255, für detaillierte mathematischen Lösungsweg siehe Anhang 13).
[137] Ausführlicher, mathematischer Lösungsweg ist im Anhang 14).

7.7   Komparative Vorteile und Learning-by-Doing

In den vorherigen Modellen betrachtete *Lucas* die Akkumulierung des Humankapitals gleichbedeutend mit der Abziehung der Leistung von der Arbeit. Aber wie schon mehrmals angesprochen wurde, betrachten viele Ökonomen das on-the-Job-Training als einen wichtigen Bereich der Wissensakkumulierung. Legt man die Aussagen der Humankapitaltheorie zu Grunde zeigt allein die Tatsache, dass erfahrene Arbeiter mehr verdienen als Mitarbeiter mit weniger Arbeitserfahrung, dass man durch die längerfristige Ausübung seines Berufes effektiver arbeitet. Statistischen Untersuchungen zeigen, wie sich Learning-by-Doing im realen Wirtschaftsleben auswirkt. Sie zeigen, dass die Produktivität eines Betriebes allein durch die wiederholte Ausführung der gleichen Arbeitsschritte stetig wächst. Dieser Lernkurveneffekt ist auch unter dem Namen Horndahleffekt bekannt, benannt nach den schwedischen Horndalwerken, wo die Arbeitsproduktivität nur durch Learning-by-Doing pro Jahr um 2% über einen Zeitraum von 15 Jahren anstieg.[138] *Lucas* bringt selbst auch ein Beispiel für diesen Effekt. Dieses stammt von *Allan D. Searly* und *Leonard Rapping*.[139] In dieser Untersuchung geht um den Bau eines bestimmten Schifftyps. Drei Jahre Lang wurde das exakt selbe Schiff in 14 Schiffswerften gebaut. Die Statistiken zeigen eine eindeutige Senkung der Produktionszeit pro Schiff sowohl in den einzelnen Schiffswerften als auch für die Gesamtproduktion. Diese Statistiken sind deswegen so interrasant, weil, bedingt durch das unveränderte Produkt und den Produktionsablauf, die beobachteten Entwicklungen eindeutig auf das Learning-by-Doing Effekt zurückzuführen sind.

Für *Lucas* gibt es aber auch noch einen anderen wichtigen Grund weshalb er Learning-by-Doing für so wichtig hält. Sein erklärtes Ziel ist, die Möglichkeit der sprunghaften Wirtschaftswachstumssteigerung in das Modell einzubauen. Dabei vergleicht er die Entwicklungen verschiedener Variablen in den schnell wachsenden Staaten und ihrer Nachbarn, bei denen der Wachstumsschub nicht eingetreten ist. Eine sehr gute Vergleichsmöglichkeit bieten Südkorea und die Philippinen. Die Gesamt- und Erwerbsbevölkerung ist ähnlich groß in beiden Ländern. Das Verhältnis von Stadtbevölkerung zu Landbevölkerung ist fast identisch. Die Zusammensetzungen des Bruttosozialproduktes beider Länder im Jahre 1960 wiesen nur geringfügige Unterschiede auf.. Die Einschulungsrate der Bevölkerung befand sich auf einem ähnlichen Niveau. Die südkoreanische Wirtschaft wuchs in dem Zeitraum von 1960 bis 1988 mit 6,2 % pro Jahr. Die

---

[138] Vgl. Fuchs-Seliger, 2002, S.127
[139] Vgl. Searly, 1945 und Rapping, 1965

philippinische dagegen nur mit 1,8%. Während dieses Zeitraums blieben die oben angeführten Eigenschaften immer vergleichbar. Allein die Zusammensetzungen des Bruttosozialproduktes entwickelten sich unterschiedlich. Während auf den Philippinen der Warenkorb des BSPs weitgehend unverändert blieb, vollzog sich in dieser Hinsicht in Südkorea ein drastischer Wandel. Es erscheint logisch, hier die Gründe für die Wachstumsunterschiede zu suchen. Dieses Beispiel zeigt aber auch, dass die gleiche Anfangsausstattung (Humankapitalausstattung inbegriffen) kein gleiches Wachstum impliziert und die formelle Humankapitalakkumulierung allein die in der Realität beobachtbaren Wachstumsunterschiede nicht erklären kann.

In Südkorea wurden andere Waren hergestellt als auf den Philippinen. Andere Waren bedingen andere Produktionsprozesse, die wiederum andere Geschwindigkeiten der Humankapitalakkumulierung während der Arbeit zur Folge haben können.

Einfachheitshalber bindet *Lucas* diese Form der Humankapitalakkumulierung nicht ins vorherige Modell ein. Er betrachtet ein separates Modell, in dem die Humankapitalakkumulierung völlig auf Learning-by-Doing basiert.

In diesem Modell gibt es die zwei Waren c_1 und c_2, physisches Kapital existiert dagegen nicht. Die Bevölkerung ist konstant. Die Produktion der Ware j, $j \in [1,2]$ hängt von dem auf die Ware spezialisierten Humankapital $\bar{h}_j(t)$ und für die Produktion geopferten Zeitanteil $u_j(t)$ (bzw. als Gesamtzeit $u_j(t)N(t)$) ab, wobei $u_1(t) + u_2(t) = 1$ ist.

(Gl. 7.7-1) $$c_j(t) = \bar{h}_j(t) \cdot u_j(t) \cdot N(t).$$

Damit das Humankapital als ein Resultat von Learning-by-Doing betrachtet werden kann, muss der Humankapitalbestand mit der in die Produktion der Ware investierten Leistung steigen.

(Gl. 7.7-2) $$\dot{\bar{h}}_j(t) = \bar{h}_j(t) \cdot \delta_j \cdot u_j(t).$$

Lucas nimmt an, dass $\delta_1 > \delta_2$ ist. Die Ware c_1 ist damit „Hochtechnologieware" (d.h. das auf diese Ware spezialisierte Humankapital wächst verhältnismäßig schneller als das bei der anderen Ware). Außerdem wird angenommen, dass das Humankapital nur externe Effekte und keine internen Effekte besitzt. Die Produktion und die Fachwissenakkumulation jeder Ware hängt nur von dem Durchschnittshumankapital in diesem Industriezweig ab. Das Problem ist, dass nach dieser Betrachtungsweise das Durchschnittshumankapital eines Produktes immer (linear oder exponentiell) weiterwächst. Dies spricht gegen die Erfahrung. In der Realität hat Learning-by-Doing einen abnehmenden Grenzertrag.

Wird aber der realitätsnahe abnehmende Grenzertrag von Learning-by-Doing eingeführt, verliert die Humankapitalakkumulierung ihre Rolle als alternativer Wirtschaftsmotor zum technischen Fortschritt. *Lucas* interpretiert deswegen (Gl. 7.7-2) als die Darstellung der systematischen Einführung neuer Produkte neu. Diese werden kontinuierlich eingeführt. Bei jedem Produktionsprozess der einzelnen Produkte gibt es einen Lerneffekt durch die Produktion, welcher einen abnehmenden Grenzertrag besitzt.[140] Das akkumulierte Wissen wird aber bei der Einführung des neuen Produktes vererbt. Der Wissensbestand wird weiterhin voll ausgenutzt. Durch das neue Produkt ist der Grenzertrag des Lerneffekts aber wieder hoch. Anders ausgedrückt, man kann eine Vererbung des Humankapitals sowohl in den „Warenfamilien" wie auch in den Familien der Arbeiter beobachten.[141]

Unter diesen Annahmen (kein physisches Kapital und nur externe Wissensvermehrung) hat ein Individuum kein Problem mit der Zeitverteilung des Konsums. Man muss lediglich die Nutzenfunktion der jeweiligen Periode betrachten. *Lucas* nimmt eine Funktion mit konstanter Substitutionselastizität an.

(Gl. 7.7-3) $$U(c_1, c_2) = \left[\alpha_1 c_1^{-\rho} + \alpha_2 c_2^{-\rho} \right]^{-1/\rho},$$

wobei $\alpha_j > 0$, $\alpha_1 + \alpha_2 = 1$, $\rho > -1$. Aus (Gl. 7.7-3) folgt, dass die konstante Substitutionselastizität σ zwischen c_1 und c_2

$$\sigma = 1/(1 + \rho)$$

ist.[142]

Mit (Gl. 7.7-1) - (Gl. 7.7-3) errechnet *Lucas* das Gleichgewicht zunächst für eine geschlossene Volkswirtschaft.

Wird der Preis der ersten Ware als Einheit definiert, ist $(1, q)$ der Gleichgewichtspreis in einem geschlossenen System. Dann muss q gleich der Grenzrate der Substitution des Konsums sein.

---

[140] Der abnehmende Lernertrag der einzelnen Produkte bedeutet aber, dass zwischen den Zeitpunkten der Neueinführung, Learning-by-Doing weiterhin abnehmende Grenzerträge liefert. Deswegen formulierte *Lucas*, dass die Neuenführungen kontinuierlich (im mathematischen Sinn) geschehen müssen. Eine andere Lösung ist die Einführung der totalen Faktorproduktivität. Mit deren Hilfe, kann auch bei diskreten Einführungszeitpunkten, ein konstanter Grenzertrag entstehen. Mehr dazu in Kapitel 9.

[141] *Stokey* hat ein Lernmodell einer unendlichen Familie von produzierten und produzierbaren Produkten formuliert, das exakt diese Eigenschaften besitzt. Vgl. Stokey, 1988

[142] Wichtig ist, dass ρ und σ hier etwas völlig anders bedeuten als in Kapitel 6.5. Leider nimmt Lucas diese Bezeichnungen, deswegen verwende ich sie auch. Vergleich auch Lucas, 1988, S. 28.

(Gl. 7.7-4)
$$q = \frac{U_2(c_1,c_2)}{U_1(c_1,c_2)} = \frac{\alpha_2}{\alpha_1}\left(\frac{c_2}{c_1}\right)^{-(1+\rho)},$$

wobei $U_i(c_1, c_2)$ die Ableitung von U nach c_i ist.

(Gl. 7.7-4) nach dem Konsumverhältnis $\frac{c_2}{c_1}$ aufgelöst, und mit Hilfe der Sub-stitutionselastizität σ ausgedrückt, erhält man

(Gl. 7.7-5)
$$\frac{c_2}{c_1} = \left(\frac{\alpha_2}{\alpha_1}\right)^{\sigma} q^{\sigma}.$$

Da beide Produkte produziert werden, folgt aus (Gl. 7.7-1) und aus einem profitmaximierenden Verhalten, dass die relativen Preise $q = \bar{h}_1/\bar{h}_2$ von der Humankapitalausstattung diktiert werden. Aus (Gl. 7.7-1) folgt, dass die Arbeitskraft-verteilung

$$\frac{\bar{h}_2(t)\cdot u_2(t)\cdot N(t)}{\bar{h}_1(t)\cdot u_1(t)\cdot N(t)} = \frac{\bar{h}_2(t)\cdot u_2(t)}{\bar{h}_1(t)\cdot u_1(t)} = \frac{c_2}{c_1}.$$

In diesem Fall geben (Gl. 7.7-1) und (Gl. 7.7-5) die Arbeitskraftverteilung im Gleichgewicht als eine Funktion der Humankapitalausstattung an.

$$\frac{u_2 h_2}{u_1 h_1} = \frac{c_2}{c_1} = \left(\frac{\alpha_2}{\alpha_1}\right)^{\sigma} q^{\sigma} = \left(\frac{\alpha_2}{\alpha_1}\right)^{\sigma}\left(\frac{\bar{h}_2}{\bar{h}_1}\right)^{\sigma}.$$

Da $u_2 = 1 - u_1$ ist, kann diese Gleichung umformuliert werden

(Gl. 7.7-6)
$$\frac{1-u_1}{u_1} = \left(\frac{\alpha_2}{\alpha_1}\right)^{\sigma}\left(\frac{\bar{h}_2}{\bar{h}_1}\right)^{\sigma-1}.$$

Die Dynamik eines geschlossenen Systems wird durch das Einsetzen von (Gl. 7.7-6) in (Gl. 7.7-2) wiedergegeben.
Die Wachstumsrate des Preises ist

(Gl. 7.7-7)
$$\frac{1}{q}\frac{\partial q}{\partial t} = (\delta_1 + \delta_2)\cdot\left[1+\left(\frac{\alpha_2}{\alpha_2}\right)^{\sigma} q^{1-\sigma}\right]^{-1} - \delta_2.^{143}$$

Die Lösung dieser Differentialgleichung (mit (Gl. 7.7-6)) bestimmt die Arbeits-krafteinteilung jeder Periode und mit (Gl. 7.7-2) die Pfade von $\bar{h}_1(t)$ und $\bar{h}_2(t)$.

---

[143] Ausführlicher, mathematischer Lösungsweg ist im 15)

(Gl. 7.7-8) $q(t) = q_0 \cdot e^{[(\delta_1 + \delta_2) u_1 - \delta_2] t}$

und sinngemäß

(Gl. 7.7-9) $\dfrac{\partial q(t)}{\partial t} = q_0 \cdot [(\delta_1 + \delta_2) \cdot u_1 - \delta_2] \cdot e^{[(\delta_1 + \delta_2) u_1 - \delta_2] t}$.

Bei der Analyse von (Gl. 7.7-7) muss man 3 Fälle nach dem Wert der Substitutionselastizität σ unterscheiden.

Wenn die Güter gut substituierbar sind ($\sigma > 1$), ist (Gl. 7.7-9) gleich Null, falls $q_0 = \delta_2 / (\delta_1 + \delta_2) u_1 = q*$ ist. Das bedeutet, falls der Preis sofort in der ersten Periode diesen Wert annimmt, verändern sich der Preis und die Zeitallokation nicht.

Liegt q_0 unter diesem Wert, ist d$q(t)$ / d(t) < 0. $q(t)$ geht gegen Null, was gleichbedeutend mit der fortlaufenden Spezialisierung auf c_2 ist.[144] $q(t)$ entfernt sich immer weiter von dem Gleichgewichtspunkt $q*$.

Liegt q_0 über $q*$, so ist d$q(t)$ / d(t) > 0. $q(t)$ wächst ohne Beschränkung und entfernt sich immer weiter von dem Gleichgewicht. Dies hat eine kontinuierliche Spezialisierung auf die Produktion von c_1 zufolge.[145]

Nach diesem Modell findet immer eine Spezialisierung statt, falls $q_0 \neq q*$ ist.

Welches Gut hauptsächlich hergestellt wird, hängt von der Anfangsausstattung ab. Ist die Volkswirtschaft anfangs gut in der Produktion von c_1, (was gleichbedeutend mit der Aussage ist, dass die Volkswirtschaft mit dem für die Produktion von c_1 benötigten speziellen Humankapital besser ausgestattet ist als mit dem speziellen Humankapital von c_2), wird mehr von diesem Gut produziert. Als Folge des Learning-by-Doing wird die Volkswirtschaft noch effizienter in der Produktion dieser Ware, was wiederum die Verschiebung der Produktionszeitallokation zu Gunsten von c_1 bewirkt.

Das Gleichgewicht ist unter diesen Voraussetzungen instabil. Falls das System sich am Anfang nicht im Gleichgewicht befindet, erreicht es von sich allein den stationären Punkt nicht. Auch das System, welches im Gleichgewicht war aber aus irgendeinem Grund (wie zum Beispiel einem exogenen Schock) aus dem Gleichgewicht rausgesprungen ist, kann ohne „Eingriff von Außen" nicht zu seinem Gleichgewicht zurückkehren.

---

[144] $q(t)$ geht gegen Null, was nach (Gl. 7.7-6) bedeutet, dass auch u_1 gegen Null geht. Es wird immer weniger Zeit für die Produktion von c_1 verwendet. Da $u_2 = 1 - u_1$ ist, bedeutet dies wiederum, dass immer mehr Zeit für die Produktion von c_2 aufgewendet wird. Es wird immer mehr c_2 und immer weniger c_1 hergestellt.

[145] Der Ablauf ist analog zu dem in Fußnote 144 beschriebenen, nur $q(t)$ geht jetzt gegen unendlich, was das Wachstum von u_1 gegen 1 nach sich zieht.

Sind die Güter schlecht substituierbar ($\sigma < 1$), verändert sich das Vorzeichen der Ableitung. Liegt q_0 unter q^*, ist $dq(t) / d(t) > 0$. $q(t)$ wächst bis q^* erreicht ist. Liegt q_0 über den Gleichgewichtswert q^*, *ist* $dq(t) / d(t) < 0$. $q(t)$ fällt bis das Gleichgewicht im $q(t) = q^*$ erreicht wird. Befindet sich das System schon in t = 0 im Gleichgewicht ($q_0 = q^*$), bleibt es natürlich im Gleichgewicht, da in diesem Fall $dq(t) / d(t) = 0$ ist. Das System ist stabil, q^* ist ein stabiles Gleichgewicht.

Ist $\sigma = 1$, so ist die Änderung von $q(t)$ konstant für alle Anfangsausstattungen q_0 und für alle Perioden t. In diesem Grenzfall sind die Arbeitskräfte von Anfang an so zugeordnet, wie es von der Nachfrage diktiert wird $u_j = \alpha_j, j = 1,2$. Diese Einteilung bleibt in allen Perioden unverändert. Der Preis q steigt in so einem geschlossenen System (bzw. fällt) mit der konstanten Rate $(1/q)(dq/dt) = \alpha_1\delta_1 - \alpha_2\delta_2$.

Hat eine Volkswirtschaft gelernt, wie das eine Gut billiger produziert werden kann, können die frei werdenden Ressourcen entweder zur Herstellung weiterer Mengen desselben Produktes oder zur Stärkung der Produktion des anderen Gutes verwendet werden. Welche dieser Möglichkeiten gewählt wird, hängt von der Substituierbarkeit der Güter ab.

Es ist eindeutig, dass der gerade dargestellte Gleichgewichtspfad nicht der Optimalpfad des Systems ist.

Außer der Vernachlässigung des physischen Kapitals ähnelt dieses Modell dem vorherigen sehr. In beiden Modellen bedingt die Humankapitalakkumulation einen Verlust des heutigen Nutzens. In dem Modell mit formellen Wissensvermehrung in Form einer Wertminderung des jetzigen Konsums, in diese als ein nicht optimalen Konsummix des heutigen Konsums. In beiden Fällen fällt die Gleichgewichtswachstumsrate unter das Niveau des optimalen Wachstums und bringt eine niedrigere Wohlfahrt mit sich.

Um ein realitätsnäheres Modell zu konstruieren, führt *Lucas* den internationalen Handel ein. Er analysiert das einfachste Modell, nämlich eines mit absolut freiem Handel, 2 Gütern und mit atomistischen Ländern. Durch letztere sind alle Länder Preisnehmer. Der Preis ist in jedem Land der Weltmarktpreis (1, p). Wie wir in dem vorigen Modell gesehen haben, spezialisiert sich jedes Land auf die Ware, bei der es von Anfang an komparative Kostenvorteile besitzt. Welches Land welches Gut herstellen wird, hängt von seiner Anfangsausstattung an speziellem Humankapital und vom Weltmarktpreis ab. Ist in einem Land

$\overline{h}_1 / \overline{h}_2 < p$, produziert es nur Gut 2.[146] Das Land, bei dem $\overline{h}_1 / \overline{h}_2 > p$ ist, produziert nur Gut 1.[147] So entstehen für unterschiedliche Werte von p unterschiedliche Angebotmengen von Gut 1 und Gut 2. Die Angebotsfunktion von Gut 2 ist steigend, die von Gut 1 ist fallend in p.

Wenn jedes Land die gleiche Nachfragefunktion besitzt, ist die Weltnachfrage gleich dieser Funktion $c_2 / c_1 = (\alpha_2 / \alpha_1)^\sigma p^\sigma$ (vgl. (Gl. 7.7-5)). Wie es bei dem Modell mit geschlossener Volkswirtschaft gezeigt wurde, bestimmt diese Gleichung den Gleichgewichtspreis eindeutig.

Länder die nur Gut 2 produzieren haben ein fixes $\overline{h}_1$ und ein mit δ_2 wachsendes $\overline{h}_2$. Analog ist das Wachstum von $\overline{h}_1$ in Ländern die (nur) Gut 1 herstellen gleich δ_1, während $\overline{h}_2$ sich nicht verändert.[148] Die Humankapitalausstattung der Länder verändert sich und somit auch die angebotenen Mengen. Die Verschiebung des Verhältnisses der Humankapitalausstattung der einzelnen Länder verstärkt ihre komparativen Vorteile und dadurch den „Spezialisierungsdruck". Die Änderung der Angebotsmenge beeinflusst aber auch den Marktpreis. Es ist denkbar, dass die Preisverschiebung den Vorteil eines Landes zunichte macht bzw. der Produktionsvorteil des einen Gutes auf das andere übergeht. Besitzt ein Land anfangs einen Kostenvorteil bei der Produktion von Gut 1, kann aber mit der Weltmarktpreisentwicklung nicht mithalten (sein δ_1 ist zu klein) und der (relative) Weltmarktpreis verbilligt sich schneller als die (relative) Herstellerkosten im Inland sinken. Der Preisvorteil kehrt sich um und ein Wechsel von Gut 1 auf Gut 2 wird sinnvoll.

Da $\delta_1 > \delta_2$ ist, wächst $\overline{h}_1$ stärker als $\overline{h}_2$. Dies lässt p steigen. Die Entwicklung arbeitet also gegen die Länder, welche das Gut 1 produzieren, da die Produktion von Gut 1 nur dann Sinn macht, wenn $\overline{h}_1 / \overline{h}_2$ (des Landes) größer als p ist. Der Wechsel ist also nur in eine Richtung von einem High-tech Land (Gut 1) zu einem Low-tech Land (Gut 2) möglich nicht aber umgekehrt.[149] Ein High-tech Land, das zu langsam Humankapital akkumuliert, wird zum Low-tech Land. Diese Möglichkeit besteht aber nur dann, wenn

---

[146] Der (relative) Preis für Gut 2 in einer Volkswirtschaft ist $q = \overline{h}_1 / \overline{h}_2$ (siehe Seite 71). Liegt der Weltmarktpreis darüber, kann das Land sein Produkt mit Gewinn verkaufen. Es ist logisch, dass die Produktion sich vollständig auf dieses Gut konzentriert.

[147] Die Herstellung von Gut 2 kostet (relativ) mehr, als dessen Einkauf auf dem Weltmarkt. Das Land produziert nur Gut 1 und „tauscht" es auf dem Weltmarkt gegen Gut 2 ein.

[148] *Lucas* Betrachtet also nicht, dass durch die nicht Verwendung des Humankapitals dessen Höhe Langsam sinkt.

[149]Zu beachten ist, dass in dem Modell von *Lucas* um atomistische Länder geht. In einem Oligopol gibt es keine solchen allgemeinen Gesetze.

(Gl. 7.7-10) $$\sigma < 1 - \frac{\delta_1}{\delta_2}.$$

Da δ_1 und δ_2 (logischerweise) immer positiv und größer Null sind, muss $\sigma < 1$ sein, damit diese Ungleichheit gilt. Ein Wechseln der Spezialisierung kann somit nur dann vorkommen, falls die Güter schlecht substituierbar sind.

Sind die Güter allerdings gut substituierbar, was nach *Lucas* das interessantere Modell ist, ändert kein Land seine Spezialisierung. In diesem Fall kann die Dynamik des Preises durch die Nachfrageänderung bestimmt werden.

(Gl. 7.7-11) $$\frac{\dot{p}(t)}{p(t)} = \frac{\delta_1 - \delta_2}{\sigma}.$$

Mit Hilfe der relativen Preisänderungen können auch die Wachstumsraten bestimmt werden. Gemessen in Einheiten von Gut 1 wächst der Output der Gut 1 produzierenden Länder mit δ_1 pro Zeitintervall. Die Gut 2 produzierenden Länder können ihren Output, gemessen in Einheiten von Gut 1, um $\delta_2 + \dot{p}(t) / p(t) =$

$\delta_2 + (\delta_1 - \delta_2)/\sigma$ pro Periode erhöhen. In Allgemeinen wachsen die Länder mit unterschiedlichen aber konstanten Raten.

Aber welche Länder wachsen schneller? Die Hochtechnologieländer, die ihren Humankapitalbestand schneller vermehren, oder die Low-tech Länder, deren Wissensmenge unter der Hochtechnologieländer liegt? Nehmen wir an, dass der Output der Hochtechnologieländer schneller wächst. Formal bedeutet das

(Gl. 7.7-12) $$\delta_1 > \delta_2 + \frac{\delta_1 - \delta_2}{\sigma}.$$

Umgeformt

(Gl. 7.7-13) $$\sigma > \frac{\delta_2}{\delta_1} + \frac{\delta_1 - \delta_2}{\delta_1} = \frac{\delta_2}{\delta_1} + \frac{\delta_1}{\delta_1} - \frac{\delta_2}{\delta_1} = 1.$$

Die eindeutige Schlussfolgerung ist, dass sofern die Güter gut substituierbar sind ($\sigma > 1$) die High-tech Produzenten schneller wachsen als die Länder, in denen Low-tech hergestellt wird.[150] In Falle von schlecht substituierbaren Gütern ($\sigma < 1$) wäre es umgekehrt.

---

[150] *Lucas* bezieht sich hier, meiner Meinung nach, zu stark auf das Modell. Man könnte allgemein sagen, dass im Falle von gut substituierbaren Güter, die Länder schneller wachsen, die ihren Humankapitalbestand schneller erhöhen können. Obwohl die zwei Aussagen vollständig equivalent sind (High-tech Land bedeutet per Definition das Land, wo die Humankapitalakkumulation schneller geschieht), meine ich, dass meine Formulierung zum besseren Verständnis führt.

Dieses letztere Modell, ähnlich zu dem Modell der formellen Ausbildung mit „weltexternen" Effketen, sagt ein endogenes, konstantes Wachstum voraus, erlaubt aber die Entstehung unterschiedlicher Wachstumsgeschwindigkeiten verschiedener Länder, welche nicht direkt mit den Einkommensniveaus zusammenhängen. Bei diesem Modell ist das Produktionsmuster im Gleichgewicht von komparativen Vorteilen der Länder bestimmt. Jedes Land produziert das, wofür seine Anfangsausstattung an Humankapital besser geeignet ist. Durch die Produktion akkumulieren sie noch mehr Kenntnisse und verstärken weiter ihre von Anfang an vorhandenen Vorteile. Dadurch entstehen unterschiedliche, länderspezifische Wachstumsraten, welche innerhalb eines Landes jedoch stabil bleiben. Diese Aussage deckt sich sehr gut mit dem beobachtbaren Wachstum unterschiedlicher Länder in der Welt.

Trotzdem scheint dieses Modell einige Kräfte, die in der Realität diese Stabilität stören, nicht zu erfassen. Eine davon hängt mit der Nachfragestruktur zusammen. Im Modell bleibt die Struktur der Weltnachfrage bei wachsendem Einkommen fix. (In der Realität ist die Nachfrageelastizität der Güter ungleich 1.) Die Änderung der Nachfragestruktur erzeugt mit der Zeit Wettbewerbvorteile für andere Güter, verändert die Produktionsstruktur und dadurch das Wachstum.

Mit Hilfe des letzten Modells können zwei populäre wirtschaftspolitische Strategien analysiert werden, nämlich „Importbeschränkung" und „Exportförderung".

Angenommen ein Land besitzt $q = \overline{h}_1 / \overline{h}_2 > q*$ und mit $q < p$. Unter freiem Handel würde sich dieses Land auf die Produktion von Gut 2 spezialisieren.[151] In einem geschlossenen System (was eine extreme Importbeschränkung ist) würde Gut 1 dominieren. Eine Spezialisierung auf Gut 1 wäre die Folge.[152] Eventuell kann dieser Industriezweig den Punkt erreichen, wo auch unter freiem Handel eine Spezialisierung auf Gut 1 sinnvoll bleibt. Da Gut 1 in unserem Modell die High-tech Ware ist, bedeutet dieses Vorgehen, dass durch das Importverbot (nach dem Abbau der Beschränkungen) der hohe Wachstum der High-tech Länder erreicht wird. Wäre dagegen $q = \overline{h}_1 / \overline{h}_2 < q*$ und $q < p$, würde das Importverbot den High-tech Sektor des Landes nicht schützen und ein Strukturwandel könnte nicht herbeigeführt werden, da das Land sich auch in einer Autarkie zu Gunsten des Low-tech Produktes spezialisieren würde. Die Importbeschränkung würde das Land von dem Konsum des High-tech Gutes abschnei-

---

[151] Wegen $\overline{h}_1 / \overline{h}_2 < q$, vergleiche Seite 60.

[152] Wegen $q = \overline{h}_1 / \overline{h}_2 > q*$. Vergleich Seite 59.

den. Dieses Modell liefert also keine eindeutige entwicklungspolitische Empfehlung, ob eine Importbeschränkung wünschenswert ist oder nicht.. Es muss mehr über die aktuellen technologischen Möglichkeiten in Erfahrung gebracht werden, damit eine bestimmte Folgerung gezogen werden kann.

Unter „Exportförderung" versteht *Lucas* die Manipulation der Exportpreise durch Subventionen und Steuer. Dadurch können die Waren zu dem Weltmarktpreis angeboten werden, obwohl die Herstellungskosten darüber liegen. Durch diese Maßnahmen kann eine eindeutige Spezialisierung abgewendet werden (falls die Subventionierung bestimmten Mengenbeschränkungen unterliegt) und eine Wachstumsrate zwischen den zwei Extremen[153] erreicht werden.

Trotz diesen Schlussfolgerungen betont *Lucas*, dass er nur ein Modell bauen wollte, welches die unterschiedlichen Wachstumsraten verschiedener Länder erklären kann. Die Empfehlung, wirtschaftspolitische Maßnahmen zu treffen, ist nie sein Ziel gewesen, und empirisch konnte der positive Effekt der Importbeschränkung bisher nicht nachgewiesen werden.

Zu den gleichen Ergebnissen sind auch *Stokey*[154] und *Young*[155] in ihren Arbeiten gekommen. Diese Veröffentlichungen enthalten ein Marktgleichgewichtsmodell ähnlich dem Modell von *Lucas*. Es gibt Lerneffekte, welche aber nur extern sind. In diesem Fall wird die Arbeitszeit so verteilt, dass der heutige Ertrag maximiert wird.

Unter diesen Bedingungen studierte *Stokey*[156] den Nord-Süd Handel, wobei der Norden mit Humankapital relativ gut ausgestattet ist. Das Ergebnis war ein einzigartiges Gleichgewicht, in dem der Süden Niedrig- und der Norden Hochqualitätsgüter herstellt. Es gibt einen dazwischenliegenden Produktbereich, der überhaupt nicht hergestellt wird. Mit Außenhandel entwickelt sich das Humankapital im Süden nur schleppend. Hochqualitätsgüter werden aus dem Norden importiert. In diesem Fall werden beide Länder wachsen, der Süden bleibt aber immer ärmer.

7.8 Spillover und Learning by Doing

In dem Modell von Kapitel 6.7 weist der Lerneffekt konstante Skalenerträge auf. (Vgl. (Gl. 7.7-2)) Diese wurden mit der stetigen Einführung neuer Produkte

---

[153] δ_1 bei Spezialisierung auf Gut 1 bzw. $\delta_2 + (\delta_1 - \delta_2)/\sigma$ bei Spezialisierung auf Gut 2

[154] Vgl. Stokey, 1988 und Stokey, 1991

[155] Vgl. Young, 1991a

[156] Vgl. Stokey, 1991

begründet bzw. legitimiert. Eine Modellierung dieses Vorgehens fand aber bisher nicht statt. *Lucas* holt dies in seiner Veröffentlichung „Making a Miracle" von 1993 nach.

Um eine die mögliche Verbindung zwischen dem Lerneffekt einzelner Produkte und dem Produktivitätswachstum der ganzen Wirtschaft herzustellen, wird die Produktionsfunktion

(Gl. 7.8-1) $$x(t) = k \cdot N(t) \cdot i(t)^\alpha$$

angenommen. $x(t)$ ist die Produktionsrate des Gutes, k ein Produktivitätsparameter, $N(t)$ wie bisher der Arbeitseinsatz, $i(t)$ die kumulative Erfahrung in der Produktion dieses Gutes und $\alpha < 1$ die spezielle Lernrate des Herstellungsprozesses.[157] Die kumulative Erfahrung ist durch die Differentialgleichung

(Gl. 7.8-2) $$\frac{\partial}{\partial t} i(t) = N(t) \cdot i(t)^\alpha$$

definiert mit Anfangswert $i(t_0) \geq 1$. Die allgemeine Lösung dieser Gleichung lautet

(Gl. 7.8-3) $$i(t) = \left[i(t_0)^{1-\alpha} + (1-\alpha) \int_{t_0}^{t} N(u) du \right]^{\frac{1}{1-\alpha}}.$$ [158]

In einem einfachen Modell, wo $N(t) = \overline{N}$ konstant ist, implizieren (Gl. 7.8-1) - (Gl. 7.8-3) die Produktionsfunktion

(Gl. 7.8-4) $$x(t) = k \cdot \overline{N} \left[i(t_0)^{1-\alpha} + (1-\alpha) \cdot \overline{N} \cdot (t-t_0) \right]^{\frac{\alpha}{1-\alpha}}.$$

Die Produktion wächst ohne Beschränkung und die Wachstumsrate der Produktivität

(Gl. 7.8-5) $$\frac{\dot{x}(t)}{x(t)} = \alpha \cdot \overline{N} \cdot i(t)^{\alpha-1}$$ [159]

fällt monoton von $\alpha \cdot \overline{N} \cdot i(t_0)^{\alpha-1}$ auf Null (da $\alpha < 1$). Für alle Anfangsproduktivitätsniveaus $i(t_0) \geq 1$ und für jede Arbeitseinsatzmenge $\overline{N}$ bzw. jeden Arbeitseinsatzpfad $N(t)$ ist die Produktivität $x(t)$ jeder Periode eine wachsende Funktion der Lernrate α.

Es ist nicht zu übersehen, dass (Gl. 7.8-2) einen Größeneffekt impliziert. Sie verbindet die Arbeitsmenge N mit dem Produktivitätswachstum. Danach hätte

---

[157] Durch $\alpha < 1$ besitzt Learning-by-Doing abnehmende Skalenerträge.
[158] Ausführlicher, mathematischer Lösungsweg ist im 16).
[159] Ausführlicher, mathematischer Lösungsweg ist im 17).

ein großes Land wie Indien einen enormen Wachstumsvorteil gegenüber einem kleinen Land wie Singapur. Diese Folgerung ist ein Teil der meisten Learning-by-Doing Theorien. *Lucas* stimmt dem aber nicht zu. Er übernimmt die Argumentation von *Matsuyama*[160], wonach diese Konklusion für eine Volkswirtschaft nicht standhaft ist. *Matsuyama* schlägt vor die Bevölkerung eines Landes wie eine Population mit fixem Anteil an Entrepreneurs zu betrachten. Jedes Unternehmen muss von einem dieser Entrepreneurs geleitet werden. Dann folgt aus einer Verdoppelung der Bevölkerung eine Verdoppelung der Unternehmensanzahl aber mit fixer Betriebsgröße. So „verliert" ein bevölkerungsreiches Land seinen Vorteil gegenüber Ländern mit niedrigerer Gesamtbevölkerung. Aber wenn Lerneffekte auch firmenexterne Effekte aufweisen, wovon *Lucas* ausgeht, stimmt diese Argumentation nicht mehr. *Lucas* meint, dass vielleicht durch eine andere Größenlimitation z.B. Städte an Stelle von Unternehmen diese Begründung wieder zulässig wird. Er liefert aber keinen stichfesten Nachweis. Wie er selbst sagt, ignoriert er dieses Problem und hofft, dass jemand eine Erklärung findet im Sinne von *Matsuyama*, welche die Vernachlässigung dieses Größeneffekts begründen kann.[161]

Mit der Technologie (Gl. 7.8-1) - (Gl. 7.8-3) kann man durch die Verlagerung einer großen Anzahl von Arbeitern zu einer neuen Produktionslinie eindeutig eine immens große Produktivitätswachstumsrate erreichen. Dieser Effekt klingt aber schnell ab. Ist das Verhältnis $\overline{N} \cdot (t - t_0) / i(t_0)$ groß genug, was bei der Interpretation von statistischen Lernkurven die weitverbreitete Meinung ist, ist die Produktivitätswachstumsrate t Perioden nach Produktionsbeginn ungefähr $\alpha / ((1 - \alpha)t)$. Mit einem Wert für $\alpha = 0{,}2$, was den Schätzungen von *Rapping* und *Searle* entspricht[162], wächst die Produktivität nach einem Jahr mit $\alpha / ((1 - \alpha) = 0{,}25$. Nach zwei Jahren hat sie sich schon um die Hälfte reduziert auf 0,125, u.s.w. Es ist klar, dass jahrzehntelang anhaltende Wachstumswunder die kontinuierliche Einführung neuer Produkte verlangen und nicht lediglich das Lernen an fixen Güterarten. Aber wenn ein neues Gut eingeführt wird, führt die Verlegung der Arbeiter von dem alten zum neuen Gut zu einem Produktivitätsabfall. Den Arbeitern ist die gewohnte Beschäftigung geläufiger als die neuen, unbekannten Verfahren. Wie dieses Produktivitätstief vermieden werden kann, ist auch *Lucas* nicht ganz klar.

---

[160] Vgl. Matsuyama, 1992
[161] siehe Lucas, 1993, S.263
[162] Vgl. Rappin, 1945 und Searle, 1945

Bei dieser Frage greift er auf die Arbeit von *Stokey*[163] zurück. Es wird eine Ökonomie betrachtet in der eine Vielzahl von Gütern, indexiert mit s, produziert wird. Je höher der Index s, desto besser das Gut. In der Arbeit von *Stokey*, aber auf eine andere Weise auch in den Arbeiten von *Young*[164], *Grossman* und *Helpman*[165], wird „besseres Gut" durch spezielle Annahmen über die Produktionsfunktion oder über die Nutzenfunktion eindeutig spezifiziert.

Lucas betrachtet eine kleine, offene Ökonomie. Der Weltpreis eines Gutes folgt der Funktion

(Gl. 7.8-6) $\qquad p(s,t) = e^{\mu \cdot s(t)}$.

Ein besseres Gut erzielt einen höheren Weltmarktpreis. Fortschritte werden durch die Einführung von besseren Gütern (mit höherem Index s) erreicht. Sei $S(t)$ der Index des Gutes, welches erstmals zum Zeitpunkt t produziert wurde und $\tau(s)$ der Zeitpunkt, an dem das Gut s zum ersten Mal produziert wurde. ($\tau(s)$ ist die inverse Funktion von $S(t)$.) Beschreibt $x(s, t)$ die Produktion von s im Zeitpunkt t, ist der Wert der Gesamtproduktion in der Ökonomie

(Gl. 7.8-7) $\qquad y(t) = \int_{0}^{S(t)} e^{\mu \cdot s} \cdot x(s,t)\mathrm{d}t$.

Sei $n(s, t)$ der Arbeitseinsatz von Gut s zum Zeitpunkt t und $i(s, t)$ die kumulierte Erfahrung. Der Lernprozess wird für jedes Gut einzeln durchlaufen und beginnt mit jeder Produkteinführung von Neuem. Aus (Gl. 7.8-1) - (Gl. 7.8-3) folgt

(Gl. 7.8-8) $\qquad x(s,t) = k \cdot n(s,t)\left[i(s,\tau(s))^{1-\alpha} + (1-\alpha) \int_{\tau(s)}^{t} n(s,u)du \right]^{\frac{1}{1-\alpha}}$.

(Gl. 7.8-7) und (Gl. 7.8-8) zusammen beschreiben den Gesamtoutput aller Produkte in einem Zeitraum für eine gegebene Arbeitseinsatzverteilung.

Betrachten wir die folgende, spezielle Allokation des Arbeitseinsatzes. Die Rate der Neueinführung ist konstant λ, so dass $S(t) = \lambda t$ und $\tau(s) = s/\lambda$. Sei φ die Dichtefunktion und Φ die kumulierte Dichtefunktion. Es wird angenommen, dass $s \in (0, \lambda t]$, $n(s, t) = \varphi(t - s/\lambda)$. Dies bedeutet, dass $\varphi(t - s/\lambda)$ Arbeiter (bzw. der equivalente Arbeitseinsatz) die Güter produzieren, deren Alter zwischen t und s/λ liegt. Die restlichen 1- $\Phi(t)$ Arbeiter produzieren ein sogenanntes Gut 0,

[163] Vgl. Stokey, 1988
[164] Vgl. Young, 1991a
[165] Vgl. Grossman / Helpman, 1991

bei dessen Produktion keine Lerneffekte auftreten. Weiterhin wird angenommen, dass die Anfangsproduktivität für alle Güter gleich ist, mit $i(s/\lambda, s) = \xi \geq 1$. Unter diesen Annahmen implizieren (Gl. 7.8-7) und (Gl. 7.8-8), dass der Wert des Outputs

(Gl. 7.8-9) $\qquad y(t) = 1 - \Phi(t) + k \cdot \lambda \cdot e^{\mu \cdot \lambda \cdot t} \int_0^t e^{-\mu \cdot \lambda \cdot u} \varphi(u) \left[\xi^{1-\alpha} + (1-\alpha)\Phi(u) \right]^{\frac{1}{1-\alpha}} du$

ist. Die Wachstumsrate dieser Ökonomie geht asymptotisch gegen $\mu\lambda$.[166] Sie hängt weder von dem Lernparameter (α) noch von der Verteilung der Arbeitskraft auf die Gütern der verschiedenen Jahrgänge (φ) ab. Um mit diesem Modell anhaltendes Wachstum zu bekommen ist es notwendig anzunehmen, dass es mit der exogenen Rate λ immer einfacher wird bessere Güter zu produzieren. Dieser exogene Parameter gibt mit der Qualitätssteigerung μ den langfristigen Wachstumspfad von dem Lernverhalten unabhängig vor.

Die Einführung neuer Güter geschieht kontinuierlich aber mit einer exogenen, fixen Rate. *Stokey* hat diese Rate endogenisiert in dem er die Annahme getroffen hat, dass die Erfahrung, welche durch die Produktion von Gut s akkumuliert wurde, die Produktionskosten des Nachfolgegutes $s' > s$ senkt.[167] (Natürlich könnte es ebenfalls die Produktionskosten von $s'' < s$ senken, aber es wird angenommen, dass der Spillover Effekt hauptsächlich in Richtung des besseren Gutes zielt.) Ein Spezialfall von *Stokey*'s Hypothese, die große Ähnlichkeit mit der von *Young*[168] vorgetragenen Theorie aufweist, hilft das letzte Beispiel umzuformen. Der Anfangswert von $i(s, \tau(s))$ in der Lernkurve (Gl. 7.8-3) hängt von der Erfahrung ab, welche während der Produktion von weniger fortgeschrittenen Gütern akkumuliert worden ist. $i(s, t)$ ist die aufsummierte Erfahrung einer Ökonomie für $s < S(t)$ zu einem bestimmten Zeitpunkt t. In dieser Periode hat die Volkswirtschaft aber noch kein Gut mit einem Index über $S(t)$ produziert. Nehmen wir an, dass als die Produktion eines Gutes $s \geq S(t)$ in t initiiert wird ($\tau(s) = t$), der Anfangswert von i proportional zu der Durchschnittsehrfahrung der Ökonomie mit den früheren Gütern ist.

(Gl. 7.8-10) $\qquad i(s, \tau(s)) = \theta\delta \int_0^s e^{-\delta(s-u)} i(u, \tau(s)) du.$

(Gl. 7.8-10) drückt die Anfangsproduktivität der Produktion von Gut s als den Durchschnitt der Erfahrungen mit der Produktion von Gütern niedriger Qualität

---

[166] Ausführlicher, mathematischer Lösungsweg ist im 18).

[167] Vgl. Stokey, 1988

[168] Vgl. Young, 1991b

aus. Dabei sind θ und δ Parameter die den Spillover beschreiben. Equivalent kann die Anfangsproduktivität des in t eingeführten Gutes $S(t)$ als der Durchschnitt der Erfahrung mit früher produzierten Gütern dargestellt werden.

(Gl. 7.8-11) $$i(S(t),t) = \theta\delta \int_0^t e^{-\delta(S(t)-S(t-v))} i(S(t-v),t)S'(t-v)\mathrm{d}v\,.$$

Statt wie in (Gl. 7.8-10) über die Güter s wird in (Gl. 7.8-11) über die Perioden t integriert.

Unter der Annahme, dass der Produktionsstart eines neuen Gutes erfolgt sobald (Gl. 7.8-10) und (Gl. 7.8-11) einen exogen vorgegebenen Wert $\xi \geq 1$ übersteigen, kann die linke Seite von (Gl. 7.8-11) durch die Konstante ξ ersetzt werden. $S(t)$, dessen Ableitung die Rate der Einführung neuer Güter beschreibt[169], muss also

(Gl. 7.8-12) $$\xi = \theta\delta \int_0^t e^{-\delta(S(t)-S(t-v))} i(S(t-v),t)S'(t-v)\mathrm{d}v$$

erfüllen.

Die Annahme über die Dichtefunktion φ und kumulierte Dichtefunktion Φ wird beibehalten. $\Phi(u)$ ist dabei der Anteil der Arbeitskraft, der zur Produktion der Güter, die vor nicht mehr als u Jahren eingeführt worden sind, eingesetzt wird. In unserem Fall hat jedes Gut das Anfangsproduktivitätsniveau ξ. Ersetzt man in (Gl. 7.8-12) $i(S(t-v),\,t)$ durch (Gl. 7.8-3) und wählt als Anfangswert ξ, erhält man

(Gl. 7.8-13)
$$\xi = \theta\delta \int_0^t e^{-\delta(S(t)-S(t-v))}\left[\xi^{1-\alpha} + (1-\alpha)\Phi(v)\right]^{\frac{1}{1-\alpha}} S'(t-v)\mathrm{d}v$$

$$= \theta\delta \int_0^t e^{-\delta \cdot S(v)}\left[\xi^{1-\alpha} + (1-\alpha)\Phi(v)\right]^{\frac{1}{1-\alpha}} S'(t-v)\mathrm{d}v\,.$$

Für große t-Werte verhält sich die Lösung $S(t)$ in dieser Gleichung als ob $S(t) = \lambda t$ wäre. Damit muss λ die Gleichung

(Gl. 7.8-14) $$\xi = \theta\delta\lambda \int_0^t e^{-\delta \cdot \lambda \cdot v}\left[\xi^{1-\alpha} + (1-\alpha)\Phi(v)\right]^{\frac{1}{1-\alpha}} \mathrm{d}v$$

erfüllen.

---

[169] Da $S(t) = \lambda t$ (siehe Seite 79), ist $\mathrm{d}S(t)/\mathrm{d}t$ natürlich gleich λ, was die Einführungsrate neuer Güter ist.

Die rechte Seite von (Gl. 7.8-14) ist nur ein Durchschnitt der positiven, wachsenden Funktion $\theta\left[\xi^{1-\alpha} + (1-\alpha)\Phi(u)\right]^{\frac{1}{1-\alpha}}$ im Bezug auf eine Exponentialverteilung mit Parameter $\delta\lambda$. Da es eine positive, fallende Funktion von $\delta\lambda$ ist, konvergiert sie für $\lambda\delta \to \infty$ zu $\theta\xi$ und für $\lambda\delta \to 0$ zu $\theta\left[\xi^{1-\alpha} + (1-\alpha)\right]^{\frac{1}{1-\alpha}}$

Gilt $\theta\left[\xi^{1-\alpha} + (1-\alpha)\right]^{\frac{1}{1-\alpha}} < \xi$ für $\lambda = 0$ (und damit für $\lambda\delta = 0$), bedeutet dies aber auch, dass die Ökonomie die Produktionserfahrung nicht schnell genug akkumuliert um auf einem Steady-State Wachstumspfad ein neues Gut einführen zu können. Für feste $\delta\lambda$ ist die rechte Seite von (Gl. 7.8-14) eine wachsende Funktion des Spillover Parameters θ, der Lernrate α und des Produktivitätsparameter k. Sie wächst aber auch mit der Erhöhung der Konzentration der Arbeiter auf die Produktion von neueren Gütern (also wenn sich die Verteilung der Arbeiter $\varphi(v)$ mehr auf kleinere v-Werte konzentriert).

Die Formel in (Gl. 7.8-9) behält ihre Gültigkeit, und die langfristige Wachstumsrate der Ökonomie bleibt unverändert $\lambda\mu$. Durch die letzte mit Spillover „belastete" Technologie jedoch wachsen die Ökonomien, die ihre Arbeitseinsätze unterschiedlich verteilen, nicht im gleichen Maße.

Der Spillover wie er von *Stokey* und *Young* eingeführt wurde könnte auch das fehlende Glied zwischen der Hypothese von *Krugman* (der von einer Industrie mit konstantem Produktivitätswachstum ausgeht) und dem Fakt, dass die Lernraten der individuellen Produktionsprozesse mit der Zeit (bis zum Null) sinken, sein. Man kann die obigen Beispiele als einen Sektor einer Ökonomie mit positivem Produktivitätswachstum betrachten. In diesem Fall ist es möglich die Lernrate des Sektors auf die Komponenten Spillover θ, δ und auf die Lernrate der einzelnen Produktionen α aufzuteilen und deren Werte durch die Arbeitsverteilung in dem Sektor zu begründen. Die Lernrate α der einzelnen Güter kann dabei durchaus kleiner als 1 sein.

Eine ähnliche Betrachtung wurde schon 1986 von *Paul Romer* in seinem Artikel „Increasing Returns and Long-Run Growth"[170] aufgegriffen. *Romer* geht davon aus, dass eine bessere Ausstattung eines Unternehmens (auch mit Humankapital) die Produktivität auch in anderen Unternehmen verbessert. Diesen externen Effekt habe ich bereits angesprochen. *Romer* geht aber mit seinem Schlussfolgerungen weiter. Er sagt, dass die Skalenerträge der Investition eines Unternehmens intern abnehmen können, aber aus gesamtwirtschaftlicher Sicht, durch externe Effekte, durchaus konstant sein oder wachsen können. Denn bei der Betrachtung der ganzen Volkswirtschaft werden alle Auswirkung aufsum-

---

[170] Romer, 1986

miert und nicht nur die Wirkung auf das Unternehmen selbst in Betracht gezogen. Der Spillover in obigem Modell nimmt den Platz des externen Effektes aus dem Modell von *Romer* ein. Bei *Romer* ist es ein externer Effekt, da nur die allgemeine Wirkung angesprochen wird. Bei *Stokey* und *Young* wird eine spezielle Wirkung eines bestimmten Wissens, nämlich der produktionserleichternde Effekt der Produktionserfahrung aus der Herstellung ältere Güter, beschrieben. Wie wir schon in Punkt x) der Charakterisierung auf Seite 6 gesehen haben, ist diese konkrete Wirkung ein Spillover.

Die Aufteilung der Lernrate eines Sektors auf die oben genannten Komponenten θ, δ, α, bei einer gegebenen Arbeitsverteilung hält *Lucas* für sinnvoll. Als nicht richtig erachtet er aber die Verbindung der früher vorgestellten Theorie der komparativen Vorteile mit der Spillover Theorie von *Stokey* und *Young* um die Arbeitsverteilung in einer Wirtschaft festzulegen. In der Theorie der komparativen Vorteile von *Lucas* geht es um ganze Sektoren. Entweder ein ganzer Sektor hat oder hat keinen Vorteil. In der sektoriellen Interpretation der Theorie von *Stokey* und *Young* besteht jeder Sektor aus vielen Gütern und komparative Vorteile müssen von Gut zu Gut einzeln entstehen. Nach Auffassung von *Lucas* kann von keinem Land erwartet werden, dass es Vorteile in der gesamten Produktion oder auch nur in einem ganzen Industriezweig zum Beispiel der Chemieindustrie oder der Druckindustrie aufweist. Komparative Vorteile entstehen in den kleinen Kategorien eines Industriezweiges wie zum Beispiel bei der Herstellung von Aceton in der Chemiebranche. Das Problem dabei ist, dass diese Kategorien so klein sind, dass sie in den Wirtschafsstatistiken nicht erfasst werden. Die Erkennung des Vorteils ist dadurch unmöglich, eine Neuallokation der Arbeitskraft um diese Vorteile zu stärken ist utopisch. *Lucas* behauptet also, dass ein Land nicht in einer ganzen Branche Marktführer sein kann.

Die größte Attraktivität dieses Modells ist, dass es die bei den Niedrig- und Mittelniedrigeinkommensländern beobachteten, großen Produktivitätswachstumsunterschiede erklären kann. Natürlich kann über den Kernparameter θ, δ nicht viel gesagt werden, trotzdem sieht *Lucas* einen Fortschritt in einem Modell, welches mit bestimmten Parameterwerten das Verhalten der Länder der realen Welt beschreiben kann.

7.9 Zusammenfassung und Konklusion aus den Modellen von Lucas

Das Ziel von *Lucas* war, ein Modell zu finden, was mit den beobachteten Wachstumsraten der Länder übereinstimmt. Dazu muss ein Modell sowohl die fehlende Konvergenz der Länder mit unterschiedlichen Anfangsausstattungen als auch die verschiedenen Wachstumsraten der Länder mit gleichen Anfangsausstattungen erklären können.

Er beginnt mit dem Modell von *Solow*. Da dieses Modell eine Konvergenz der Länder mit unterschiedlichen Anfangsausstattungen voraussagt und eine unterschiedliche Wachstumsrate der Länder mit gleichen Anfangsausstattungen nicht zulässt, beschreibt es in *Lucas'* Auge nicht die Realität der Weltwirtschaft.

Lucas versucht den Fehler durch die Einführung von Humankapital als zusätzliche Variable zu lösen. Dazu modelliert er zuerst eine Wirtschaft mit formeller Humankapitalakkumulierung und bindet die externen Effekte des Humankapitals in das Modell mit ein. Dabei betrachtet er zunächst eine Welt, in der diese externen Effekte nur landesspezifisch sind. Obwohl *Lucas* dieser Art der Humankapitalakkumulation eigentlich fallende Skalenerträge zuschreibt und die formelle Wissensakkumulation sich dadurch als alternativen Wachstumsmotor nicht vorstellen kann, rechnet er trotzdem ein Modell mit konstanten Skalenerträgen durch. Das Ergebnis ist eine Welt, in der die anfangs unterschiedlich ausgestatteten Länder verschiedene Wachstumsraten aufweisen. Die Nichtkonvergenz dieser Ländern passt mit der in der Realität beobachteten Entwicklung zusammen. Die Wachstumsunterschiede bleiben aber für immer erhalten, die am Anfang identisch ausgestatten Länder entwickeln sich gleich und ein Wachstumssprung einzelner Länder kann überhaupt nicht vorkommen. (Dieser Fehler könnte aber teilweise auch auf die angenommene Faktorimmobilität zurückgeführt werden.) „Zum Glück" schlug dieses Modell fehl, so dass *Lucas* die von ihm auch als nicht realistisch eingestufte Annahme der konstanten Skalenerträge nicht rechtfertigen musste. Obwohl in meinen Augen die schon früher von *Lucas* eingeführten externen Effekte des Humankapitals, ähnlich der These von *Romer*[171], diese Annahme doch rechtfertigen könnten, erwähnt *Lucas* diese mögliche Interpretation nicht. Offensichtlich war *Lucas* zu dieser Zeit die Arbeit von *Stokey* aus demselben Jahr noch nicht bekannt. (Die Arbeit von *Young* konnte er noch nicht kennen. Dieses Modell wurde von *Lucas* 1988 entwickelt. *Young* veröffentlichte seine Arbeit erst im Jahre 1991). Später hat er die Idee des Spillovers aus diesen Arbeiten für die Erklärung des (fast) gleichen Problems benutzt.

---

[171] Romer, 1986

Die Faktorimmobilität geht in diesem Modell soweit, dass sogar die externen Effekte des Humankapitals immobil sind. Da dies aber offensichtlich in der realen Welt nicht der Fall ist, arbeite *Lucas* ein Modell aus, wo die externen Effekte auch auf andere Länder Einfluss nehmen. Durch diese Auflockerung der Faktorimmobilität entsteht wieder ein Modell mit zueinander konvergierenden Ländern ohne die Möglichkeit von langfristigen Wachstumsunterschieden.

Danach untersucht Lucas die Wirkung eines speziellen, informellen Humankapitalakkumulierungsweges, den Effekt des Learning-by-Doing. Er baut ein 2-Waren-Modell auf, bei dem eine Ware schnellere Humankapitalakkumulation ermöglicht als die andere. Sowohl in einem geschlossenen System als auch beim freien Handel hängt die Wirtschaftsentwicklung einzelner Länder von der Anfangsausstattung des speziellen Humankapitals der Güterproduktion und von der Substituierbarkeit der Güter ab. In einer Welt mit freiem Handel und gut substituierbaren Gütern (unter den zusätzlichen Annahmen atomistischer Länder und unterschiedlicher Anfangsausstattungen) wachsen die Länder stärker, die sich auf das Gut mit schnellerer Humankapitalakkumulierung spezialisiert haben. Ein Wechsel der Spezialisierung ist nur vom Hightech-Land zum Lowtech-Land möglich. Ein Land mit großem Wachstum (was kurz oder lang mit Reichtum gleich zu setzen ist) kann in die Gruppe der langsam wachsenden Länder (sprich ärmeren Länder) absteigen, ein Aufstieg ist aber nicht möglich. Dieses Modell erklärt anhaltende Wachstumsunterschiede unabhängig von dem Einkommensniveau und lässt einige Schlussfolgerungen über bestimmte wirtschaftspolitische Maßnahmen wie Importförderung und Einfuhrbeschränkung zu. Ein Wachstumsschub eines armen Landes kann aber nicht modelliert werden. Auch dieses Modell beschreibt die Realität offensichtlich nicht vollständig. Die wirtschaftpolitischen Folgerungen sind deshalb mit Vorsicht zu genießen. *Lucas* betrachtet in diesem Modell auch konstante Skalenerträge der Humankapitalakkumulierung. In diesem Modell werden diese mit der Ablösung des schon seit längerem produzierten Gutes durch ein neueres, besseres Gut erklärt. Dieser Vorgang wird aber nicht modelliert. Außerdem wird hier weiterhin die Annahme der konstanten Lernrate des Humankapitals[172] verwendet.

Zuletzt wurde von mir, das von *Lucas* anhand des Beispiels von *Stokey* und *Young* erarbeitete Modell vorgestellt, in dem auch die Einführung neuer Produkte modelliert wird. Wurde ein Gut schon seit längerem produziert und ist die Lernrate aus dessen Produktion bereits niedrig, so wird ein Neues eingeführt. Dessen Produktion verlangt aber auch neuen Techniken und Verfahren, welche die Arbeiter noch nicht kennen. Hier greift *Lucas* auf die Spillovertheorie von

---

[172] was equivalent zu dem konstanten Skalenertrag der Humankapitalakkumulierung ist.

Stokey und *Young* zurück. Sie haben angenommen, dass vor der Einführung eines neuen Gutes die Arbeiter genug Erfahrung gesammelt (sprich genug Humankapital akkumuliert) haben, um dieses neue, bessere Gut produktiv genug herstellen zu können. Das Humankapital aus der Produktion des alten Gutes springt auf die Produktion des neuen Gutes über. *Lucas* vertieft dieses Problem nicht weiter, obwohl man den Einwand bringen könnte, dass es nicht realitätsgemäß anzunehmen ist, dass das neue Produkt sofort mit der gleichen Stückzahl pro Zeiteinheit (was auch als Maß der Produktivität verwendet werden kann) wie das alte produziert wird. Wäre dies der Fall, ginge die hergestellte Stückzahl pro Zeiteinheit gegen unendlich. (Nach der Einführung des neuen Produktes wächst die Produktivität, es werden also noch mehr Mengeneinheiten pro Zeiteinheit hergestellt. Bei der Produktionseinführung der nächsten Ware fällt diese Stückzahl nicht und mit der wachsenden Erfahrung werden wieder mehr Güter pro Zeiteinheit produziert, usw.) Dieser auf den ersten Blick begründete Einwand kann aber leicht abgewehrt werden. In diesem Modell werden verschiedene Güter betrachtet. Deswegen kann die Produktivität nicht als hergestellte Mengeneinheit pro Zeiteinheit spezifiziert werden. Die unterschiedlichen Werte der verschiedenen Güter müssen in der Produktivität ebenfalls erfasst werden. Die Waren müssen also irgendwie bewertet werden. Da in diesem Modell nur offene, atomistische Volkswirtschaften existieren, ist die monetäre Bewertung nach dem Weltmarktpreis der einfachste Weg. Demnach lässt sich die Produktivität als der monetäre Wert der hergestellten Güter pro Zeiteinheit definieren. Da aber die neuen Güter auch besser sind, erzielen sie einen höheren Preis auf dem Weltmarkt. Kann das neue Produkt zum Beispiel 10% teurer verkauft werden, so kann die hergestellte Stückzahl pro Zeiteinheit um 9% fallen ohne ein Rückgang des mit den Weltmarktpreisen bewerteten Outputs zu verzeichnen.[173] In diesem Modell kann jedes Land schnell oder langsam wachsen, abhängig davon wie der Arbeitseinsatz auf die Güter verteilt ist. Ein schnell wachsendes Land ist eines, welches seinen verfügbaren Arbeitseinsatz erfolgreich auf die Güter konzentriert, die nah an seiner Qualitätsgrenze liegen. Diese Folgerung scheint konsistent mit dem Wachstumswunder bestimmter asiatischer Länder zu sein. All diese schnellwachsenden Länder haben ihre Produktion auf fortgeschrittene Güter umgestellt.

Dieses Modell, wie auch das zugrundeliegende Modell von *Stokey* und *Young*, machen die Annahme, dass Humankapitalakkumulierung vollständig extern und damit Humankapital ein quasi-öffentliches Gut ist. *Lucas* meint aber,

---

[173] 1 (=Preis des alten Gutes normiert) / 1,1 (=Preis des neuen Gutes normiert) = 0,91

dass der Wegfall dieser Annahme nicht viel an der Dynamik insbesondere an dem Gleichgewicht ändern würde.

Dieses und ähnliche Modelle prophezeien kein großes Wachstum für die Gruppe der armen Länder. Fasst man die reichen und armen Länder in zwei separate Gruppen zusammen, so beschreiben diese Modelle die Dynamik der zwei Gruppen im Großen und Ganzen richtig. Trotzdem liefern sie die Möglichkeit eines schnellen Wachstums, welches nicht zwangsweise auf Rückständigkeit basiert. Dieses Modell zeigt außerdem eine starke Verbindung zwischen großen Wachstumsraten und freiem Handel. Wenn ein Land seinen Arbeitseinsatz auf neue Produkte konzentriert, fängt es an schnell zu wachsen. Der Output verändert sich kurz- bzw. mittelfristig, das Volkseinkommen bleibt aber zunächst auf demselben Niveau und verändert sich nur langfristig. So kann die Bevölkerung ihren Konsum noch nicht umstellen, die Nachfrage bleibt identisch. Es muss eine große Differenz zwischen dem Konsum- und Produktionsmix geöffnet werden. Das kann nur geschehen, wenn der Außenhandel stark erweitert wird. Aus dem gleichen Grund muss auch eine Wirtschaftspolitik mit Importbeschränkung, die am Anfang wachstumsstimulierend wirkt, fehlschlagen. In einem Land, in dem durch Zölle und / oder andere Barrieren die Einfuhr bestimmter Güter erschwert wird, werden diese Güter im Inland hergestellt. Das bringt am Anfang große Lerneffekte und Wachstum mit sich. Aber es handelt sich hierbei nur um einen einmaligen Impuls. Danach kann sich die Produktionsmischung nur schleichend mit dem Wandel des Nachfragebündels ändern.

8 Humankapitalmodelle von Nelson und Phelps

8.1 Ausgangspunkt von Nelson und Phelps

In den Modellen von *Lucas*, wie in den meisten Humankapitalmodellen, wird in der Produktionsfunktion der „Effektive Arbeitseinsatz" als eine gewichtete Summe der Arbeiter bzw. Arbeitsstunden definiert. Dabei ist der Gewichtungsfaktor eine wachsende Funktion der Ausbildung bzw. der Humankapitalausstattung. Diese Definition nimmt aber an, dass ein gut ausgebildeter Mensch und ein weniger gut ausgebildeter vollständig substituierbar sind. Die Grenzrate der Substitution zwischen den beiden ist also konstant. Ein gut ausgebildeter Arbeiter ist aber möglicherweise besser durch bestimmtes Sachkapital substituierbar als durch einen weniger gut ausgebildeten Kollegen. Besser ausgebildete Arbeiter können die Arbeitsgänge zudem mit einfacheren Maschinen durchführen. In diesen Modellen, die solche Produktionsfunktionen als Grundlage nehmen, kann die Grenzproduktivität der Ausbildung als eine Funktion des Inputs und der Technologie immer positiv bleiben, auch wenn die Technologieentwicklung stillsteht. In den Modellen von *Nelson* und *Phelps*[174] hat Ausbildung nur dann einen positiven Ertrag, wenn die Technologie stetig verbessert wird.

Diese Modelle sind, wie die Autoren auch selbst sagen, nur sehr einfache Teilmodelle. In diesen Theorien geht es nicht um die Erklärung des Wirtschaftswachstums in den Ländern der Welt. Der Gegenstand dieser Arbeit ist die Beziehung zwischen der Kapitalstruktur und der technischen Entwicklung.

8.2 Die Hypothese

Die Autoren behaupten, dass in einer Ökonomie mit fortschreitender Technologie der Produktionsmanager sich den Veränderungen anpassen muss und ein besser ausgebildeter Produktionsmanager ein neues Produktionsmittel schneller verwenden wird.

Diese Hypothese basiert auf den schon in Kapitel 6.2 erwähnten, empirischen Untersuchungen über den Landwirtschaftssektor der USA. Diese Unter-

---

[174] Siehe Nelson / Phelps, 1966

suchungen zeigten klar, dass die besser ausgebildeten Farmer die neuen Techniken schneller angewendet haben als ihre ungebildeten Kollegen.[175] Für einen ausgebildeten Farmer ist es einfacher zwischen den aussichtsreichen und weniger erfolgsversprechenden Alternativen zu unterscheiden. Ein weniger ausgebildeter Farmer muss zunächst die tatsächlichen Erfolge der Anderen sehen, um die erfolgreichen Entwicklungen zu erkennen.

Dieses Phänomen, dass die Ausbildung die Verbreitung der Technologie beschleunigt, kann außerhalb der Landwirtschaft andere Formen annehmen. In großen Industriegesellschaften, in denen starke Arbeitsteilung herrscht, kann die Aufgabe der Wissenschaftler sein, mit der Technologie Schritt zu halten. In diesen ist die Ausbildung der Wissenschaftler wichtig, aber die Ausbildung und Erfahrung des Managements, welches die letzte Entscheidung trifft, bleibt weiterhin bedeutend.[176]

8.3   Die Modelle

Nelson und *Phelps* nehmen einen faktorsparenden Charakter der Technologie an. Diese Annahme ermöglicht ihnen über Technologieniveaus zu sprechen und die Technologie zu indexieren. Sie gehen von einem Harrod-neutralen technischen Fortschritt aus. Das bedeutet, dass die Produktionsfunktion Q als

(Gl. 8.3-1) $$Q(t) = F[K(t), A(t)L(t)]$$

geschrieben werden kann. In dieser Gleichung ist $A(t)$ der Technologieindex in der Praxis.

Wenn (Gl. 8.3-1) als die Produktionsfunktion der Periode gesehen wird, wobei $K(t)$ die Menge des zur Zeit erworbenen Sachkapitals, $L(t)$ die damit arbeitende Arbeitskraft und $Q(t)$ der produzierbare Output sind, dann misst $A(t)$ das durchschnittliche Technologieniveau, welches in dem repräsentativen Sortiment des geraden erworbenen Sachkapitals „gebunden" ist. (Gl. 8.3-1) kann aber auch als aggregierte Produktionsfunktion der Firma, Industrie oder Ökonomie interpretiert werden. In diesem Fall ist $A(t)$ der durchschnittliche Technologieindex aller Sachkapitaljahrgänge.[177]

Zusätzlich zu $A(t)$ führen die Autoren das theoretische Technologieniveau $T(t)$ ein. $T(t)$ definiert die beste angewandte Technologie, falls die Technologie-

---

[175] Sehe Rogers, 1962
[176] Siehe auch Carter / Williams, 1964
[177] Vgl. Nelson / Phelps, 1966, S.71

diffusion unendlich schnell ist. Dies misst den Wissensstock oder das Technologieniveau, welches den Innovatoren zur Verfügung steht. Es wird angenommen, dass das theoretische Technologieniveau mit konstanter Rate λ wächst:

(Gl. 8.3-2) $$T(t) = T_0 \cdot e^{\lambda t},$$

mit $\lambda > 0$.

8.3.1 Erstes Modell:

Das erste Modell ist sehr einfach. Die Zeitlücke zwischen der Erfindung einer neuen Technologie und ihrer Verwendung ist eine fallende Funktion der Ausbildung h. Falls $w(h)$ die Zeitlücke bezeichnet, bekommen wir (Gl. 6.2-13)

(Gl. 8.3-3) $$A(t) = T(t - w(h)), \qquad \frac{\partial w(h)}{\partial h} < 0 \ . \ [178]$$

Das Technologieniveau in der Praxis ist das theoretische Technologieniveau einer früheren Periode. Durch Einsetzen von (Gl. 8.3-2) in (Gl. 8.3-3) erhält man

(Gl. 8.3-4) $$A(t) = T_0 \cdot e^{\lambda \cdot (t - w(h))} \ .$$

Aus (Gl. 8.3-4) folgt, dass falls h konstant ist, das Niveau der angewandten Technologie auch mit der exogenen Rate λ wächst. Außerdem sieht man, dass das angewandte Technologieniveau eine wachsende Funktion von h ist, denn die Erhöhung von h verkürzt das Zeitintervall zwischen Erfindung und Verwendung einer Technologie.

Ein interessantes Merkmal dieses Modells ist, dass der Ertrag der Ausbildung ceteris paribus umso größer ist, je schneller sich das theoretische Technologieniveau entwickelt. Die Ableitung der angewandten Technologie nach dem Humankapitalbestand ist

(Gl. 8.3-5) $$\frac{\partial A(t)}{\partial h} = \lambda \cdot \left(-\frac{\partial w(h)}{\partial h} \right) \cdot T_0 \cdot e^{\lambda \cdot (t - w(h))}$$
$$= -\lambda \cdot \frac{\partial w(h)}{\partial h} \cdot A(t) \ .$$

Wie (Gl. 8.3-5) zeigt, ist die Auswirkung einer marginalen Erhöhung von h auf $A(t)$ eine wachsende Funktion von λ mit dem Wert Null, falls $\lambda = 0$. Daraus

---

[178] siehe Nelson / Phelps, 1966, S. 72

folgt, dass die Ausbildung h nur dann einen positiven Effekt erzielt, falls $\lambda > 0$ ist[179], also eine Entwicklung in der theoretischen Technologie stattfindet.

Dieselbe Eigenschaft wird sichtbar durch die „Grenzproduktivität der Ausbildungsleistung". Mit Hilfe von (Gl. 8.3-1) und (Gl. 8.3-4) erhalten wir

(Gl. 8.3-6)
$$Q(t) = F\left[K(t), T_0 \cdot e^{\lambda \cdot (t - w(h))} L(t)\right].$$

Und daraus

(Gl. 8.3-7)
$$\frac{\partial Q(t)}{\partial h} = \lambda \cdot T_0 \cdot e^{\lambda \cdot (t - w(h))} L(t) \left(-\frac{\partial w(h)}{\partial h}\right) F\left[K(t), 1\right]$$

$$= -\lambda \cdot \frac{\partial w(h)}{\partial h} \cdot T_0 \cdot e^{\lambda \cdot (t - w(h))} L(t) F\left[K(t), 1\right] \quad \text{[180]}$$

$$= -\lambda \cdot \frac{\partial w(h)}{\partial h} \times \text{Lohnkosten} .$$

Folglich ist die „Grenzproduktivität der Ausbildungsleistung" eine wachsende Funktion von λ und nur für $\lambda > 0$ positiv.

Dieses Modell ist aber nicht sehr realitätsnah. Es ist nicht vernünftig anzunehmen, dass der Zeitabstand zwischen verwendeter Technologie und theoretischem Technologieniveau von der Rentabilität der noch nicht eingeführten neuen Techniken unabhängig ist. Ferner ist es unrealistisch, dass die Erhöhung der Ausbildungsleistung den „Lag" sofort verkürzt. Die Autoren versuchen diesen Fehler im zweiten Modell auszumerzen.

8.3.2 Zweites Modell:

Im zweiten Modell hängt die Rate, mit der die theoretische Technologie als verbesserte, angewandte Technologie realisiert wird, von der Ausbildungsleistung und von der Lücke zwischen theoretischer und angewandter Technologie ab.

(Gl. 8.3-8)
$$\dot{A}(t) = \Phi(h) \cdot \left[T(t) - A(t)\right]$$

oder equivalent

---

[179] Wichtig zu beachten, dass $\frac{\partial w(h)}{\partial h} < 0$.

[180] Siehe Nelson / Phelps, 1966, S.72

(Gl. 8.3-9) $\dfrac{\dot{A}(t)}{A(t)} = \dfrac{\Phi(h) \cdot [T(t) - A(t)]}{A(t)}$,

mit $\Phi(0) = 0$, und $\partial \Phi(h)/\partial h > 0$. Die Wachstumsrate der angewandten Technologie ist eine wachsende Funktion der Ausbildung und proportional zu der Lücke zwischen noch nicht eingeführter und schon angewandter Technologie.

Werden wieder ein exponentielles Wachstum von T(t) wie in (Gl. 8.3-2) und ein konstantes h postuliert, können manche mit den Resultaten des ersten Modells übereinstimmende Ergebnisse beobachtet werden. Die Lösung der Differentialgleichung (Gl. 8.3-9) ist dann

(Gl. 8.3-10) $A(t) = \left(A_0 - \dfrac{\Phi}{\Phi + \lambda} T_0 \right) e^{-\phi \cdot t} + \dfrac{\Phi}{\Phi + \lambda} T_0 e^{\lambda \cdot t}$. [181]

Und daraus

(Gl. 8.3-11) $\dfrac{\dot{A}(t)}{A(t)} = \dfrac{-\Phi \left(A_0 - \dfrac{\Phi}{\Phi + \lambda} T_0 \right) e^{-\phi \cdot t} + \lambda \dfrac{\Phi}{\Phi + \lambda} T_0 e^{\lambda \cdot t}}{\left(A_0 - \dfrac{\Phi}{\Phi + \lambda} T_0 \right) e^{-\phi \cdot t} + \dfrac{\Phi}{\Phi + \lambda} T_0 e^{\lambda \cdot t}}$.

Für $t \to \infty$

(Gl. 8.3-12) $-\Phi \left(A_0 - \dfrac{\Phi}{\Phi + \lambda} T_0 \right) e^{-\phi \cdot t} \xrightarrow[t \to \infty]{} 0$

$\left(A_0 - \dfrac{\Phi}{\Phi + \lambda} T_0 \right) e^{-\phi \cdot t} \xrightarrow[t \to \infty]{} 0$

und folglich

(Gl. 8.3-13) $\dfrac{\dot{A}(t)}{A(t)} \xrightarrow[t \to \infty]{} \dfrac{\lambda \dfrac{\Phi}{\Phi + \lambda} T_0 e^{\lambda \cdot t}}{\dfrac{\Phi}{\Phi + \lambda} T_0 e^{\lambda \cdot t}} = \lambda$.

Ist h positiv, geht die langfristige Wachstumsrate der angewandten Technologie $\dot{A}(t)/A(t)$ asymptotisch gegen λ, unabhängig von der Ausbildungsleistung $\Phi(h)$. Dies kann auch ohne schwierigere Mathematik begründet werden. Wenn h groß genug ist, so dass anfangs $\dot{A}(t)/A(t) > \lambda$ gilt, wird die Lücke $[T(t) - A(t)]/A(t)$ immer kleiner, da die noch nicht angewandten Technologien mit der Rate $\dot{A}(t)/A(t) > \lambda$ schneller in die Praxis eingeführt als neue Technologien (mit der Rate λ) erfunden werden. Aber durch die Verknappung der Lücke wird die Rate

---

[181] Ausführlicher, mathematischer Lösungsweg ist im 1).

der Neueinführung auch verringert (siehe (Gl. 8.3-9)). Die Lücke schließt sich kontinuierlich bis $\dot{A}(t)/A(t) = \lambda$ ist und die Technologien nur mit der Geschwindigkeit in die Praxis übernommen werden mit der neue erzeugt werden. In diesem Punkt ist das System im Gleichgewicht und die Lücke ist konstant. Die gleiche Argumentationskette gilt, wenn am Anfang $\dot{A}(t)/A(t) < \lambda$ ist.

Mit Hilfe von (Gl. 8.3-10), kann die Technologielücke $[T(t) - A(t)]/A(t)$ als

(Gl. 8.3-14)

$$\frac{T(t) - A(t)}{A(t)} = \frac{T(t)}{A(t)} - 1 = \frac{T_0 e^{\lambda t}}{\left(A_0 - \dfrac{\Phi}{\Phi + \lambda} T_0 \right) e^{-\Phi t} + \dfrac{\Phi}{\Phi + \lambda} T_0 e^{\lambda t}} - 1$$

ausgedrückt werden.

Man sieht aus (Gl. 8.3-14), dass die Technologielücke im Gleichgewicht eine fallende Funktion der Ausbildungsleistung ist. Die Erhöhung der Ausbildung verbessert langfristig die in der Praxis angewendete Technologie.

Da aus (Gl. 8.3-10) und (Gl. 8.3-12) für $t \to \infty$ folgt, dass

(Gl. 8.3-15)

$$A(t) = \left(A_0 - \frac{\Phi}{\Phi + \lambda} T_0 \right) e^{-\Phi t} + \frac{\Phi}{\Phi + \lambda} T_0 e^{\lambda t} \xrightarrow[t \to \infty]{} \frac{\Phi}{\Phi + \lambda} T_0 e^{\lambda t}$$

ist, ist der Gleichgewichtspfad von $A(t)$

(Gl. 8.3-16) $\qquad A^*(t) = \dfrac{\Phi(h)}{\Phi(h) + \lambda} T_0 e^{\lambda t}$. [182]

Die Technologielücke im Gleichgewicht ist also

(Gl. 8.3-17) $\qquad \dfrac{T(t) - A^*(t)}{A^*(t)} = \dfrac{\lambda}{\Phi(h)}$. [183]

In einer technologisch stagnierenden Ökonomie ($\lambda = 0$) nähert sich die Lücke dem Wert Null für alle $h > 0$. In einer Ökonomie mit fortschreitender theoretischen Technologie ($\lambda > 0$) gibt es eine positive Technologielücke für jedes h und λ. Die Technologielücke ist wachsend in λ und fallend in h.

Im ersten Modell ist die Grenzproduktivität der Ausbildungsleistung eine wachsende Funktion von λ und nur für $\lambda > 0$ positiv. Langfristig ist dies auch in dem zweiten Modell der Fall (wenn sich die Erhöhung von h schon auf das Ni-

---

[182] Vgl. Nelson / Phelps, 1966, S.73

[183] $\dfrac{T(t) - A^*(t)}{A^*(t)} = \dfrac{T_0 e^{\lambda \cdot t} - \dfrac{\Phi(h)}{\Phi(h) + \lambda} T_0 e^{\lambda \cdot t}}{\dfrac{\Phi(h)}{\Phi(h) + \lambda} T_0 e^{\lambda \cdot t}} = \dfrac{1 - \dfrac{\Phi(h)}{\Phi(h) + \lambda}}{\dfrac{\Phi(h)}{\Phi(h) + \lambda}} = \dfrac{\dfrac{\Phi(h) + \lambda - \Phi(h)}{\Phi(h) + \lambda}}{\dfrac{\Phi(h)}{\Phi(h) + \lambda}} = \dfrac{\dfrac{\lambda}{\Phi(h) + \lambda}}{\dfrac{\Phi(h)}{\Phi(h) + \lambda}} = \dfrac{\lambda}{\Phi(h)}$.

veau und die Änderungsrate von $A(t)$ ausgewirkt hat). Langfristig gesehen ist die Elastizität der angewandten Technologie (also die Elastizität der angewandten Technologie im Gleichgewicht)

(Gl. 8.3-18)
$$\frac{\partial A^*(t)}{\partial h} \frac{h}{A^*(t)} = \left[\frac{h\frac{\partial \Phi(h)}{\partial h}}{\Phi(h)}\right]\left[\frac{\lambda}{\Phi(h)+\lambda}\right]. \quad ^{184}$$

Dies zeigt, dass der Ertrag der erhöhten Ausbildungsleistung um so größer ist, je schneller die Technologieentwicklung in der Ökonomie fortschreitet.

8.4 Abschließende Bemerkungen zu den Modellen von Nelson und Phelps

Wie schon in der Einführung dieses Kapital erwähnt wurde, sind diese Modelle sehr einfach. Sachkapital wird nicht betrachtet, das theoretische Niveau der Technologie wird exogen behandelt. Die Autoren wollen nur zeigen, dass die Geschwindigkeit der technischen Entwicklung einer Volkswirtschaft Auswirkungen auf ihre Kapitalstruktur haben kann. Gemäß den gezeigten Modellen ist die Grenzrate der Ausbildung umso höher, je schneller die Technologie der Ökonomie sich entwickelt. Daraus folgt, dass die technische Entwicklung die optimale Kapitalstruktur weitgehend beeinflusst. Je schneller der technische Fortschritt, desto größer sollte das Verhältnis von Humankapital zu Sachkapital in einer Ökonomie sein.

Schon *Nelson* und *Phelps* haben erkannt, dass Humankapital auch externe Effekte aufweist. Ihre Argumentation sieht wie folgt aus. Wenn Innovationen externe Effekte haben, da sie den Imitatoren den Weg zeigen, besitzt Ausbildung – durch die Stimulation von Innovationen – auch externe Effekte. Sie sehen, dass durch die externen Effekte ein Unterschied zwischen dem privaten und dem sozialen Ertrag der Ausbildung entsteht.

Die hier dargestellte Verbindung von Ausbildung und Wachstum hat eine signifikante Auswirkung auf die richtige Analyse des Wirtschaftswachstums. Diese Perspektive deutet an, dass das einfache Einsetzen eines Ausbildungsindexes in die Produktionsfunktion eine grobe Fehleinschätzung der Beziehung von Ausbildung und Produktionsdynamik nach sich ziehen kann.

---

[184] Ausführlicher, mathematischer Lösungsweg ist im 19).

9 Asiatisches Wirtschaftswunder. Ein Beweis des Lucas'schen Modells?

In Kapitel 7 wurde das Modell von *Lucas* dargestellt. Dieses Modell kann das reale Wirtschaftswachstum in der Welt abbilden. Bedeutet dies, dass es das richtige Modell ist? Es könnte sein, dass das Ergebnis passt, die Erklärung aber eine völlig andere ist. *Lucas* hat mit diesem Modell auf eine gute Darstellung der beobachtbaren Wachstumsraten hingearbeitet. Es ist nicht unbedingt verwunderlich, dass das Endmodell dies leistet. Eine große Unterstützung seines Modells scheinen die mit ihm erklärbaren Wachstumsunterschiede in dem asiatischen Raum, speziell von Süd-Korea und den Philippinen, zu sein. Demzufolge hat Süd-Korea durch Learning-by-Doing sein Humankapital viel schneller akkumuliert. Dies war durch die Verstärkung des Außenhandels möglich, was wiederum einen unterschiedlichen Produktions- und Konsummix ermöglicht hat. Die so hergestellten neuen Produkte besaßen einen höheren Lerneffekt (in dem Modell die Variable δ) als die traditionellen Produkte der Philippinen. *Lucas* war aber die unterschiedliche Entwicklung der produzierten Güter dieser Länder schon vorher bekannt. *Lucas* erwähnt es nicht, ich vermute aber stark, dass dieses Beispiel die zündende Idee lieferte, Learning-by-Doing als Erklärung heranzuziehen. Somit ist es nicht verwunderlich, dass ein Modell etwas erklärt, was den Aufbau des Modells maßgeblich initialisiert hat. Das Modell von *Lucas* ist sehr verlockend, keine Frage. Kann das Wirtschaftswunder der asiatischen Länder aber nicht auch anders erklärt werden? Entsprechen die Ergebnisse von *Lucas* möglicherweise nur zufällig der Realität? Als *Lucas* seine Arbeiten zu diesem Thema schrieb, war die Entwicklung in Asien voll im Schwung. Seitdem hat die Weltwirtschaft unter anderem eine Asienkrise erlebt. Das Wachstum dieser Länder ging schlagartig zurück. Natürlich waren die Auslöser dieser Krise vielfältig. Trotzdem ließ die Krise diese Länder in einem anderen Licht erscheinen. Den Kritikern des asiatischen Wunders wurde dadurch auch mehr Beachtung geschenkt.

Einer dieser Kritiker war und ist *Paul Krugman*. In seinem Buch „Die Große Rezession" von 1998 gibt er ganz andere Gründe für das Wachstum dieser Länder an, was teilweise die Verlangsamung des Wachstums in dieser Region erklären kann.

Wächst der aktive Humankapitalbestand eines Landes, (dies geschieht bei Learning-by-Doing), zieht dies, nach *Lucas*, eine Erhöhung der Arbeitsproduktivität nach sich. Wird über die Produktivität einer Volkswirtschaft gesprochen, versteht man darunter meist die Arbeitsproduktivität.[185] Aber die Produktivität einer Volkswirtschaft hängt auch von dem verwendeten Sachkapital und von dessen Produktivität ab. Es existiert also auch eine Kapitalproduktivität. Die Wirtschaftswissenschaftler haben eine Methode entwickelt, bei der die Produktivität eines Landes nicht nur durch die Arbeitsproduktivität bestimmt wird sondern durch die Produktivität der Inputs insgesamt, also durch die Produktivität der Summe von Arbeit und Sachkapital. Dies bezeichnet man als totale Faktorproduktivität.[186] Es gibt natürlich auch Kritik an diesem Verfahren. Der größte Einwand ist, dass das Zusammenrechnen von Arbeitsproduktivität und Kapitalproduktivität wie die Aufsummierung von Äpfeln und Birnen wäre. Das Gegenargument ist, dass dies zum Beispiel im BIP regelmäßig passiert. Eine monetäre Gewichtung löst das Problem der Nicht-Vergleichbarkeit.[187] Nehmen wir jetzt an, dass die totale Faktorproduktivität richtig berechnet wird. Was für eine Erkenntnis würde das bezüglich der asiatischen Staaten liefern?

Humankapitalwachstum initiiert Arbeitsproduktivitätswachstum.[188] Bei unveränderter Kapitalproduktivität verursacht es ein Wachstum der totalen Faktorproduktivität. Hat das Arbeitsproduktivitätswachstum abnehmende Skalenerträge und wächst gleichzeitig die Kapitalproduktivität (eventuell auch mit abnehmenden Skalenerträge) so kann die totale Faktorproduktivität kurzfristig konstante (oder sogar wachsende) Skalenerträge aufweisen. Geht man davon aus, dass die Arbeitsproduktivität durch Lerneffekte wie Learning-by-Doing zunimmt, kann ein langfristig konstantes Produktivitätswachstum auch nur durch die Einführung von neuen Produkten erreicht werden. Aber durch die Miteinbeziehung des Produktivitätswachstums des Sachkapitals kann auch das kurzfristige (zwischen den Einführungszeitpunkt der neuen Güter) konstante (totale) Produktivitätswachstum bei diskreten Neueinführungszeitpunkten besser erklärt werden.[189] Bezieht man die Überlegung von *Solow* in diese Betrachtung mit ein, nach der Humankapital auch in den Produktionsmaschinen steckt, kann durch die Einführung eines neuen Gutes sowohl die Arbeitsproduktivität als auch die Kapitalproduktivität erhöht werden. Für das neue Gut werden neue Maschinen benötigt, welche besser sind als die alten, da sie schon mit dem neuen Human-

---

[185] Vgl. Krugmann, 1998, S.48

[186] Vgl. Krugmann, 1998, S.50

[187] Vgl. Krugmann, 1998, S.50-51; Natürlich gibt es noch andere Kritikpunkte, die erwähnt wurden.

[188] Bzw. Kapitalproduktivitätswachstum, wenn die im Kapitel 6.2.2 dargestellten Überlegungen von *Solow* als richtig betrachtet werden.

[189] Die Lernrate muss nicht so hoch sein, die Volatilität der Arbeitsproduktivität kann kleiner ausfallen.

kapitalbestand gebaut wurden. Dadurch sind diese produktiver als die Vorgängermodelle. Durch diese Überlegung dürften die externen Effekte (sowohl bei *Lucas*, wie bei *Romer*) schwächer ausfallen. Der Unterschied in der Lernrate des Learning-by-Doing hätte in diesem Fall keine so großen Auswirkungen wie im Modell von *Lucas*.

Geht also das Wachstum der asiatischen Länder auf die Akkumulation von aktivem Humankapital zurück[190], hätte sich die totale Faktorproduktivität erhöhen müssen.[191] Mehrere statistische Untersuchungen zeigen aber das Gegenteil. Einer der ersten Ökonomen der diesen überraschenden Tatbestand entdeckte, war *Lawrence Lau*.[192] *Lau* hatte neue, komplexe Methoden zur Schätzung von totaler Faktorproduktivität entwickelt. Als er diese Modelle auf asiatische Länder anwandte, stellten seine Kollegen und er fest, dass Zuwächse in der totalen Faktorproduktivität so gut wie nicht stattfanden.[193] Dieses Ergebnis fand zunächst keine Beachtung. Eine Untersuchung von *Alwyn Young*, in dem er das Wirtschaftswachstum von Hongkong und Singapur verglich, zeigte, dass Singapur seine Ressourcen viel stärker mobilisierte als Hongkong, trotzdem aber keine höhere Wachstumsrate erreichte. Dies deutet auf eine wenig effiziente Ressourcennutzung von Seiten Singapurs hin.[194] Daraufhin animierte *Young* eine breit angelegte Untersuchung. Bei dieser Studie kam heraus, dass das Beispiel Singapurs – rapides Wachstum auf Basis von Inputsteigerung und nicht aufgrund von Effizienz- bzw. Produktivitätssteigerung – für die asiatischen „Tigerstaaten" in der Tat typisch war.[195] Kritiker warfen diesen beiden Autoren vor, die Daten seien auch anders interpretierbar. Diesen Vorwurf bezeichnet *Krugman* in seinem Buch (undiplomatisch) als Unsinn.[196] Er sagt, dass diese Daten nur die Interpretation von *Young* zulassen. Dies bedeutet wiederum, dass Learning-by-Doing keine große Rolle in der Entwicklung dieser Länder gespielt haben kann.

Eine interessante Statistik der Weltbank aus dem Jahr 1993 unterstützt die Schlussfolgerung von *Krugman*. In dieser Berechnung des „Wandels der technischen Effizienz", das heißt des Tempos, mit dem sich die asiatischen Entwick-

---

[190] Egal durch welche Wege diese Akkumulation erreicht wurde.

[191] Man kann sicherlich davon ausgehen, dass die Kapitalproduktivität nicht abnimmt. Obwohl dies durch die Alterung der Maschinen geschehen kann, lässt die Hohe Investitionsquote dieser Länder diese Möglichkeit nicht zu.

[192] Vgl. Krugman, 1998, S. 53

[193] Vgl. Krugman, 1998, S. 53

[194] Vgl. Krugman, 1998, S. 54

[195] Vgl. Krugman, 1998, S. 54

[196] Vgl. Krugman, 1998, S. 54

lungsländer auf die Produktivitätsniveaus der Industrienationen zubewegen (oder nicht), erreichen die sieben Länder Hongkong Taiwan, Thailand, Korea, Indonesien, Malaysia, Singapur ein Durchschnitt von −0,54 %.[197] Dabei weist nur Hongkong eine signifikante Konvergenz mit 2% auf. Positiv sind noch die Zahlen von Taiwan (0,8%) und Thailand (0,1%). Die restlichen Länder weisen eine Divergenz bei dem Produktivitätsniveau auf. Nach dieser Statistik bewegen sie sich nicht auf das Produktivitätsniveau der Industrieländer zu, sondern entfernen sich davon. Das Interessanteste bei diesen Zahlen ist, dass sie in einer Studie vorkommen, in der bedingt durch andere Statistiken und Rechnungen ein starkes Produktionswachstum dieser Länder propagiert wurde.[198]

Die Diskussion über Asiens Produktivität ist noch nicht beigelegt. Andere Studien aber, wie die umfangreiche Untersuchung von *Susan Collins* und *Barry Bosworth*, bestätigen das Ergebnis von *Lau*.

Wieso wird aber ein Wirtschaftswachstum kritisiert, welches nicht durch Produktivitätserhöhung, sondern durch Faktormobilisation erreicht wird? Außer dem Punkt, dass dies nicht mehr als Unterstützung des Lucas'schen Modells interpretiert werden kann, kann so ein Wachstum nicht langfristig sein.[199] Irgendwann gehen die mobilisierbaren Faktoren aus. Wachstum verlangsamt sich abrupt und eine Rezession tritt ein. Viele Wissenschaftler erklären das Wachstum in der Sowjetunion und in anderen Ostblockländern auf diese Weise. [200] Während das Wachstum der westlichen Nationen maßgeblich von der Produktivitätssteigerung getragen wurde, kann das Wachstum des Ostens auf die Mobilisierung der noch nicht genutzten Faktoren zurückgeführt werden. Bis in die 70-er Jahre konnten diese Länder weitere Arbeitskräfte und eventuell vorhandene Bodenschätze einsetzten. Nach dieser Zeit gab es nichts mehr zu mobilisieren und das Wirtschaftswachstum ging zurück.[201] Natürlich ist das Wirtschaftssystem in Asien nicht mit dem ehemals in den Ostblockländern praktizierten Kommunismus vergleichbar aber ein Vergleich mit dem westlichen Wirt-

---

[197] Vgl, Weltbank, 1993 bzw, Krugman, 1998, S.55

[198] Vgl. Krugman, 1998, S. 55

[199] Hier ist die Definition von langfristig bedeutend. *Lucas* spricht auch von langfristigem Wachstum, und meint damit Wachstum, das 20-30 Jahre anhält. Bei *Krugman*, wie man es dem Beispiel von Sowjetunion einige Zeilen später zu erkennen ist, ist so ein Zeitraum noch nicht langfristig. Bei *Krugman* geht es eigentlich auch nicht wirklich um Zeitangaben. Er versteht unter langfristige Entwicklung etwas, was nicht durch den Verbrauch von Ressourcen geschieht. Verbraucht eine Entwicklung Ressourcen, weiß man dass diese Entwicklung nur solange anhält, bis es nicht mehr zu verbrauchen ist.

[200] Vgl. Krugman, 1998

[201] Vgl. Krugman, 1998, S. 57

schaftssystem ist auch fraglich. Die bis zur Krise eindeutig und offen vertretene Verflechtung von Politik und Wirtschaft schuf ein undurchsichtiges Gebilde[202]. Dadurch ist der freie Wettbewerb teilweise ausgehebelt.

Diese Erklärung der Wachstumswunder bestimmter asiatischen Länder ist kein Beweis dafür, dass das Wachstumsmodell von *Lucas* falsch wäre. Die Entwicklung der asiatischen Länder kann allerdings nicht als Beweis für die Richtigkeit des Lucas-Modell herangezogen werden. Das Modell von *Lucas* erklärt die beobachtbaren Wachstumsunterschiede in der Weltwirtschaft durch Unterschiede in der Geschwindigkeit der Humankapitalkumulation. Es kann auch plötzliche Sprünge in den Wachstumsraten erklären wie sie durch die Beschleunigung der Wissensvermehrung auftreten können. Dies kann aber das theoretische Gebilde von *Krugman* teilweise auch. Ich bezeichne es absichtlich nicht als Modell, da die Erklärung von *Krugman* mathematisch überhaupt nicht formuliert wurde. Sein Ziel war gar nicht ein Wachstumsmodell zu bilden. Er wollte nur seine Kritik an den Erklärungen des Wirtschaftswunders der asiatischen Länder, aber auch an das Vorgehen der Regierung dieser Volkswirtschaften äußern.[203] Bestimmte Unterschiede in den Wachstumsraten können durch die verschiedene Art des Wirtschaftswachstums (getrieben maßgeblich durch die Erhöhung der Produktivität oder durch das Einsetzen noch nicht verwendeten Ressourcen) entstehen. *Krugmann's* Interpretation nach entstand der plötzliche Sprung in der Wachstumsrate der asiatischen „Tigerstaaten" durch die unerwartete starke Mobilisierung der Ressourcen. *Krugmann* ist kein Gegner der Humankapitaltheorie und will auch nicht bestreiten, dass durch Kapitalimporte ein Anstieg der Produktivität in den Betrieben dieser Länder zu ver-

---

[202] alternativ: ein noch undurchsichtigeres Gebilde als im Westen; Vgl. Krugmann, 1998, S.59

[203] Vielleicht ein Grund, wieso er kein Wachstumsmodell für die Erklärung von unterschiedlichen Wachstumsraten der Länder erschaffen will, ist die auch von ihm zitierte Aussage von *Solow*: „Alle Versuche die Unterschiede bei den Raten des Wirtschaftswachstums zu erklären, enden in der Regel immer wieder im ″Spekulationsraum der Amateursoziologie″ "; Vgl. Krugman, 1998

zeichnen ist. Er stellt aber fest, dass sich dies unter dem Strich nicht auszahlte.[204]

---

[204] Vgl. Krugman, 1998, S.57

10   Konklusionen für die Wirtschaftspolitik

In diesem Kapitel werden einige interessante Aspekte der Humankapitaltheorie dargestellt und noch nicht aufgeworfene oder noch nicht ausführlich beantwortete Fragestellungen bezüglich den wirtschaftspolitischen Folgen dieser Modelle analysiert.

10.1   Unterschiedliche Wirkung der Ausbildung von Frauen und Männern

Schon aus den statistischen Untersuchungen ist es eindeutig, dass die Erhöhung des Humankapitalbestandes einer Volkswirtschaft, deren Wachstum beschleunigt. Die Modelle, in die Humankapital eingebunden ist, bilden die Realität besser ab als die einfacheren Theorien. Sie postulieren eine Erhöhung der Wachstumsrate, falls der Humankapitalbestand erhöht wird.[205] Dabei gibt es aber einen interessanten Unterschied zwischen der Ausbildung von Männern und Frauen. Eine von *Barro* veröffentlichte Untersuchung, in dem ca. 100 Länder von 1960 bis 1990 betrachtet wurden, zeigt, dass sich die Ausbildung der Männer statistisch positiv und signifikant, die Ausbildung der Frauen insignifikant (und sogar negativ) auf das Wachstum des BSPs einer Volkswirtschaft auswirkt.[206] Die Erklärung dafür ist, dass durch Ausbildung der Frauen die Geburtenrate sinkt. Somit ist die Auswirkung der Ausbildung von Frauen sehr komplex. Durch die Senkung der Geburtenrate verringert sich natürlich die Wachstumsrate der Bevölkerung und langfristig nimmt die Wachstumsrate der arbeitenden Bevölkerung ab. Dies wirkt sich wiederum negativ auf das BSP des Landes aus. Das Pro-Kopf-BSP erhöht sich aber. Die Stärke dieses Effekts hängt von dem Ausbildungsniveau der Frauen in der Gesellschaft ab. Sind die Frauen allgemein gut ausgebildet, ist die Auswirkung der Ausbildung der nächsten Generation auf die Geburtenrate vernachlässigbar. *Barro* begann seine Untersuchung in den 60-er Jahre als in den USA arbeitende Frauen nicht häufig anzutreffen waren. Die Einbindung der Frauen in das Berufsleben hat die Anzahl der Kinder reduziert. Ich glaube aber, dass sich diese schnelle Entwicklung in der letzten Zeit verlangsamt hat und sich langsam einpendelt. Die kontinuierliche Ausbildung der Frauen bzw. die Ausbildung der weiteren Generationen

---

[205] Unter bestimmten anderen Voraussetzungen wie der Fortschritt der theoretischen Technologie in den Modellen von *Nelson* und *Phelps* im Kapitel 8.3.

wird die Geburtenrate nicht in dem Ausmaß, wenn überhaupt, beeinflussen, wie es in der Mitte des 20. Jahrhunderts der Fall war. Sinkt die Geburtenrate nicht weiter, wird die für das Wachstum des BSPs positive Wirkung der Frauenausbildung nicht mehr durch die Reduktion des Bevölkerungswachstums ausgehebelt.

Ein anderer wichtige Aspekt dieser Untersuchung ist, dass durch die Ausbildung der Frauen das BSP nicht steigt, wohl aber das Pro-Kopf-BSP (durch die Verringerung der Kinderzahl). Dies ist eine wichtige Erkenntnis für die armen Länder mit sehr hohem Bevölkerungswachstum wie China, Indien usw. Die Ausbildung der Frauen würde das Lebensniveau in diesen Ländern erhöhen, obwohl das BSP zusätzlich nicht wachsen würde.

Barro schreibt, dass seine Untersuchung gegen die Hypothese spricht, dass die Ausbildung der Frauen der Schlüssel zum Wirtschaftswachstum sei. Dies ist wahr, falls als Wachstumsindikator das absolute BSP genommen wird. Meine Meinung ist aber, dass das Wachstum des absoluten BSPs nur für Volkswirtschaften mit stabiler Bevölkerungszahl aussagekräftig ist. Ein BSP Wachstum von 10% ist kein Wunder, wenn die Bevölkerung um 25% gewachsen ist. Der Wohlstand (bzw. das Wohlstandswachstum) einer Nation wird von dem (Wachstum des) Pro-Kopf-BSP(s) wesentlich besser beschrieben.[207] Die Vergleichbarkeit der Wachstumsdaten unterschiedlicher Länder bzw. unterschiedliche Perioden wird durch diese Kennzahl auch besser gewährleistet als durch das absolute BSP. Demnach leistet die Ausbildung der Frauen einen großen Anteil an der Erhöhung des Lebensstandards in einem Land.

Ein interessanter Aspekt der Untersuchung von *Barro* ist, dass demnach die Ausbildung der Frauen, eine Strukturveränderung der Bevölkerung herbeiführt. Diese Änderung wirkt sich auch auf das eventuell vorhandene Rentensystem aus. Dies zeigt, dass die Humankapitalakkumulierung der Wirtschaftssubjekte einer Volkswirtschaft weitreichendere Konsequenzen hat als von den Modellen dargestellt wird.

---

[206] Vgl. Barro, 1997

[207] Da das Pro-Kopf-BSP einfach das Verhältnis von BSP zu Bevölkerungszahl ist, bereitet es dieselben Probleme wie sie auch bei der Verwendung von BSP als Wohlstandmaß entstehen. Zum Beispiel wird die Wohlstandverteilung im Land nicht berücksichtigt und die externen Effekte der Industrie werden nicht oder oft falsch eingeschätzt.

10.2 Innovation ohne Ausbildung und Ausbildung ohne Innovation

Was kann also ein Land tun, damit sein Wachstum beschleunigt wird? Die Modelle von *Nelson* und *Phelps* sagen eindeutig, dass sich die Erhöhung der Ausbildung nur dann positiv auf das Wachstum auswirkt, falls technischer Fortschritt vorhanden ist. Eine alleinige Verstärkung der Ausbildung hilft demnach nicht, da auch die Innovationstätigkeiten verstärkt werden müssen. Seit *Joseph Schumpeter*'s Arbeiten in der ersten Hälfte des 20. Jahrhunderts besteht unter Ökonomen ein breiter Konsens, dass Innovationen der Schlüssel zu technischem Fortschritt sind. Verstärkung der Innovationstätigkeit bedeutet also Beschleunigung des technischen Fortschrittes. Der Staat muss die Innovationstätigkeiten begünstigen. Obwohl in diesen einfachen Modellen von *Nelson* und *Phelps* der Fortschritt der theoretischen Technologie nur als ein endogener Parameter behandelt wird, ist leicht vorstellbar, dass diese Konstante durch eine Funktion der Ausbildung ersetzt wird, da Innovation von ausgebildeten Leuten ausgeht. In diesem Fall scheint die Erhöhung der Ausbildung die theoretische Technologie automatisch voranzutreiben. Die Stärke dieser Wechselwirkung hängt allerdings in großem Maße von den Rahmenbedingungen ab. Der Staat kann einen erheblichen Einfluss auf das Wirtschaftswachstum ausüben, indem er in diesen Zusammenhang (verstärkend oder schwächend) eingreift.

Der Gedankengang, Ausbildung ohne Innovation erhöhe die Wachstumsrate nicht, kann aber auch umgekehrt werden. Innovation ohne Ausbildung erhöht die Wachstumsrate nicht. In den Standard-Modellen der neuen Wachstumstheorie ist es möglich durch diverse politische Maßnahmen wie die Subventionierung von Innovationen, Grundlagenforschung oder einen Abbau von Kapitaleinkommensbesteuerung die langfristige Wachstumsrate des Sozialprodukts zu erhöhen. Diese Aussage steht aber im Widerspruch zu den empirischen Fakten, welche zum Beispiel in dem Buch von *Lutz Arnold* dargestellt sind.[208] Die Beschleunigung des langfristigen Wachstums scheint - vorsichtig formuliert - zumindest nicht in dem Maße möglich zu sein, wie es die neue Wachstumstheorie nahe legt. *Lutz* entwickelt in seinem Buch ein Wachstumsmodell, in dem zwar - wie bei *Schumpeter* und *Romer* - Innovationen Quelle des Wachstums sind, Wachstumspolitik aber keine nachhaltigen Wirkungen hat, so wie es die empirischen Fakten zeigen. Idee hinter diesem Neutralitätsresultat ist, dass beschleunigtes Innovieren, beschleunigtes Humankapitalwachstum verlangt. Die oben genannten Politikmaßnahmen betreffen die Ausbildungsentscheidungen der In-

---

[208] Siehe Lutz, 1997

dividuen aber nicht.[209] Dieses Erkenntnis hat schon *Phelps* in seiner Arbeit „Investment in Humans, Technological Diffusion and the Golden Rule of Education" von 1965 dargelegt,[210] empirische Unterstützung lieferte er aber keine. Die Begründung dieses Phänomens ist einfach. Betrachtet man die Grundannahmen von *Nelson* und *Phelps* aus Kapitel 1 als zutreffend - nämlich dass Ausbildung die Informationsverarbeitung und das Informationsverständnis verbessert[211] - kann man leicht verstehen, aus welchem Grunde Innovation ohne Ausbildung nicht effektiv ist. Die unausgebildeten Menschen verstehen das neue Produkt bzw. die neue Technik nicht. Sie sehen in ihm keine Vorteile und werden es somit nicht benutzen. Das neue Produkt kann seine produktivitätserhöhende Wirkung aber nicht ausüben, wenn es von niemandem verwendet wird.

10.3 Ist formelle Ausbildung unwichtig?

Wie In Kapitel 7 dargestellt, zeigt *Lucas*, dass der entscheidende Wachstumsvorteil eines Landes in dem speziellen, informellen Humankapitalakkumulierungsweg, im Learning-by-Doing zu suchen ist. Sollte ein Land sich nur hierauf konzentrieren und die formelle Humankapitalakkumulierung völlig ignorieren?

Durch Learning-by-Doing werden nur Arbeitsvorgänge eingeübt, die Arbeit wird produktiver. Der Humankapitalbestand erweitert sich per Definition. Dieses Wissen kann aber nur sehr eingeschränkt verwendet werden. *Lucas* nimmt an, dass die Humankapitalakkumulierung durch Learning-by-Doing nach einer bestimmten Zeit die Einführung eines neuen Produktes möglich macht. Wie dieses neue Produkt entsteht, wird nicht gesagt. Wenn wir annehmen, dass die Humankapitalakkumulation nur durch Learning-by-Doing geschieht, muss dieses Produkt mit dem Vorgängermodell „nahe verwand" sein, denn es wurde kein Wissen verwendet, was nicht durch die Arbeit an dem Vorgängermodell akkumuliert wurde. Dies könnte im Allgemeinen also nur eine Weiterentwicklung des Produktes aber keine echte Produktinnovation sein. Damit immer wieder neue Produkte eingeführt werden können, müssen bestimmte Individuen in der Volkswirtschaft, in dem Wirtschaftssektor bzw. in dem Betrieb ein größeres Wissen besitzen als es durch Learning-by-Doing zu erlangen ist. Sie müssen

---

[209] Vgl. Lutz, 1997
[210] Vgl. Phelps, 1965
[211] Vgl. Nelson / Phelps, 1966, S.69

„über den Tellerrand schauen" können. Learning-by-Doing vertieft einige spezielle Eigenschaften und Fähigkeiten, bleibt aber auf ein abgegrenztes Wissensgebiet beschränkt..

Die alleinige Vermehrung von speziellem Humankapital hat weitere negative Folgen. Akkumuliert ein Land sein Humankapital nur durch Learning-by-Doing, kann ein neues Verfahren, welches zum Beispiel im Ausland erfunden wurde, nicht verstanden und folglich nicht verwendet werden.[212] Ein großer Anteil der externen Effekte anderer Länder hätte keine Auswirkung auf dieses Land. Die formelle Ausbildung verstärkt also die externen Effekte[213] des Humankapitals. Spillover kann nur durch ein breites Wissensspektrum auftreten. Dies wird durch formelle Ausbildung viel stärker erreicht als es durch Learning-by-Doing der Fall ist.[214] Die Informationen, die aus einem anderen Arbeitsgebiet kommen, müssen verstanden, verarbeitet und eventuell modifiziert werden. Dazu wird nicht nur spezielles Humankapital eines Bereiches, sondern das beider Arbeitsgebiete benötigt.

10.4 Staatliche Unterstützung bestimmter Wirtschaftsbereiche

In dem Modell von *Lucas* wächst die Volkswirtschaft am schnellsten, welche sich auf das Produkt mit hohem δ also auf den Produktionsprozess mit hoher Lernrate durch Learning-by-Doing spezialisiert hat. Könnte ein Staat das Wachstum der Volkswirtschaft durch die Auswahl und die Unterstützung dieser Wirtschaftsbereiche forcieren?

Lucas schreibt schon in seiner Veröffentlichung, dass eine solche Politik sehr schwer durchzuführen ist. In einem Interview mit der Zeitung „The Region" im Jahr 1993 warnt er sogar die damalige neugewählte Clinton-Regierung

---

[212] Um ein Produktionsmittel langfristig nutzen zu können, braucht man auch Instandhaltungs- und Reparatur-Know-how.

[213] Sowohl die „empfangenen" als auch die „gesendeten" externen Effekte.

[214] Eine teilweise Ausnahme bildet die Arbeit der Wissenschaftler. Da diese Arbeit oft mit dem Studieren der Veröffentlichungen anderer Wissenschaftler verbunden ist, treten große Wissensbestandserweiterung auf, was eigentlich nicht im Sinne des Learning-by-Doing ist. Die Arbeitsschritte werden durch das neu erlangte Wissen nicht produktiver, eine Humankapitalakkumulierung findet aber während der Arbeit statt. Ich fand keine Definition, in die dieser Ausnahmefall reinpasst. Ich betrachte dies aber nicht als Learning-by-Doing. Hier findet keine zweckgebundene Wissensvermehrung statt (wie erreiche ich ein bestimmtes Ziel effektiver), sondern eine allgemeine Wissensvermehrung.

dies zu versuchen.[215] Er meint, dass vor dem Eintritt der Akkumulierungserträge eines Wirtschaftsbereichs diese nicht abzuschätzen sind. Nach derem Eintritt, kann man nicht sicher sein, dass die Lerneffekte durch verwirklichte Innovationen weiter so groß bleiben. Wird ein Wirtschaftsbereich trotzdem verstärkt unterstützt und dadurch die Unterstützung von anderen Bereichen teilweise oder vollständig vernachlässigt, kann man nie sicher sein, welche Lernerträge die andere Industriebereiche gebracht hätten. Die Unterstützung spezieller Wirtschaftsbereiche lässt also eine mögliche Allokation der Ressourcen nicht zu, welche möglicherweise zu einem größeren Wachstum führen würde. *Lucas* ist der Meinung, dass es von Seiten der Regierung Selbstüberschätzung wäre zu glauben, dass sie die Wirtschaftsbereiche mit langanhaltenden Lernraten ausfindig machen kann.

Auch wenn ein Wirtschaftsgebiet mit hohem Learning-by-Doing Lernertrag mit Sicherheit identifiziert werden kann, hilft die Spezialisierung nicht bzw. kann keine Spezialisierung stattfinden, wenn die Humankapitalausstattung nicht von Anfang an vorhanden ist, um das Produkt am Weltmarkt konkurrenzfähig präsentieren zu können. Eine Importbeschränkung kann diesen Industriemarkt kurzfristig schützen, langfristig bremst aber diese Abschottung das Wachstum, wie *Lucas* in seiner Arbeit darauf hingewiesen hat.

10.5 „Jobs are there, skills are missing"

In der neoklassischen Theorie kann die unfreiwillige Arbeitslosigkeit nicht erklärt werden. Wollen viele arbeiten, werden die Löhne sinken und somit die Nachfrage nach Arbeitskräften steigen. Ist jemand nicht bereit für diesen Lohn zu arbeiten, so ist er freiwillig arbeitslos. Es gibt keine unfreiwillige Arbeitslosigkeit.

Keynes hat die Erwartungen in die Wirtschaftstheorie eingeführt. Er zeigt, wie wichtig die Erwartungen der Investoren und Unternehmer für den Verlauf des Wirtschaftslebens sind. Erwartet ein Unternehmer „schlechte Zeiten", wird er nicht investieren. Er wird keine neuen Arbeiter einstellen oder mindert sogar seine Belegschaft und entlässt Arbeiter. Obwohl es Personen gibt, die zum gegebenen Lohnniveau arbeiten würden, gibt es keine freien Arbeitsplätze und es werden keine neuen Arbeitstellen geschaffen. Die Menschen sind unfreiwillig arbeitslos. Nach der Theorie von *Keynes* kann dieser Zustand auch langfristig

---

[215] Vgl. Levy, 1993

bestehen bleiben. Der Güter- und Geldmarkt können ein Gleichgewicht erreichen ohne dabei ein Gleichgewicht auf dem Arbeitsmarkt herzustellen. Diese Situation hat den Name Unterbeschäftigungsgleichgewicht erhalten.[216] Diese Erklärung der beobachteten freiwilligen Arbeitslosigkeit war eine Entwicklung gegenüber der neoklassischen Theorie und hat die Praxis der Nachfragestimulation hervorgebracht. Durch verschiedene wirtschaftspolitische Maßnahmen, die zur Stärkung der Nachfrage führen (bzw. führen sollen), sollen die Erwartungen der Investoren positiv gestimmt werden und so für freie Arbeitsplätze sorgen bzw. gegen den Arbeitsplatzabbau wirken.

Diese nachfrageorientierte Wirtschaftspolitik wurde in der 60-70-er Jahre weltweit so auch in Deutschland umgesetzt. Am Ende der 70-er Jahre wurde erkannt, dass bestimmte Wirtschaftsprobleme auch mit dieser Theorie nicht behoben werden konnten. Auch die Arbeitslosigkeit konnte nicht in dem erhofften Maße bekämpft werden. In Deutschland stieg nach der anfänglichen sehr niedrigen Arbeitslosenquote die unfreiwillige Arbeitslosigkeit wieder an. Wie es allgemein bekannt ist, liegt die Arbeitslosenquote in Deutschland im Jahre 2002 bei 10-11%[217], was ungefähr 4 Millionen Arbeitslosen entspricht. In den neuen Bundesländern beträgt diese Quote sogar 18%. Obwohl sich viele politische Diskussionen mit der „Faulheit" der Arbeitslosen, mit der zu hohen Arbeitslosenunterstützung und mit deren Auswirkung auf die freiwillige Arbeitslosigkeit beschäftigt haben, kann man sicherlich davon ausgehen, dass der größte Anteil dieser Menschen unfreiwillig arbeitslos ist. Das Merkwürdige an der heutigen unfreiwilligen Arbeitslosigkeit ist, dass sehr viele Firmen über Mitarbeitermangel klagen und gerne neue Arbeitskräfte einstellen würden. In der Informations- und Kommunikationsbranche war im Jahr 2000 jede 2. freie Stelle unbesetzt.[218] Auf der einen Seite existiert eine große Masse unfreiwilliger Arbeitsloser, auf der anderen Seite gibt es viele freie Arbeitsplätze. Dies kann mit der keynesianischen Theorie nicht erklärt werden.

Die Humankapitaltheorie kann dieses Phänomen erklären. Ein Unternehmen wird seine freien Arbeitsplätze nicht durch beliebige Individuen ausfüllen. Für den Lohn / das Gehalt, was ein Unternehmen bietet, erwartet es ein bestimmtes Maß an Produktivität in seinem speziellen Bereich. Das heißt, ein Arbeitswilliger muss nicht nur die Kriterien „arbeitsuchend" und „arbeitswillig für die Bezahlung" erfüllen. Er muss auch noch genügend spezielles Humankapital mit sich bringen, um die Mindestproduktivität leisten zu können, die das Unterneh-

---

[216] Vgl. Keynes, 1936

[217] Zahlen aus dem Internetauftritt der Bundesanstalt für Arbeit, Vgl. www.arbeitsamt.de

[218] Vgl. BerliNews, 2001

men verlangt. Hier taucht wieder die schon früher erwähnte Idee des getrennten Arbeits- und Ausbildungsmarktes auf. Die Arbeitsuchenden sind für Wirtschaftsbereiche ausgebildet, wo keine freien Stellen existieren. Es gibt Wirtschaftsgebiete, wo es freie Stellen gibt. Ausbildungsmarkt und Arbeitsmarkt „gehen aneinander vorbei". Die Koordinierung dieser Märkte wird durch die schon mehrmals erwähnte Tatsache erschwert, dass für die Humankapitalakkumulierung viel Zeit gebraucht wird. Eine gute Ausbildung oder Umschulung dauert oft Jahre - egal ob sie durch Learning-by-Doing oder auf formellen Weg erreicht wird- die Situation auf dem Arbeitsmarkt kann sich während dieser Jahre bedeutend ändern. So kann vorkommen, dass ein Arbeitsloser, der sich umschulen lässt, danach in seinem neuen Beruf auch keinen Job findet, obwohl am Anfang der Umschulung die Arbeitssituation in dem neuen Bereich aussichtsreich war.

Ich bin der Ansicht, dass die keynesianischen Theorie an den verschiedenen Teilbereichen des Arbeitsmarktes also für einzelne Berufe bzw. Branchen auch nach der Humankapitaltheorie ihre Gültigkeit behält. Die Frage ist wie klein diese Teilmärkte sind und ob es möglich bzw. wirtschaftlich sinnvoll ist, diese kleine Teilbereiche wirtschaftspolitisch zu unterstützen. Weiterhin problematisch ist, ab wann die Unterstützung eines Wirtschaftsbereiches als Subventionierung gilt, welche nach den meisten Wirtschaftstheorien zu vermeiden ist, da sie, unter anderem, zur Wettbewerbsverzerrung führt. Eine kurzfristige Subventionierung würde noch vielleicht Sinn machen, um ein Wirtschaftstief eines Wirtschaftszweiges zu überbrücken. Dann sind wir aber wieder bei Kapitel 10.4 und bei den Problemen der Unterstützung spezieller Wirtschaftsbereiche.

10.6 Ausbildung als Entwicklungshilfe

Wenn das Wachstum eines Landes maßgeblich von dem Humankapital der Bevölkerung abhängt, wäre die Ausbildung der Individuen aus ärmeren Ländern in Industrieländern ein sehr guter Weg der Entwicklungshilfe.[219] Würde das wirklich funktionieren?

Leider ist auch diese Thematik in der Realität nicht so einfach wie sie nach den vorgestellten Theorien auf den ersten Blick zu sein scheint. Werden die Wirtschaftssubjekte in einem Industrieland ausgebildet und kehren anschließend

---

[219] In diesem Kapitel wird nur vom Ausländer gesprochen, die nach ihrer Ausbildung in ihres Heimatland zurückkehren.

in ihre Heimat zurück, müssen Sie auch in einem Bereich beschäftigt werden, in dem sich die direkte Wirkung ihres Humankapitals entfalten kann. Ist der Unterschied zwischen dem Ausbildungs- und Heimatland im Sinne der Humankapitalausstattung zu groß, wird der Ausgebildete sein erlerntes Wissen in seinem Heimatland vielleicht überhaupt nicht einsetzen können. Ein minimaler externer Effekt seines Humankapitals würde in diesem Fall immer noch produktivitätssteigernde Wirkung haben, diese Situation wäre aber aus Sicht der Kosten-Nutzen Analyse der Ausbildung nicht wirtschaftlich. Hier taucht wieder die Problematik der unterschiedlichen Ausbildungs- und Arbeitsmärkte auf. Erschwerend kommt hinzu, dass es sich hier um Märkte zweier, unterschiedlicher Ländern handelt. Da die Wahl der Ausbildung eine persönliche Entscheidung ist, kann hier die Koordination nur durch das Verhalten der auszubildenden Individuen aus dem Entwicklungsland ablaufen.[220] Die Beeinflussung dieses Verhaltens ist durch Staatsgewalt nicht oder nur begrenzt, zum Beispiel durch bestimmte Stipendien, möglich. Eine veränderte Form dieser Entwicklungshilfe wäre, eine spezielle Ausbildungsstätte für Personen aus Entwicklungsländern anzubieten, die auf das Niveau und Angebot bestimmter Länder zugeschnitten ist. Hier verlangt es einer weiteren Analyse um festzustellen, ob dieser Weg oder die Unterstützung der Ausbildung in dem Entwicklungsland selbst mit Humankapital, zum Beispiel durch Lehrer, effektiver ist. Weiterhin darf man die Folgerungen des Kapitels 10.2 nicht vergessen. Die Industrieländer dürfen nicht wieder nur einseitig denken. Früher betraf die Entwicklungshilfe nur das Sachkapital. Jetzt darf diese Hilfe nicht nur das Humankapital beinhalten. Wie das Modell von *Nelson* und *Phelps* in Kapitel 1 aber auch einige Folgerungen aus dem Modell von *Lucas* zeigen, verstärken sich die Wachstumseffekte der Humankapitalakkumulierung und Sachkapitalakkumulierung gegenseitig. Eine Ausbildungshilfe ist sehr wichtig jedoch nicht zur Ablösung der Kapitalhilfe, sondern als deren Erweiterung.

10.7 „Import" von Humankapital

Man könnte das in Kapitel 10.6 erläuterte Verfahren der Ausbildung von Ausländern aus Sicht des Auslandes als Humankapitalimport betrachten, wenn die ausgebildeten Wirtschaftssubjekte nach Ende ihres Studiums wieder in ihr

---

[220] Es wäre unrealistisch zu erwarten, dass die Ausbildung in einem Industrieland geändert wird, um dem Zustand in dem Entwicklungsland gerecht zu werden.

Heimatland zurückkehren. Warum könnte nicht ein „Direktimport" des Human-kapitals die gezielte „Abwerbung" hochqualifizierter, ausländischer Arbeits-kräfte den gleichen Wachstumseffekt erzielen, der von der Ausbildung erhofft wird?

Bei dieser Thematik muss man zwei Wirkungen unterscheiden. Die Wirkung auf das Inland, in welches das Humankapital importiert wird, und den Effekt im Ausland, von wo das importierte Humankapital (also die Arbeitskraft) stammt. Kommen die ausländischen Arbeitskräfte generell aus vielen Ländern ohne be-stimmte Schwerpunkte, kann man davon ausgehen, dass der Humankapitalver-lust der einzelnen Länder, welcher durch die Auswanderung der Arbeitskräfte entsteht, nur marginal ist. In diesem Fall kann der Effekt auf das Ausland ver-nachlässigt werden. Wandert dagegen eine prozentual große Anzahl von Ar-beitskräften einer bestimmten Branche eines Landes aus, kann man davon aus-gehen, dass dieser Humankapitalabfluss das Ausland signifikant schwächt und sein Wachstum verlangsamt. Dabei müssen aber noch weiter Faktoren, wie zum Beispiel der Entwicklungsstand des Auslandes, in Betracht gezogen werden. Außerdem muss man beachten, dass bei der Ausbildung im Ausland wirklich nur das Humankapital erhöht wird. Bei der Einwanderung ausländischer Ar-beitskräfte kommt die Person und eventuell ihre Familie. Es entsteht ein Bevöl-kerungswachstum neben dem Humankapitalwachstum.

10.7.1 Die Wirkung des Humankapitalimportes auf das Inland

Die Wirkung des Humankapitalimportes auf das Inland ist kurzfristig si-cherlich positiv. Logischerweise wird dieser Vorgang nur in den Wirtschaftsbe-reichen stattfinden, in denen das heimische Angebot an Arbeitskräften unterhalb der Nachfrage liegt. Die Schließung dieser Angebotslücke führt zu einer besse-ren Kapazitätsauslastung und zu einem Wachstum des BSPs. Wie sieht aber die langfristige Wirkung aus? Die Frage ist, wie groß die „Zeitlücke" zwischen den freien Stellen und dem Arbeitsangebot ist. Ist diese Lücke nur kurzfristig, so wurde nur ein Jahrgang dieses speziellen Wirtschaftsbereichs von der heran-wachsenden Generation vernachlässigt. Kommen in den nächsten Jahren viele Absolventen mit den geforderten Kenntnissen auf den Markt, werden diese wie-derum keine freien Stellen finden, da die ausländischen Arbeitskräfte „blockie-ren" diese. In diesem Fall ist es fraglich, ob der anfänglich positive Effekt der besseren Kapazitätsauslastung den negativen Effekt der Arbeitslosigkeit der fol-genden Absolventen zumindest kompensiert. Die Arbeitslosigkeit dieser Absol-venten könnte von der nächsten Generation als Signal verstanden werden, diesen Wirtschaftsbereich zu meiden. Dadurch wird wieder ein inländischer Arbeitskräftemangel in diesem Wirtschaftsbereich induziert. In diesem Fall ist der Humankapitalimport, meiner Meinung nach, nicht sinnvoll.

Ist diese Lücke langfristiger Natur, müssen die Ausbildungsstrukturen zunächst aufgebaut oder angepasst werden und es dauert mehrere Jahre bis die inländischen Absolventen auf den Arbeitsmarkt kommen. Die Entwicklung verläuft langsamer. Die Schwankung des Angebots an Arbeitskräften wäre besser einzuschätzen. Auch die zeitliche Beschränkung der Arbeitsverhältnisse der ausländischen Arbeitskräfte auf einen Zeitraum von mehreren Jahren wäre realistischer als die Begrenzung auf ein Jahr. Da durch die Abwerbung ausländischer Arbeitnehmer auch bei ungenügendem inländischem Arbeitskraftangebot über mehrere Jahre eine Kapazitätsauslastung gewährleistet werden kann, ist die positive Wirkung des Humankapitalimportes viel größer als in der vorherigen Betrachtung. Der negative Effekt, der bei einer kurzfristigen Diskrepanz des Arbeits- und Ausbildungsmarktes auftritt, wäre auch nicht so stark ausgeprägt. In diesem Fall sieht ein Humankapitalimport vielversprechend aus.

Nebenbei muss man bemerken, dass ein plötzlicher Ersatz der ausländischen Arbeitskräfte durch die im Inland ausgebildeten Absolventen einem Produktivitätsverlust gleicht. Die ausländischen Arbeiter haben während ihrer Tätigkeit ihr Humankapital durch Learning-by-Doing erweitert. Sie besitzen dadurch mehr Humankapital als die inländischen Absolventen. Ihre Ablösung zieht ihr Humankapital ab und wird durch den etwas niedrigeren Humankapitalbestand der Absolventen ersetzt, was zu einer Minderung des Humankapitalbestandes der arbeitenden Bevölkerung führt.

10.7.2 Der Effekt des Humankapitalimportes im Ausland

Wie schon in der Einführung dieses Kapitels gesagt wurde, kann man den Effekt den der Humankapitalimport auf das Ausland hat vernachlässigen, falls nur eine kleine Anzahl der Spezialarbeitskräfte aus demselben Land kommt. Ist dies nicht der Fall, bedeutet es für das Ausland einen erheblichen Humankapitalverlust.

Nach den in dieser Arbeit vorgestellten Theorien wirkt sich die Senkung des Humankapitals negativ auf das Wachstum des Landes aus. Dies würde bedeuten, dass durch den Humankapitalimport das Inland gestärkt das Ausland aber gleichzeitig geschwächt wird. Ist diese Politik richtig? Wäre es nicht eine neue Version der „make your neighbour to begger" Politik? Dieses Vorgehen ist noch fragwürdiger, wenn die Spezialarbeitskräfte aus einem verhältnismäßig unterentwickelten Land „importiert" werden. Dies scheint auf den ersten Blick ein Wiederspruch zu sein, ist aber möglich. Das beste Beispiel ist der Mangel an IT-Fachkräften in Deutschland und die daraus resultierte „Greencard" Regelung für ausländische[221] IT-Experten. Diese Experten wurden in der Umgangssprache als „Computer-Inder" bezeichnet, da es abzusehen war, dass diese Ausnahmeregelung für indische IT-Experten von Interesse sein würde. Indien wird als Entwicklungsland geführt und die wirtschaftlichen Kennzahlen des Landes wie Pro-Kopf-BSP oder Pro-Kopf-Einkommen liegen weit unter den deutschen Wirtschaftsdaten.[222] Trotzdem gibt es in Indien viele gut qualifizierte Computerexperten, von denen in Deutschland zu wenig vorhanden sind. Durch die Abwerbung dieser „Computer-Inder" wird die Wirtschaft von Deutschland gestärkt. Wirft es aber die Wirtschaft von Indien nicht zurück?

Die Antwort ist sehr komplex und sehr viele Variable müssen berücksichtigt werden. Die Wirkung hängt teilweise von der Arbeitsmarktsituation des Auslandes (in dem Beispiel von der Arbeitsmarktsituation in Indien) ab.

Ist das Arbeitsangebot auf diesem speziellen Gebiet größer als die Arbeitsnachfrage, wird durch das Abziehen dieser Arbeitskräfte Arbeitslosigkeit abgebaut. Dies kann sich sogar in dem Moment positiv auswirken, da die sozialen Kassen (falls vorhanden) entlastet werden.[223] Trotzdem kann es immer noch negative Folgen haben, wenn im Ausland die Nachfrage für diese Arbeitskräfte mit der Zeit so stark anwächst, dass diese nicht mehr befriedigt werden kann. So müsste man die positiven und negativen Wirkungen gegeneinander Abwiegen. In diesem Fall wäre eine kurzfristige Abwanderung der Arbeitskräfte sicherlich positiver zu bewerten. Das langfristige Wegbleiben dieses speziellen Humankapitals bringt das Ausland in die gleiche Lage, in der sich das Inland vor dem Humankapitalimport befand.[224] Wächst die Nachfrage nach diesem Wissen im Ausland nicht bzw. nicht in dem Maße, dass sie nicht befriedigt werden könne,

---

[221] Hier sind mit Ausländern nur die Staatsbürger der Nicht-EU Länder gemeint. Für die Arbeitskräfte aus anderen EU-Ländern gelten die EU Regelungen, welche eine freie Arbeitsplatzwahl binnen der EU ermöglichen.

[222] Vgl. zum Beispiel die Statistik der World Bank, 1983

[223] Die Antwort wird noch schwieriger, wenn zwischen dem Humankapital der einzelnen Arbeitskräfte differenziert wird. Dann kommt die Frage auf ob erst die besserqualifizierten Arbeiter abwandern, auch wenn sie in der Heimat ein Arbeitsplatz haben oder doch erst die Arbeitslosen auswandern. Ich gehe davon aus, dass das Humankapital der ausgewanderten und in der Heimat bleibenden aktiven Arbeiter (mindestens im Durchschnitt) homogen ist. Zusätzlich liegt hier die Annahme zu Grunde, dass die „überflüssigen" Arbeiter dieser Branche im Ausland nicht andere aktive Tätigkeiten in einem anderen Wirtschaftsbereich ausüben.

[224] Interessant ist, dass bei diesem Fall die bessere Lösung für das Ausland die ist, die für das Inland, nach den Überlegungen in Kapitel 10.7.1, nie sinnvoll gewesen wäre.

gibt es keinen direkten negativen Effekt durch diese Abwanderung. Da nur potentielles Humankapital verloren geht, würde lediglich der externe Effekt des Humankapitals der abgewanderten Arbeitskräfte „fehlen".[225] Waren diese Arbeiter aber arbeitslos bevor sie das Ausland verlassen haben, kann man von einem sehr niedrigen Niveau dieses externen Effektes ausgehen. In dieser Situation hilft der Humankapitalimport dem Inland und, angenommen die sozialen Kassen werden entlastet, dem Ausland auch.

Stehen in dem speziellen Wirtschaftsbereich im Ausland keine freien Arbeiter zur Verfügung, „exportiert" das Inland seine Lage durch das Abwerben der aktiven Arbeitskräfte des Auslandes sofort in dieses. Die Stellen in diesem Sektor werden im Ausland frei. Aktives Humankapital wird aus dem Ausland entzogen und damit auch die Kapazitätsauslastung gesenkt. Zusätzlich wird natürlich auch der externe Effekt des Humankapitals der Beschäftigten aus dem Ausland ins Inland transferiert. In diesem Fall gibt es keinen positiven Effekt im Ausland. Der Import des Humankapitals schwächt das Ausland mindestens in dem Maße, in dem er das Inland stärkt.

Die persönliche Entscheidung der Arbeitnehmer in einem anderen Land zu arbeiten hängt von der finanziellen Lage im In- und Ausland ab. Dieser Unterschied basiert wiederum auf die unterschiedliche Wirtschaftsstärke dieser Länder. Deswegen erfolgt eine Abwanderung aus den schwachen in die starken Länder. Sogar die arbeitslosen Spezialkräfte eines reichen Landes geben die soziale Unterschützung ihres Heimatlandes in der Regel nicht für den niedrigeren Lohn eines armen Landes auf. Daraus folgt, dass eine Stärkung der armen Länder durch eigenfinanzierten Humankapitalimport nicht möglich ist.

10.8 Humankapitalübertragung durch Übertragung von Produktionskapital

Wie in Kapitel 6.2.2 gezeigt wurde, gehen einige Wirtschaftswissenschaftler davon aus, dass Humankapital in dem verwendeten Produktionskapital verkörpert ist. Konsequente Folge dieses Gedankens ist, dass durch den Import[226] von Produktionskapital auch das zum Bau benötigte Humankapital mitimportiert wird.

---

[225]Damit die Aussage gilt, müssen die Annahmen aus Fußnote 223 beibehalten werden.

[226] Natürlich könnte man das Wort „Import" überall durch „Export" ersetzen.

Der Lerneffekt aus dem Kapitalexport hat mehrere Ebenen. Es wird eventuell ein neues Herstellungsverfahren vorgestellt, die Funktionsweise der Maschine kann den Wirtschaftssubjekten in der Volkswirtschaft noch unbekannt sein und letztendlich können große Learning-by-Doing Lernerträge auftreten.

Dieser Effekt wurde von den Wissenschaftlern nicht oft diskutiert. Das Unangenehme bei diesem Effekt ist, dass die Kapitalübertragung somit auch Humankapitalübertragung bedeutet. Freier Kapitalverkehr würde dadurch die anfänglichen Unterschiede im Humankapitalbestand der Länder der Welt abbauen. Dies bedeutet wiederum, dass Humankapital eine allgemeine Konstante in der Produktionsfunktion alle Länder ist und für die Wachstumsunterschiede nicht verantwortlich sein kann.

Wir können als Gegenbeweis zu dieser Überlegung die Tatsache nennen, dass zwischen den Humankapitalbeständen der Welt sehr wohl eine Differenz besteht. Wir müssen näher betrachten, wo ein Fehler in der obigen Gedankenkette zu finden ist.

Freilich müssen wir davon ausgehen, dass die Anfangsaussage, dass Produktionskapital ein bestimmtes Maß an Humankapital überträgt, richtig ist, sonst gäbe es keine Gedankenkette. Der nächste Schritt ist die Folgerung, dass freier Kapitalverkehr, der die Unterschiede im Wissensbestand der Länder verschwinden lässt. Hier ist aber die Annahme des freien Kapitalverkehrs getroffen. Ist diese in der Realität nicht erfüllt, kann die Folgerung richtig sein, wird die reale Welt aber trotzdem nicht richtig abgebildet. Ich sehe selbst in der Folgerung keinen Fehler, deswegen untersuche ich diese Annahme.

Kapitalübertragung kennt drei Wege. Einkauf / Verkauf von Kapital, Verschenkung (Entwicklungshilfe) und Investition (Aufbau von Produktionsstätten und deren Ausstattung).

Beim Kauf von Produktionskapital muss der Käufer eine, meistens monetäre, Gegenleistung erbringen. Das Produktionskapital „enthält" um so mehr Humankapital, je besser es ist. Daraus folgt, dass Produktionskapital, welches viel Humankapital überträgt, auch viel kostet. Je ärmer ein Land ist, desto weniger Geld kann es für das Produktionskapital ausgeben und importiert dadurch nur wenig Humankapital mit dem gekauften Kapital. Dies zeigt, dass nur durch Kauf / Verkauf von Produktionskapital kein freier Kapitalverkehr stattfindet. Wächst das reiche Land schneller als das arme, bedeutet es, dass der Humankapitalbestand in dem reichen Land schneller akkumuliert wird als in dem armen Land.[227] Dadurch werden die neuen Maschinen immer komplizierter, sie bein-

---

[227] Angenommen, funktioniert die Welt ähnlich wie das Modell von Lucas. Das Wachstum des Humankapitals ist also maßgeblich für das Wirtschaftswachstum eines Landes.

halten immer mehr Humankapital und werden immer teurer. Durch diese Entwicklung kann es vorkommen, dass die Lücke zwischen der Geldmenge, die das arme Land für den Import von Kapitalgütern erbringen kann bzw. erbringen will und den Preisen der neuen Maschine immer größer wird. Das Verhältnis der Produktivität der gekauften Maschinen zu der Produktivität der in dem reichen Land verwendeten neuen Maschinen wird immer kleiner. Sind die restlichen Variablen der Wirtschaftswachstumsfunktion identisch (Bevölkerungswachstum u.a.), nimmt der Unterschied zwischen den Wachstumsraten dieser Länder immer mehr zu.

Die oben angeführte Entwicklung wird durch unentgeltliche Produktionsgüterübergabe im Rahmen der Entwicklungshilfe gemildert. Die armen Länder erhalten zusätzliche Produktionsmittel und bekommen dadurch Humankapital. Nach dieser Theorie führt diese Hilfe nur zu einem positiven Effekt, wenn das Land den Kauf von Produktionskapital nicht zurückfährt. Dieses Kapital muss zusätzlich zu dem gekauften Kapital und nicht stattdessen genutzt werden. Die Entwicklungshilfe allein schafft natürlich keinen freien Kapitalverkehr. Es ist anzunehmen, dass auch diese zwei Kapitalimportwege zusammen den freien Kapitalverkehr nicht herstellen.

Der dritte Weg der Produktionskapitalübertragung scheint auch die negative Entwicklung beim Kapitaleinkauf zu mildern. Die Unternehmen, die ein neues Produktionswerk errichten, statten dieses auch mit Produktionsgütern aus. Nach der Logik sollten neue Werke auch mit den neusten Technologie ausgestattet werden. Dadurch entsteht ein enormer Humankapitalimport. In der Neoklassik wird eine Investition dort getätigt, wo die benötigte Arbeitskraft am billigsten ist. In den armen Ländern ist das Lohnniveau im allgemeinen niedriger als in den Industrieländern. Diese Tatsache führt in der Neoklassik zum freien Kapitalverkehr, weil in dieser Theorie das für die Produktion benötigte Humankapital nicht berücksichtigt wird. Die neuen Maschinen, welche gleichzeitig für eine große Menge an importiertem Humankapital stehen, benötigen ein schon vorhandenes Maß an Humankapital, damit sie effektiv bedient und - vielleicht noch wichtiger - gewartet werden können. Ist dieses benötigte Wissen nicht vorhanden, ist es nicht sinnvoll die Produktionsstätte mit diesen Maschinen auszustatten. Folglich, wenn überhaupt solche Investitionen in einem armen Land zustande kommen, werden nicht die neusten Technologien eingesetzt. Das Nicht-Vorhandensein des technischen Wissens, was für die optimale Verwendung und Instandhaltung der Maschinen nötig wäre, verhindert einen freien Kapitalverkehr. Der Bestand des importierten Humankapitals ist nicht maximal. Das Wissen, was mit den Maschinen in das arme Land importiert wird, bleibt so immer hinter dem Wissen in dem reichen Land zurück. Diese Überlegung gilt sowohl für den Kauf von Produktionsmitteln als auch für die Entwicklungshilfe.

Dadurch kann eine Spirale entstehen. Ist ein Land mit Humankapital schlecht ausgestattet, wächst es unterdurchschnittlich und wird arm. Ein armes Land kann den Kauf von Maschinen und / oder den Ausbau und die Instandhaltung eines Schulsystems nicht finanzieren.[228] Wegen dem niedrigen Wissensniveau werden in diesem Land auch keinen ausländische Neuinvestitionen getätigt. Dies führt zu einem unterdurchschnittlichen Wachstum und Armut. Diese Prozesse können noch durch das soziale Umfeld verstärkt oder geschwächt werden. Hier spielt „Social Capital" wiederum eine Rolle. Die Erfahrung zeigt, dass in armen Gebieten oft politische Unruhen entstehen. Dies verstärkt die negative Entwicklung des Landes.

Freier Kapitalverkehr kann nicht Zustandekommen, denn die Voraussetzung dafür, das benötigte Wissen, fehlt. Es wäre möglich dieses Wissen durch Learning-by-Doing zu akkumulieren, es würde aber die ständige Neueinführung besserer Maschinen benötigen (analog zu der ständigen Neueinführung bessere Produkte in dem Lucas-Modell). Liegt ein Land stark hinter den Industrieländern zurück, müssen sehr viele Generationen von Maschinen „durchgearbeitet" werden. Dieser ständige Import von Maschinen verursacht natürlich große Ausgaben.[229] Ein klarer Kostenvergleich wäre nötig. Betrachtet man aber wie viele Wirtschaftsbereiche es gibt und was für eine große Anzahl von verschiedenen Maschinen zur Abdeckung aller Bereiche nötig wäre, scheint mir der Auf- bzw. Ausbau eines Ausbildungssystems rentabler zu sein.

---

[228] Wird nur einer dieser zwei Vorgänge finanziert, führt das nach den Modellen von *Nelson* und *Phelps* nicht zu einem Wachstum.

[229] Geschieht es durch eigenfinanzierten Kauf, sind dies Kosten des Landes. Passiert es durch Entwicklungshilfe, sind dies Kosten der Länder, die diese Hilfe leisten.

11 Zusammenfassung

Als Humankapital werden die angeborenen und erlernten Fähigkeiten und das Wissen einer Person bezeichnet, welche in einem Produktionsprozess Verwendung finden können. Dieses Kapital muss von der Person teilweise produziert (sprich sich angeeignet) werden. Die angeborenen Fähigkeiten müssen vertieft, neue Fertigkeiten dazugelernt werden. Das so erworbene Humankapital ist von seinem Träger nicht trennbar. Ist die Person nicht veräußerbar (kein Sklavenhandel), kann das in dem Individuum verankerte Humankapital auch nicht verkauft werden. Das Wissen, das bei der Arbeit der Wirtschaftssubjekte tatsächlich verwendet wird, ist das aktive Humankapital. Das gesamte Wissen einer Gruppe (das gerade nicht benutztes Wissen inbegriffen) ist das potentielle Humankapital dieser Gesellschaft. Humankapital kann formell in Schulen, Ausbildungsstätten u.ä. oder informell unter anderem durch alltäglich soziale Kontakte und durch Erfahrungssammlung in der Arbeit akkumuliert werden. Obwohl Humankapital die Definition des Kapitals erfüllt, gibt es mehrere wesentliche Unterschiede zwischen physischem Kapital und Humankapital. Die Wichtigsten sind die (oben erwähnte) Nicht-Veräußerbarkeit des Humankapitals, die unterschiedlichen Abnutzungseffekte, die verschiedene Besteuerung durch den Staat und die ungleiche Steuerabzugsfähigkeit dieser Kapitalformen.

Da Humankapital keine Einheit hat, ist es direkt nicht messbar. Bei indirekter Messung durch Kennzahlen müssen Annahmen über die Beziehung zwischen der gemessenen Eigenschaft und dem Humankapital getroffen werden. Oft werden nicht mit Sicherheit erfüllte Annahmen verwendet, damit die Messung zu bewältigen ist. Dies verursacht eine Verzerrung und liefert Angriffspunkte. Durch die Auswahl der indirekten Maßeinheit wird auch der Art des gemessenen Humankapitals festgelegt. So messen die statistischen Untersuchungen, welche die Löhne als indirektes Humankapitalmaß ansetzen, nur das aktive Humankapital. Analysen, welche die Ausbildungsinvestitionen als indirektes Maß des Wissens verwenden, messen nur den von diesen Institutionen vermittelten potentiellen Humankapitalbestand.

Trotzdem haben *Denison* und *Schultz* unabhängig voneinander versucht, den Anteil der Wissensvermehrung in der Wirtschaft der USA zu quantifizieren. Sie kamen zu der Schlussfolgerung, dass ein großer Teil des Wachstums in der Ökonomie der USA durch das Wachstum des Humankapitalbestandes der Gesellschaft zustande kam. Die Probleme traten natürlich bei der Messung des Humankapitals auf. Die meiste Kritik, was diese Veröffentlichungen betraf, zielte auch auf diesen Punkt. Trotzdem scheinen diese Untersuchungen einen starken Zusammenhang zwischen dem Wissensbestand und der Wachstumsrate einer Ökonomie zu bestätigen. Diese Arbeiten haben zu der Idee geführt, Humankapital in die Wachstumsmodelle einzubinden um bestimmte Abläufe in der Welt begreiflich zu machen, welche mit den einfacheren neoklassischen Modellen bisher nicht zu erklären waren. Die zwei wichtigsten Fehler dieser neoklassischen Wachstumsmodelle waren die unerklärliche langfristige Divergenz der Wachstumsraten von reichen und armen Ländern und die Unfähigkeit des Modells, Sprünge in der Wachstumsrate eines Landes zu ermöglichen.

Die Auswirkung des Humankapitals ist vielfältig. Die Wachstumsmodelle werden oft einfach gehalten, damit noch klare Erkenntnisse gewonnen werden können. Deswegen werden in den Modellen nur der (die) Weg(e) der Humankapitalakkumulierung modelliert, der (die) von dem Autor als wichtig erachtet wird (werden). Dadurch gibt es viele Möglichkeiten, Humankapital und Humankapitalakkumulierung in ein Modell einzubinden.

Eine Auswirkung des Humankapitals ist sein arbeitsproduktivitätsfördernder Effekt. Durch den erhöhten Wissensbestand können die Individuen ihre Arbeit besser, schneller verrichten. Wird nur diese Wirkung der Humankapitalvermehrung betrachtet, ist Humankapitalakkumulation analog zu einem Harrod-neutralen technischen Fortschritt. *Solow* vertrat die Meinung, dass Humankapital auch in dem Sachkapital verankert ist. Sachkapital ist umso besser und produktiver, je mehr Wissen bei seiner Produktion verwendet wurde. In einem Modell, in dem allein diese Wirkung des Humankapitals dargestellt wird, ist die Zunahme des Humankapitals ein Solow-neutraler technischer Fortschritt. Untersuchungen zufolge bestimmt das Humankapitalniveau eines Individuums die Technologie, die er bei seiner Arbeit verwendet. Die Ausbildung verbessert die Aufnahme- und Interpretationsfähigkeit neuer Informationen. Eine Person mit hohem Humankapitalniveau erkennt die Notwendigkeit bzw. Profitabilität neuer Technologien schneller. Dies kann formal durch die Verbindung der Lücke zwischen der theoretischen (neusten) Technologie und Produktivitätstechnologie mit der Höhe des Humankapitals geschehen.

Lucas möchte ein Wachstumsmodell konstruieren, welches sowohl die beobachtbare Divergenz zwischen armen und reichen Länder als auch die plötzlichen Wachstumssprünge einiger Länder zulässt. Er ersetzt den technischen Fortschritt als Wachstumsmotor durch die Humankapitalakkumulierung. In seinem ersten Modell betrachtet er nur die formelle Ausbildung und führt zusätzlich den externen Effekt des Humankapitals ein. In diesem Modell ist die Faktormobilität gleich Null. Sogar der externe Effekt ist „immobil". Die externen Effekte des Humankapitals eines Landes wirken sich nur auf die Wirtsheftssubjekte dieses Landes aus. Die Individuen betrachten bei ihren Entscheidungen den externen Effekt nicht und deswegen deckt sich der optimale Pfad der Volkswirtschaft mit dem Gleichgewichtspfad nicht. In diesem Modell gibt es zwei Entscheidungsvariablen, den Konsum und die für die Produktion aufgewendete Zeit. Die zweite bestimmt auch die für die Wissensakkumulierung aufgebrachte Zeit. Nach diesem Modell wächst eine Volkswirtschaft um so schneller, je größer die Effektivität der Humankapitalinvestition und je kleiner der Diskontsatz ist. Die Differenz zwischen optimalem und Gleichgewichtspfad ist klein, wenn die externen Effekte klein sind. Sind externe Effekte vorhanden, wächst das Sachkapital schneller als das Humankapital. Es existiert nicht nur ein einziger Gleichgewichtspfad und die Ökonomie, deren eingeschlagenen Gleichgewichtspfad näher an ihrem Optimalpfad liegt, wächst schneller. In diesem Modell können die Ökonomien mit unterschiedlichen Anfangsausstattungen überhaupt nicht zueinander konvergieren. Lässt man den externen Effekt des Humankapitals eines Landes weltweit wirken, erhalten wir wieder ein Modell, wo eine Konvergenz der Länder vorprogrammiert ist. Wird statt formeller Ausbildung der spezielle informelle Akkumulierungsweg, das Learning-by-Doing als wichtigste Quelle der Humankapitalvermehrung angesehen, fällt die Entscheidung über die Zeiteinteilung weg. Die Wirtschaftssubjekte produzieren und lernen gleichzeitig. In einem einfachen 2-Waren-Modell mit atomistischen Ländern, Außenhandel und mit konstantem Lernertrag des Learning-by-Doing vollzieht sich eine Spezialisierung in allen Länder. Welches Gut produziert wird, hängt von der anfänglichen Humankapitalausstattung des Landes ab. Welches Land schneller wächst, hängt von der Substituierbarkeit der Güter ab. Sind die Güter gut substituierbar, wachsen die Länder schneller, die das Gut mit dem größeren Lerneffekt herstellen. Bei schlecht substituierbaren Gütern ist es umgekehrt. Dieses Modell sagt ein endogenes, konstantes Wachstum voraus, erlaubt aber Unterschiede in den Wachstumsgeschwindigkeiten verschiedener Länder, die nicht direkt mit den Einkommensniveaus zusammenhängen. Plötzliche Wachstumssprünge sind aber nicht möglich, Wachstumsrückgang dagegen schon. Die Annahme des konstanten Grenzertrags der Humankapitalakkumulierung ist nicht unproblematisch. *Lucas* führt deswegen die kontinuierliche Neueinführung neuer Produkte ein. Bei der Einführung eines neuen Gutes ist der Lernertrag bei dessen Herstellung groß. Werden kontinuierlich neue Produkte eingeführt, fällt der Lernertrag nicht ab. Er verbindet den Zeitpunkt der Neuenführung mit dem Niveau des schon akkumulierten Humankapitals. Das Wissen, welches durch die Herstellung der Güter schon akkumuliert wurde, springt auf den Produktionsprozess des neuen Gutes über. Die Verteilung der Arbeitszeit auf die alten und neuen Produkte bestimmt die Wachstumsrate der Länder maßgeblich. Die Anfangsausstattung des Humankapitals bestimmt die Geschwin-

digkeit der Produktinnovationen. Die Länder mit unterschiedlichen Anfangsausstattungen wachsen nicht gleich schnell. Eine Umverteilung der Arbeitskräfte
und eine Fokussierung auf ein neues Gut können einen Wachstumssprung ermöglichen.

In den meisten Humankapitalmodellen, wie auch in den Modellen von Lucas, wird angenommen, dass ein ausgebildeter Mensch und ein weniger ausgebildeter Mensch vollständig substituierbar sind. Die Grenzrate der Substitution
zwischen den beiden wäre also konstant. In solchen Modellen kann die Grenzproduktivität der Ausbildung, die eine Funktion des Inputs und der Technologie
ist, immer positiv bleiben, auch wenn die Technologieentwicklung still steht. In
den Modellen von *Nelson* und *Phelps* hat Ausbildung nur dann eine positive
Auszahlung, wenn die Technologie stetig verbessert wird. Diese Hypothese basiert auf Untersuchungen, die zeigen, dass die besser ausgebildeten Menschen
die neuen Techniken schneller in der Produktion anwenden als ihre ungebildeten Kollegen. Für ein ausgebildetes Individuum ist es einfacher zwischen den
aussichtsreichen und weniger hoffnungsvollen Alternativen zu unterscheiden.
Eine weniger gebildete Person muss zunächst einmal die tatsächlichen Erfolge
bei den Anderen sehen um die erfolgreichen Entwicklungen zu erkennen. Deswegen verbinden *Nelson* und *Phelps* die Lücke zwischen theoretischer (neues-
ter) Technologie und angewandtem Technologieniveau mit dem Humankapitalbestand. Aus diesen Modellen folgt, dass eine Humankapitalakkumulierung nur
dann einen Vorteil bringt, wenn die Technologie in der Ökonomie voranschreitet.

Das Modell von *Lucas*, in dem die Humankapitalakkumulierungsform Learning-by-Doing die Quelle des Wissens ist und die Einführung neuer Güter von
dem Wissensniveau der Volkswirtschaft abhängt, kann die beobachtbaren
Wachstumsentwicklungen in der Welt erklären. Außerdem scheint er eine Begründung für die Entwicklung bestimmter asiatischer Länder zu geben. Dass
dieses Modell dafür nicht die einzige mögliche Erklärung ist, zeigt *Krugmann*.
Er liefert statistische Beweise, dass die in den asiatischen „Tigerstaaten" beobachteten, hohen Wachstumsraten durch die Mobilisierung der bis dahin nicht
verwendeten Inputfaktoren und nicht durch eine Produktivitätssteigerung ent-
standen sind. Dies ist kein Gegenbeweis der Lucas'schen Theorie. Zwei unterschiedliche Theorien können dasselbe Endergebnis liefern. Das asiatische Wirtschaftswunder kann aber demnach nicht mehr als Beweis für die Richtigkeit des
Lucas-Modell angesehen werden.

Die Modelle suggerieren einige wirtschaftspolitische Maßnahmen. Das Wirkungsgefüge des Humankapitals ist aber sehr komplex. Nach den vorgestellten
Modellen kann man sagen, dass Humankapitalakkumulierung die Wachstums-

rate einer Volkswirtschaft erhöht. Eine wirtschaftspolitische Folgerung wäre, die Ausbildung der Bevölkerung zu verstärken. Die Wirkung dieser Maßnahme könnte aber schwächer ausfallen als es nach den Theorien zu erwarten ist. Die in dieser Arbeit dargestellten statistischen Untersuchungen haben nur die männliche Bevölkerung betrachtet. In den dargestellten Modellen wird die geschlechtsspezifische Wirkung der Ausbildung auch nicht thematisiert. Durch die Ausbildung der Frauen sinkt die Geburtenrate. Dies führt zu einer Minderung des Bevölkerungswachstums. Diese wirkt sich negativ auf die Wachstumsrate des absoluten BSPs in der Volkswirtschaft aus. Das Pro-Kopf-BSP erhöht sich dagegen. Man kann davon ausgehen, dass die Ausbildung der Frauen den Wohlstand in der Volkswirtschaft erhöht, einen Anstieg des absoluten BSP verursacht sie aber nicht. Langfristig kann sie eine Bevölkerungsstrukturänderung bewirken. Diese könnte sogar das Rentensystem beeinflussen. Zusätzlich kommt der externe Effekt der Erziehung dazu. Die Kinder gut ausgebildeter Frauen werden wahrscheinlich von dem Wissensbestand ihrer Mütter profitieren.[230]

Die Modelle von *Nelson* und *Phelps* zeigen, dass sich Ausbildung nur dann positiv auf die Wachstumsrate einer Wirtschaft auswirkt, wenn die (theoretische) Technologie voranschreitet. Die neuesten Technologien werden aber nicht produktiv eingesetzt, wenn die Wirtschaftssubjekte nicht ausgebildet sind. Die Wirtschaftspolitik darf also keine der beiden Kapitalformen vernachlässigen. Führt man die realitätsnahe Annahme ein, dass der technische Fortschritt mit dem Ausbildungsniveau positiv zusammenhängt, kann man argumentieren, dass Ausbildung automatisch auch technischen Fortschritt generiert. Dieser Zusammenhang kann aber durch bestimmte wirtschaftspolitischen Maßnahmen verstärkt oder geschwächt werden. Die Rolle der Wirtschaftspolitik wäre demnach durch bestimmte Regulierungen das richtige Verhältnis von Technologieentwicklung und Humankapitalakkumulation in der Volkswirtschaft zu erreichen und zu sichern.

Das in Kapitel 7.7 - 7.8 dargestellte Humankapitalmodell von *Lucas* suggeriert, dass formelle Ausbildung nicht wichtig ist. Dies kann verneint werden. In einer Volkswirtschaft in der Learning-by-Doing die einzige Humankapitalquelle ist, sind die externen Effekte kleiner. Die Wirtschaftssubjekte verstehen die In-

---

[230] Man könnte sagen, dass die Kinder von der Ausbildung des Vaters genauso profitieren und deswegen sich die Wirkung der Ausbildung der Frauen und Männer in diesem Hinsicht nicht unterscheidet. Diese Argumentation ist nur dann richtig, wenn die Erziehung von den beiden Elternteilen „gleichverteilt" durchgeführt wird. In unserer Gesellschaft, wie in fast allen Ländern dieser Erde, erfolgt aber der größte Teil der Erziehung durch die Mütter. Dies impliziert, dass die Ausbildung der Frauen einen größeren Effekt auf die Erziehung hat, als die Ausbildung der Männer.

formationen aus einem anderen Industriezweig kaum. Spillovers können nicht vorkommen. Dadurch ist eine Produktinnovation auch ausgeschlossen. In so einer Gesellschaft kann die Grenzrate des Learning-by-Doing nicht konstant bleiben. Da aber das Modell von Lucas auch auf einem konstanten Lernertrag des Learning-by-Doing basiert, funktioniert es auch nicht. Das Wachstumsmodell von Lucas ist eine starke Vereinfachung der Realität mit Annahmen, welche aus dem Modell nicht zu erklären sind. Eine Eins-zu-eins-Umsetzung in das reale Wirtschaftsleben ist daher nicht sinnvoll.

Es wäre auch denkbar die Industriezweige mit hohen Lernraten auszusuchen und eine große Anzahl der Arbeitskräfte in diesen Branchen zu beschäftigen, um die Wachstumsrate der Volkswirtschaft zu stärken. *Lucas* selbst warnt vor dieser Idee. Um ein schnelles Wachstum mit Hilfe des Learning-by-Doing erzielen zu können, muss das Land in diesem Wirtschaftsbereich komparative Vorteile aufweisen können. *Lucas* Meinung nach sind die Wirtschaftsbereiche, in denen ein Land einen Vorteil besitzt, im realen Wirtschaftsleben so klein, dass sie statistisch nicht erfasst werden können. Dadurch könne man sie auch nicht finden. Die Regierungen können nur raten und damit auch gründlich daneben liegen und Schaden verursachen.

Durch die Betrachtung des Humankapitals kann man die unfreiwillige Arbeitslosigkeit bei unbefriedigter Arbeitsnachfrage erklären. Die arbeitslosen Individuen besitzen nicht das gesuchte spezielle Humankapital. Obwohl die Erwerbslosen zum herrschenden Lohnniveau gerne arbeiten würden, kommt es nicht zu einem Ausgleich. Der Arbeitsmarkt wird nach dem gesuchten speziellen Humankapital in kleinere Märkte aufgesplittet. Die freien Arbeitsplätze gehören einem Marktsegment an, bei dem eine Übernachfrage vorhanden ist, die Arbeitslosen zu einem anderen Marktsegment, wo ein Überangebot herrscht.

Da der Humankapitalbestand eines Landes für dessen Wachstum maßgebend ist, könnte sich die Entwicklungshilfe auf die Ausbildung ausländischer Studenten in den Industriestaaten konzentrieren. Die Untersuchungen von *Nelson* und *Phelps* zeigen, dass die Humankapitalakkumulierung allein nicht ausreicht. Die Entwicklung der Kapitalausstattung ist weiterhin wichtig. Eine effektive Entwicklungshilfe kann nur durch die Kombination beider Vorgehen entstehen. Die praktizierte Industrialisierung der Entwicklungsländer muss mit einer verstärken Ausbildung erweitert werden. Dabei muss das Humankapitalniveau des Entwicklungslandes berücksichtigt werden. Ist die Wissenslücke zwischen den im Ausland und den im Inland ausgebildeten Arbeitskräfte zu groß, kann das im Ausland Erlernte nicht effektiv eingesetzt und nur mit mäßiger Geschwindigkeit verbreitet werden.

Herrscht in einem Land in einem wichtigen Segment des Arbeitsmarktes große Übernachfrage, könnte das Abwerben von ausländischen Spezialarbeitskräften dieses Problem lösen. Wird dem Ausland dadurch aktives Humankapital entzogen, schwächt diese Maßnahme das „Spenderland". Gibt es aber in diesem Land ein Überangebot in diesem Arbeitsmarktsegment, können beide Länder aus dieser Handlung profitieren.

Nach der Überlegung von *Solow* beinhaltet Sachkapital das Humankapital, was bei seiner Herstellung verwendet wurde. Demnach würde der Verkauf von Sachkapital auch Wissen übertragen. Freier Kapitalverkehr würde das Wissensniveau der Länder ausgleichen. Freier Kapitalverkehr findet aber nicht statt. Es existiert ein Teufelskreis, wonach ein Land umso weniger an dem Kapitalverkehr teilnehmen kann, desto ärmer es ist. Dies führt zu einem unterdurchschnittlichen Wachstum und dadurch zu Armut.

Das Humankapital eines Landes beeinflusst dessen Wachstumsrate. Die Wirkung der Humankapitalakkumulierung ist aber sehr vielfältig und auf den ersten Blick nicht immer sichtbar. Die Auswirkungen und deren Stärke variieren je nach Akkumulierungsweg. In der realen Welt werden alle Wissensvermehrungswege gleichzeitig benutzt, was die Komplexität der Wirkungsgefüge weiter erhöht.

Lucas meint, dass ein Wirtschaftsmodell die wichtigsten Variablen des Wirtschaftslebens identifizieren und nur diese modellieren muss.[231] Dies rechtfertigt auch die relativ einfachen Modelle, wie das neoklassische Modell oder das Modell von *Lucas* selbst. Beschränkt sich aber ein Modell auf wenige Parameter, ist es immens wichtig die tatsächlich essentiellen wirtschaftlichen Variablen zu erkennen. Die Zukunft muss noch zeigen, ob *Lucas* dies erreicht hat oder nicht.

Die Humankapitaltheorie erlebte ein „Boom" unter den Wirtschaftswissenschaftler am Ende der 80-er und anfangs der 90-er Jahre. Viele Veröffentlichungen wurden um diese Zeit geschrieben. Die Arbeiten von *Romer, Lucas, Nelson* und *Phelp,* wurden auch während dieser Periode publiziert. Die Anzahl der Publikationen, in denen Humankapital in die Wachstumstheorie integriert wird, nahm danach ab. Aber die Entwicklung in diesem Gebiet kann noch keineswegs als abgeschlossen betrachtet werden. Die weiteren Entwicklungen der Wirtschaftstheorie werden zeigen ob die vielversprechende Theorie der Humankapitalakkumulierung die Erwartungen erfüllen kann.

---

[231] Vgl. Lucas, 1988

12 Anhang

Anhangverzeichnis

Anhang 1:

Um die Lösung der inhomogene Differenzialgleichung von

(1) $\dot{A}(t) = \Phi(h) \cdot [T(t) - A(t)], \quad \Phi(0) = 0, \quad \dfrac{\partial \Phi(h)}{\partial h} > 0,$

zu erhalten, muss erstmals der homogene Gleichung gelöst werden.

(2) $\dot{A}(t)_{\text{hom}} = -\Phi(h) \cdot A(t)_{\text{hom}}.$

Oder umformuliert:

(2') $\dot{A}(t)_{\text{hom}} + \Phi(h) \cdot A(t)_{\text{hom}} = 0.$

Der Lösungsweg dieser Gleichung sieht wie folgt aus:

(3) $\dfrac{\dot{A}(t)_{\text{hom}}}{A(t)_{\text{hom}}} + \Phi(h) = 0$

$\dfrac{\dot{A}(t)_{\text{hom}}}{A(t)_{\text{hom}}} = -\Phi(h)$

$\dfrac{\partial\left[\ln\left(A(t)_{\text{hom}}\right)\right]}{\partial t} = -\Phi(h)$

$\ln\left(A(t)_{\text{hom}}\right) = \int -\Phi(h)dt = -\Phi(h) \cdot t + C_1,$

und folglich die Lösung von (2) ist:

(4) $A(t)_{\text{hom}} = e^{-\Phi(h) \cdot t + C_1} = e^{-\Phi(h) \cdot t} \cdot e^{C_1} = e^{-\Phi(h) \cdot t} \cdot Z,$ mit $Z = e^{C_1}.$

Für $t=0$:

$A_{0\,\text{hom}} = e^{-\Phi(h) \cdot 0} \cdot Z = e^{0} \cdot Z = Z,$

also $Z = A_{0\,\text{hom}}.$

So ist die homogene Lösung:

(5) $A(t)_{\text{hom}} = A_0 \cdot e^{-\Phi(h) \cdot t}.$

Die Lösung der inhomogenen Gleichung erhält man, wenn der Integrationskonstante C_1 in (4) durch $C_1(t)$ ersetzt wird.

(6) $A(t) = e^{-\Phi(h) \cdot t + C_1(t)} = e^{-\Phi(h) \cdot t} \cdot e^{C_1(t)} = e^{-\Phi(h) \cdot t} \cdot Z(t)$, mit $Z(t) = e^{C_1(t)}$.

Die Ableitung von (6) nach t ist:

(7)
$$\dot{A}(t) = \frac{\partial\left[e^{-\Phi(h) \cdot t} \cdot Z(t)\right]}{\partial t} = \frac{\partial\left[e^{-\Phi(h) \cdot t}\right]}{\partial t} \cdot Z(t) + \frac{\partial[Z(t)]}{\partial t} \cdot e^{-\Phi(h) \cdot t}$$
$$= -\Phi(h) \cdot e^{-\Phi(h) \cdot t} \cdot Z(t) + \dot{Z}(t) \cdot e^{-\Phi(h) \cdot t}$$

(6) und (7) in (1) eingesetzt ergeben:

(8) $-\Phi(h) \cdot e^{-\Phi(h) \cdot t} \cdot Z(t) + \dot{Z}(t) \cdot e^{-\Phi(h) \cdot t} = \Phi(h) \cdot \left[T(t) - e^{-\Phi(h) \cdot t} \cdot Z(t)\right]$,

und daraus:

(9)
$$\dot{Z}(t) \cdot e^{-\Phi(h) \cdot t} = \Phi(h) \cdot T(t)$$
$$\dot{Z}(t) = \frac{\Phi(h) \cdot T(t)}{e^{-\Phi(h) \cdot t}} = \frac{\Phi(h) \cdot T_0 \cdot e^{\lambda \cdot t}}{e^{-\Phi(h) \cdot t}} = \Phi(h) \cdot T_0 \cdot e^{(\lambda + \Phi(h)) t}$$

Folglich ist:

(10)
$$Z(t) = \int \Phi(h) \cdot T_0 \cdot e^{(\lambda + \Phi(h)) t}$$
$$= \frac{\Phi(h)}{\lambda + \Phi(h)} \cdot T_0 \cdot e^{(\lambda + \Phi(h)) t} + C_2$$

Aus (6) für $t=0$:
$$A_0 = e^{-\Phi(h) \cdot 0} \cdot Z_0 = e^{-\Phi(h) \cdot 0} \cdot \frac{\Phi(h)}{\lambda + \Phi(h)} \cdot T_0 \cdot e^{(\lambda + \Phi(h)) 0} + C_2$$

(11)
$$= e^0 \cdot \frac{\Phi(h)}{\lambda + \Phi(h)} \cdot T_0 \cdot e^0 + C_2 = \frac{\Phi(h)}{\lambda + \Phi(h)} \cdot T_0 + C_2$$
,

und daraus

(12) $C_2 = A_0 - \frac{\Phi(h)}{\lambda + \Phi(h)} \cdot T_0$.

So ist die Lösung der inhomogenen Differentialgleichung (1)

$$A(t) = e^{-\Phi(h)\cdot t} \cdot \left[\frac{\Phi(h)}{\lambda + \Phi(h)} \cdot T_0 \cdot e^{[\lambda + \Phi(h)]t} + A_0 - \frac{\Phi(h)}{\lambda + \Phi(h)} \cdot T_0 \right]$$

$$(13) \qquad = \left(A_0 - \frac{\Phi(h)}{\lambda + \Phi(h)} \cdot T_0 \right) \cdot e^{-\Phi(h)\cdot t} + \frac{\Phi(h)}{\lambda + \Phi(h)} \cdot T_0 \cdot e^{[\lambda + \Phi(h) - \Phi(h)]t}$$

$$= \left(A_0 - \frac{\Phi(h)}{\lambda + \Phi(h)} \cdot T_0 \right) \cdot e^{-\Phi(h)\cdot t} + \frac{\Phi(h)}{\lambda + \Phi(h)} \cdot T_0 \cdot e^{\lambda \cdot t}.$$

Anhang 2:

Gegeben ist die homogene Differentialgleichung:

(1) $\dot{h}(t) = h(t) \cdot (1 - u_i)$.

Dann:

$$\frac{\dot{h}(t)}{h(t)} = (1 - u_i)$$

$$\frac{\partial(\ln h(t))}{\partial t} = (1 - u_i)$$

(2) $\ln h(t) = \int (1 - u_i)\,dt$

$$\ln h(t) = (1 - u_i) \cdot t + C_3$$

$$h(t) = e^{(1-u_i)t+C_3} = e^{(1-u_i)t} \cdot e^{C_3} = e^{0,5 \cdot t} \cdot Z_3,$$

mit $e^{C_3} = Z_3$.

Für $t = 0$:

(3) $h_0 = e^{(1-u_i)0} \cdot Z_3 = Z_3$.

Die Lösung ist also:

(4) $h(t) = h_0 \cdot e^{(1-u_i)t}$.

Anhang 3:

Gegeben ist:

(1)
$$H(K,\theta,c,t) =$$
$$= \frac{N(t)}{1-\sigma}\left[c^{1-\sigma} -1\right]+\theta(t)\left[A(t)\cdot K(t)^{\beta} \cdot N(t)^{1-\beta} - N(t)\cdot c(t)\right].$$

(1) nach c abgeleitet ergibt den Grenzertrag des Konsums:

(2)
$$\frac{\partial}{\partial c} H(K,\theta,c,t) = \frac{\partial}{\partial c}\left[\frac{N(t)}{1-\sigma}\left[c(t)^{1-\sigma} -1\right]+\theta(t)\left[A(t)\cdot K(t)^{\beta} \cdot N(t)^{1-\beta} - N\cdot c\right]\right] = 0$$

$$\Rightarrow$$

$$\frac{\partial}{\partial c}\cdot\frac{N(t)}{1-\sigma}\left[c(t)^{1-\sigma} -1\right]+\frac{\partial}{\partial c}\cdot\theta(t)\left[A\cdot K(t)^{\beta} \cdot N(t)^{1-\beta} - N(t)\cdot c(t)\right] = 0$$

$$\Rightarrow$$

$$(1-\sigma)\cdot\frac{N(t)}{1-\sigma}c^{-\sigma} -\theta(t)\cdot N(t) = 0$$

$$\Rightarrow$$

$$N(t)\cdot c(t)^{-\sigma} -\theta(t)\cdot N(t) = 0$$

$$\Rightarrow$$

$$c(t)^{-\sigma} -\theta(t) = 0,$$

und daraus folgt:

(3)
$$c(t)^{-\sigma} = \theta(t).$$

Anhang 4:

Gegeben ist:

$\quad$ (1) $\qquad c(t)^{-\sigma} = \theta_1(t) \cdot$

dann:

$$\frac{\partial}{\partial t} c(t)^{-\sigma} = \frac{\partial \theta_1(t)}{\partial t}$$

$$-\sigma \cdot c(t)^{-\sigma-1} \cdot \dot{c}(t) = \dot{\theta}_1(t)$$

$$-\sigma \cdot c(t)^{-\sigma} \cdot \frac{\dot{c}(t)}{c(t)} = \dot{\theta}_1(t)$$

$$-\sigma \cdot \frac{\dot{c}(t)}{c(t)} = \frac{\dot{\theta}_1(t)}{c(t)^{-\sigma}} \cdot$$

Mit (1):

$$-\sigma \cdot \frac{\dot{c}(t)}{c(t)} = \frac{\dot{\theta}_1(t)}{\theta_1(t)},$$

und weil $\dot{c}(t) / c(t) = \kappa$, erhält man:

$\quad$ (2) $\qquad\qquad -\sigma \cdot \kappa = \frac{\dot{\theta}_1(t)}{\theta_1(t)} \cdot$

Gegeben ist:

$\quad$ (3)

$$\theta_1(t) \cdot (1-\beta) \cdot A \cdot K(t)^\beta \cdot (u(t) \cdot N(t) \cdot \overline{h}(t))^{-\beta} \cdot N(t) \cdot h_a(t)^{1+\gamma} = \theta_2(t) \cdot \delta \cdot \overline{h}(t) \cdot$$

Wegen $\overline{h}(t) = h_a(t)$ folgt aus (3):

$$\theta_1(t) \cdot (1-\beta) \cdot A \cdot K(t)^\beta \cdot (u(t) \cdot N(t))^{-\beta} \cdot N(t) \cdot \overline{h}(t)^{1-\beta+\gamma} = \theta_2(t) \cdot \delta \cdot \overline{h}(t).$$

Dadurch:

$$\frac{\partial}{\partial t}\theta_1(t)\cdot(1-\beta)\cdot A\cdot K(t)^\beta\cdot u(t)^{-\beta}\cdot N(t)^{1-\beta}\cdot\overline{h}(t)^{1-\beta+\gamma}=\frac{\partial}{\partial t}\theta_2(t)\cdot\delta\cdot h(t)$$

$$\Rightarrow$$

$$\dot{\theta}_1(t)\cdot(1-\beta)\cdot A\cdot K(t)^\beta\cdot u(t)^{-\beta}\cdot N(t)^{1-\beta}\cdot\overline{h}(t)^{1-\beta+\gamma}+$$
$$+\theta_1(t)\cdot(1-\beta)\cdot A\cdot\beta\cdot K(t)^{\beta-1}\cdot\dot{K}(t)\cdot u(t)^{-\beta}\cdot N(t)^{1-\beta}\cdot\overline{h}(t)^{1-\beta+\gamma}+$$
$$+\theta_1(t)\cdot(1-\beta)\cdot A\cdot K(t)^\beta\cdot(-\beta)\cdot u(t)^{-\beta-1}\cdot\dot{u}(t)\cdot N(t)^{1-\beta}\cdot\overline{h}(t)^{1-\beta+\gamma}+$$
$$+\theta_1(t)\cdot(1-\beta)\cdot A\cdot K(t)^\beta\cdot u(t)^{-\beta-1}\cdot(1-\beta)\cdot N(t)^{-\beta}\cdot\dot{N}(t)\cdot\overline{h}(t)^{1-\beta+\gamma}+$$
$$+\theta_1(t)\cdot(1-\beta)\cdot A\cdot K(t)^\beta\cdot u(t)^{-\beta-1}\cdot N(t)^{1-\beta}\cdot(1-\beta+\gamma)\cdot\overline{h}(t)^{-\beta+\gamma}\cdot\dot{\overline{h}}(t)=\dot{\theta}_2(t)\cdot\delta\cdot\overline{h}(t)+\theta_2(t)\cdot\delta\cdot\dot{\overline{h}}(t)$$

$$\Rightarrow$$

$$\frac{\dot{\theta}_1(t)\cdot(1-\beta)\cdot A\cdot K(t)^\beta\cdot u(t)^{-\beta}\cdot N(t)^{1-\beta}\cdot\overline{h}(t)^{1-\beta+\gamma}}{\theta_1(t)\cdot(1-\beta)\cdot A\cdot K(t)^\beta\cdot u(t)^{-\beta}\cdot N(t)^{1-\beta}\cdot\overline{h}(t)^{1-\beta+\gamma}}+$$

$$+\frac{\theta_1(t)\cdot(1-\beta)\cdot A\cdot\beta\cdot K(t)^{\beta-1}\cdot\dot{K}(t)\cdot u(t)^{-\beta}\cdot N(t)^{1-\beta}\cdot\overline{h}(t)^{1-\beta+\gamma}}{\theta_1(t)\cdot(1-\beta)\cdot A\cdot K(t)^\beta\cdot u(t)^{-\beta}\cdot N(t)^{1-\beta}\cdot\overline{h}(t)^{1-\beta+\gamma}}+$$

$$+\frac{\theta_1(t)\cdot(1-\beta)\cdot A\cdot K(t)^\beta\cdot(-\beta)\cdot u(t)^{-\beta-1}\cdot\dot{u}(t)\cdot N(t)^{1-\beta}\cdot\overline{h}(t)^{1-\beta+\gamma}}{\theta_1(t)\cdot(1-\beta)\cdot A\cdot K(t)^\beta\cdot u(t)^{-\beta}\cdot N(t)^{1-\beta}\cdot\overline{h}(t)^{1-\beta+\gamma}}+$$

$$+\frac{\theta_1(t)\cdot(1-\beta)\cdot A\cdot K(t)^\beta\cdot u(t)^{-\beta-1}\cdot(1-\beta)\cdot N(t)^{-\beta}\cdot\dot{N}(t)\cdot\overline{h}(t)^{1-\beta+\gamma}}{\theta_1(t)\cdot(1-\beta)\cdot A\cdot K(t)^\beta\cdot u(t)^{-\beta}\cdot N(t)^{1-\beta}\cdot\overline{h}(t)^{1-\beta+\gamma}}+$$

$$+\frac{\theta_1(t)\cdot(1-\beta)\cdot A\cdot K(t)^\beta\cdot u(t)^{-\beta-1}\cdot N(t)^{1-\beta}\cdot(1-\beta+\gamma)\cdot\overline{h}(t)^{-\beta+\gamma}\cdot\dot{\overline{h}}(t)}{\theta_1(t)\cdot(1-\beta)\cdot A\cdot K(t)^\beta\cdot u(t)^{-\beta}\cdot N(t)^{1-\beta}\cdot\overline{h}(t)^{1-\beta+\gamma}}$$

$$=\frac{\dot{\theta}_2(t)\cdot\delta\cdot h(t)+\theta_2(t)\cdot\delta\cdot\dot{h}(t)}{\theta_1(t)\cdot(1-\beta)\cdot A\cdot K(t)^\beta\cdot u(t)^{-\beta}\cdot N(t)^{1-\beta}\cdot\overline{h}(t)^{1-\beta+\gamma}}$$

$$\Rightarrow$$

$$\frac{\dot{\theta}_1(t)}{\theta_1(t)}+\frac{\beta\cdot K(t)^{\beta-1}\cdot\dot{K}(t)}{K(t)^\beta}+\frac{(-\beta)\cdot u(t)^{-\beta-1}}{u(t)^{-\beta}}+\frac{(1-\beta)\cdot N(t)^{-\beta}\cdot\dot{N}(t)}{N(t)^{1-\beta}}+\frac{(1-\beta+\gamma)\cdot\overline{h}(t)^{-\beta+\gamma}\cdot\dot{\overline{h}}(t)}{\overline{h}(t)^{1-\beta+\gamma}}$$

$$=\frac{\dot{\theta}_2(t)\cdot\delta\cdot\overline{h}(t)+\theta_2(t)\cdot\delta\cdot\dot{\overline{h}}(t)}{\theta_1(t)\cdot(1-\beta)\cdot A\cdot K(t)^\beta\cdot u(t)^{-\beta}\cdot N(t)^{1-\beta}\cdot\overline{h}(t)^{1-\beta+\gamma}}$$

$$\Rightarrow$$

$$\frac{\dot{\theta}_1(t)}{\theta_1(t)}+\frac{\beta\cdot\dot{K}(t)}{K(t)}+\frac{(-\beta)\cdot\dot{u}(t)}{u(t)}+\frac{(1-\beta)\cdot\dot{N}(t)}{N(t)^1}+\frac{(1-\beta+\gamma)\cdot\dot{\overline{h}}(t)}{\overline{h}(t)}$$

$$=\frac{\dot{\theta}_2(t)\cdot\delta\cdot\overline{h}(t)+\theta_2(t)\cdot\delta\cdot\dot{\overline{h}}(t)}{\theta_1(t)\cdot(1-\beta)\cdot A\cdot K(t)^\beta\cdot u(t)^{-\beta}\cdot N(t)^{1-\beta}\cdot\overline{h}(t)^{1-\beta+\gamma}}.$$

Da entweder per Definition oder schon vorher ausgerechnet

$$\frac{\dot{\theta}_1(t)}{\theta_1(t)} = -\sigma \cdot \kappa$$

$$\frac{\dot{K}(t)}{K(t)} = \kappa + \lambda$$

$$\frac{\dot{u}(t)}{u(t)} = 0$$

$$\frac{\dot{N}(t)}{N(t)^1} = \lambda$$

$$\frac{\dot{\overline{h}}(t)}{\overline{h}(t)} = v$$

folgt:

$$-\sigma \cdot \kappa + \beta \cdot (\kappa + \lambda) - \beta \cdot 0 + (1-\beta)\lambda + (1-\beta+\gamma)v$$

$$= \frac{\dot{\theta}_2(t) \cdot \delta \cdot \overline{h}(t) + \theta_2(t) \cdot \delta \cdot \dot{\overline{h}}(t)}{\theta_1(t) \cdot (1-\beta) \cdot A \cdot K(t)^\beta \cdot u(t)^{-\beta} \cdot N(t)^{1-\beta} \cdot \overline{h}(t)^{1-\beta+\gamma}},$$

und mit (3):

$$-\sigma \cdot \kappa + \beta \cdot (\kappa + \lambda) - \beta \cdot 0 + (1-\beta)\lambda + (1-\beta+\gamma)v$$

$$= \frac{\dot{\theta}_2(t) \cdot \delta \cdot \overline{h}(t) + \theta_2(t) \cdot \delta \cdot \dot{\overline{h}}(t)}{\theta_2(t) \cdot \delta \cdot \overline{h}(t)}$$

$$\Rightarrow$$

$$-\sigma \cdot \kappa + \beta \cdot (\kappa + \lambda) + (1-\beta)\lambda + (1-\beta+\gamma)v$$

$$= \frac{\dot{\theta}_2(t)}{\theta_2(t)} + \frac{\dot{\overline{h}}(t)}{\overline{h}(t)}$$

$$\Rightarrow$$

$$-\sigma \cdot \kappa + \beta \cdot (\kappa + \lambda) + (1-\beta)\lambda + (1-\beta+\gamma)v$$

$$= \frac{\dot{\theta}_2(t)}{\theta_2(t)} + v,$$

und daraus:

(4)

$$\frac{\dot{\theta}_2(t)}{\theta_2(t)} = -\sigma \cdot \kappa + \beta \cdot (\kappa + \lambda) + (1-\beta)\lambda + (-\beta+\gamma)v$$

$$= -\sigma \cdot \kappa + \beta \cdot \kappa + \lambda + (-\beta+\gamma)v$$

$$= (\beta-\sigma) \cdot \kappa - (\beta-\gamma)v + \lambda \ .$$

Anhang 5:

$$\frac{N(t)\cdot c(t)}{K(t)} = const.$$

$$\Rightarrow \frac{\partial \frac{N(t)\cdot c(t)}{K(t)}}{\partial t} = 0$$

$$\Rightarrow \frac{\left[\dot{N}(t)\cdot c(t) + N(t)\cdot \dot{c}(t)\right]\cdot K(t) - \dot{K}(t)\cdot N(t)\cdot c(t)}{K(t)^2} = 0$$

$$\Rightarrow \frac{\left[\dot{N}(t)\cdot c(t) + N(t)\cdot \dot{c}(t)\right]}{K(t)} - \frac{\dot{K}(t)\cdot N(t)\cdot c(t)}{K(t)^2} = 0$$

$$\Rightarrow \frac{\left[\dot{N}(t)\cdot c(t) + N(t)\cdot \dot{c}(t)\right]}{K(t)}\cdot \frac{K(t)}{N(t)\cdot c(t)} - \frac{\dot{K}(t)}{K(t)} = 0$$

$$\Rightarrow \frac{\left[\dot{N}(t)\cdot c(t) + N(t)\cdot \dot{c}(t)\right]}{N(t)\cdot c(t)} - \frac{\dot{K}(t)}{K(t)} = 0$$

$$\Rightarrow \frac{\dot{N}(t)\cdot c(t)}{N(t)\cdot c(t)} + \frac{N(t)\cdot \dot{c}(t)}{N(t)\cdot c(t)} - \frac{\dot{K}(t)}{K(t)} = 0$$

$$\Rightarrow \frac{\dot{N}(t)}{N(t)} + \frac{\dot{c}(t)}{c(t)} - \frac{\dot{K}(t)}{K(t)} = 0$$

$$\Rightarrow \frac{\dot{N}(t)}{N(t)} + \frac{\dot{c}(t)}{c(t)} = \frac{\dot{K}(t)}{K(t)},$$

und da per Definition $\frac{\dot{N}(t)}{N(t)} = \lambda$ und $\frac{\dot{c}(t)}{c(t)} = \kappa$,

$$\frac{\dot{K}(t)}{K(t)} = \lambda + \kappa.$$

Anhang 6:

$$A(t) \cdot K(t)^{\beta-1} \cdot N(t)^{1-\beta} = \frac{\rho + \sigma\kappa}{\beta} = const.$$

$$\Rightarrow \frac{\partial}{\partial t} A(t) \cdot K(t)^{\beta-1} \cdot N(t)^{1-\beta} = 0$$

$$\Rightarrow \dot{A}(t)K(t)^{\beta-1}N(t)^{1-\beta} + (\beta-1)A(t)K(t)^{\beta-2}\dot{K}(t)N(t)^{1-\beta} + (1-\beta)A(t)K(t)^{\beta-1}N(t)^{-\beta}\dot{N}(t) = 0$$

$$\Rightarrow \frac{\dot{A}(t)K(t)^{\beta-1}N(t)^{1-\beta}}{A(t)K(t)^{\beta-1}N(t)^{1-\beta}} + \frac{(\beta-1)A(t)K(t)^{\beta-2}\dot{K}(t)N(t)^{1-\beta}}{A(t)K(t)^{\beta-1}N(t)^{1-\beta}} + \frac{(1-\beta)A(t)K(t)^{\beta-1}N(t)^{-\beta}\dot{N}(t)}{A(t)K(t)^{\beta-1}N(t)^{1-\beta}} = 0$$

$$\Rightarrow \frac{\dot{A}(t)}{A(t)} + (\beta-1) \cdot \frac{\dot{K}(t)}{K(t)} + (1-\beta) \cdot \frac{\dot{N}(t)}{N(t)} = 0.$$

Da $\dfrac{\dot{A}(t)}{A(t)} = \mu$, $\dfrac{\dot{K}(t)}{K(t)} = \kappa + \lambda$ und $\dfrac{\dot{N}(t)}{N(t)} = \lambda$, folgt:

$$\Rightarrow \mu - (1-\beta)(\kappa + \lambda - \lambda) = 0$$
$$\Rightarrow \mu + (1-\beta)\kappa = 0$$
$$\Rightarrow \kappa = \frac{\mu}{(1-\beta)} \quad .$$

Anhang 7:

Gegeben ist

(1)

$$H(K, \theta_1, \theta_2, c, u, t) =$$

$$= \frac{N(t)}{1-\sigma}\left[c(t)^{1-\sigma} - 1\right] + \theta_1(t)\left[A \cdot K(t)^\beta \cdot \left(u(t) \cdot \overline{h}(t) \cdot N(t)\right)^{1-\beta} \cdot h_a(t)^\gamma - N(t) \cdot c(t)\right] + \theta_2(t)\left[\delta\overline{h}(t)(1 - u(t))\right]$$

(1) nach c abgeleitet:

(2)

$$\frac{\partial}{\partial c} H(K, \theta_1, \theta_2, c, u, t) =$$

$$= \frac{\partial}{\partial c}\left[\begin{array}{l}\frac{N(t)}{1-\sigma}\left[c(t)^{1-\sigma} - 1\right] + \\ + \theta_1\left[A \cdot K(t)^\beta \cdot \left(u(t) \cdot \overline{h}(t) \cdot N(t)\right)^{1-\beta} \cdot h_a(t)^\gamma - N(t) \cdot c\right](t) + \theta_2(t)\left[\delta\overline{h}(t)(1 - u(t))\right]\end{array}\right]$$

$$= \frac{\partial}{\partial c} \cdot \frac{N(t)}{1-\sigma}\left[c(t)^{1-\sigma} - 1\right] +$$

$$+ \frac{\partial}{\partial c} \cdot \theta_1(t)\left[A \cdot K(t)^\beta \cdot \left(u(t) \cdot \overline{h}(t) \cdot N(t)\right)^{1-\beta} \cdot h_a(t)^\gamma - N(t) \cdot c(t)\right] + \frac{\partial}{\partial c} \cdot \theta_2(t)\left[\delta\overline{h}(t)(1 - u(t))\right]$$

$$= (1-\sigma) \cdot \frac{N(t)}{1-\sigma} c(t)^{-\sigma} - \theta_1(t) \cdot N(t)$$

$$= N(t) \cdot c^{-\sigma} - \theta_1(t) \cdot N(t) = 0$$

$$\Rightarrow$$

$$c(t)^{-\sigma} - \theta_2(t) = 0,$$

und daraus folgt:

(3) $$c(t)^{-\sigma} = \theta(t) \cdot$$

(1) nach u abgeleitet:

$$\frac{\partial}{\partial u} H(K,\theta_1,\theta_2,c,u,t) =$$

$$= \frac{\partial}{\partial u} \left[\frac{N}{1-\sigma} \left[c(t)^{1-\sigma} - 1 \right] + \theta_1 \left[A \cdot K^\beta \cdot \left(u \cdot \overline{h} \cdot N \right)^{1-\beta} \cdot h_a{}^\gamma - N \cdot c \right] + \theta_2 \left[\delta \cdot \overline{h}(1-u) \right] \right]$$

$$= \frac{\partial}{\partial u} \cdot \frac{N}{1-\sigma} \left[c^{1-\sigma} - 1 \right] +$$

(4)

$$+ \frac{\partial}{\partial u} \cdot \theta_1 \left[A \cdot K^\beta \cdot \left(u \cdot \overline{h} \cdot N \right)^{1-\beta} \cdot h_a{}^\gamma - N \cdot c \right] + \frac{\partial}{\partial u} \cdot \theta_2 \left[\delta \cdot \overline{h}(1-u) \right]$$

$$= \frac{\partial}{\partial u} \theta_1 \cdot A \cdot K^\beta \cdot \left(u \cdot \overline{h} \cdot N \right)^{1-\beta} \cdot h_a{}^\gamma + \frac{\partial}{\partial u} \cdot \theta_2 \left[\delta \cdot \overline{h}(1-u) \right]$$

$$= \theta_1 \cdot A \cdot K^\beta \cdot \frac{\partial}{\partial u} \left(u \cdot \overline{h} \cdot N \right)^{1-\beta} \cdot h_a{}^\gamma + \theta_2 \left[\delta \cdot \overline{h} \frac{\partial}{\partial u} \cdot (1-u) \right]$$

$$= \theta_1 \cdot A \cdot K^\beta \cdot (1-\beta) \cdot \left(u \cdot \overline{h} \cdot N \right)^{-\beta} \cdot \overline{h} \cdot N \cdot h_a{}^\gamma - \theta_2 \cdot \delta \cdot \overline{h} \cdot u = 0.$$

Da in diesem Modell $\overline{h} = h_a$, folgt aus (4):

$$\frac{\partial}{\partial u} H(K,\theta_1,\theta_2,c,u,t) = \theta_1 \cdot A \cdot K^\beta \cdot (1-\beta) \cdot \left(u \cdot \overline{h} \cdot N \right)^{-\beta} \cdot N \cdot h_a{}^{1+\gamma} - \theta_2 \cdot \delta \cdot \overline{h} \cdot u = 0,$$

und dadurch:

(5) $$\theta_1 (1-\beta) A \cdot K(t)^\beta \left(u(t) \cdot \overline{h} \cdot N(t) \right)^{-\beta} N \cdot h_a{}^{1+\gamma} = \theta_2 \overline{h} \delta .$$

Anhang 8:

Gegeben ist:

$$\beta \cdot A \cdot K(t)^{\beta-1} \cdot (u(t) \cdot N(t) \cdot \overline{h}(t))^{1-\beta} \cdot h_a(t)^\gamma = \rho + \sigma \cdot \kappa,$$

was konstant ist, da ρ, σ, κ per Definition konstant sind.
Daraus folgt:

$$K(t)^{\beta-1} \cdot (u(t) \cdot N(t) \cdot \overline{h}(t))^{1-\beta} \cdot h_a(t)^\gamma = \frac{\rho + \sigma \cdot \kappa}{\beta \cdot A} = const.,$$

denn auch β und hier auch A konstant sind. Außerdem ist $\overline{h}(t) = h_a(t)$. Also:

$$K(t)^{\beta-1} \cdot (u(t) \cdot N(t))^{1-\beta} \cdot \overline{h}(t)^{1-\beta+\gamma} = const.$$

Hieraus folgt:

$$\frac{\partial}{\partial t} K(t)^{\beta-1} \cdot (u(t) \cdot N(t))^{1-\beta} \cdot \overline{h}(t)^{1-\beta+\gamma} = \frac{\partial}{\partial t} const. = 0$$

$$\Rightarrow$$

$$(\beta-1) \cdot K(t)^{\beta-2} \cdot \dot{K}(t) \cdot (u(t) \cdot N(t))^{1-\beta} \cdot \overline{h}(t)^{1-\beta+\gamma} +$$
$$+ (1-\beta) \cdot K(t)^{\beta-1} \cdot u(t)^{-\beta} \cdot \dot{u}(t) \cdot N(t)^{1-\beta} \cdot \overline{h}(t)^{1-\beta+\gamma} +$$
$$+ (1-\beta) \cdot K(t)^{\beta-1} \cdot u(t)^{1-\beta} \cdot N(t)^{-\beta} \cdot \dot{N}(t) \cdot \overline{h}(t)^{1-\beta+\gamma} +$$
$$+ (1-\beta+\gamma) \cdot K(t)^{\beta-1} \cdot (u(t) \cdot N(t))^{1-\beta} \cdot \overline{h}(t)^{-\beta+\gamma} \cdot \dot{\overline{h}}(t) = 0$$

$$\Rightarrow$$

$$\frac{(\beta-1) \cdot K(t)^{\beta-2} \cdot \dot{K}(t) \cdot (u(t) \cdot N(t))^{1-\beta} \cdot \overline{h}(t)^{1-\beta+\gamma}}{(1-\beta) \cdot K(t)^{\beta-1} \cdot (u(t) \cdot N(t))^{1-\beta} \cdot \overline{h}(t)^{1-\beta+\gamma}} +$$

$$+ \frac{(1-\beta) \cdot K(t)^{\beta-1} \cdot u(t)^{-\beta} \cdot \dot{u}(t) \cdot N(t)^{1-\beta} \cdot \overline{h}(t)^{1-\beta+\gamma}}{(1-\beta) \cdot K(t)^{\beta-1} \cdot (u(t) \cdot N(t))^{1-\beta} \cdot \overline{h}(t)^{1-\beta+\gamma}} +$$

$$+ \frac{(1-\beta) \cdot K(t)^{\beta-1} \cdot u(t)^{1-\beta} \cdot N(t)^{-\beta} \cdot \dot{N}(t) \cdot \overline{h}(t)^{1-\beta+\gamma}}{(1-\beta) \cdot K(t)^{\beta-1} \cdot (u(t) \cdot N(t))^{1-\beta} \cdot \overline{h}(t)^{1-\beta+\gamma}} +$$

$$+ \frac{(1-\beta+\gamma) \cdot K(t)^{\beta-1} \cdot (u(t) \cdot N(t))^{1-\beta} \cdot \overline{h}(t)^{-\beta+\gamma} \cdot \dot{\overline{h}}(t)}{(1-\beta) \cdot K(t)^{\beta-1} \cdot (u(t) \cdot N(t))^{1-\beta} \cdot \overline{h}(t)^{1-\beta+\gamma}} = 0$$

$$\Rightarrow$$

$$-\frac{\dot{K}(t)}{K(t)} + \frac{\dot{u}(t)}{u(t)} + \frac{\dot{N}(t)}{N(t)} + \frac{(1-\beta+\gamma) \cdot \dot{\overline{h}}(t)}{(1-\beta) \cdot \overline{h}(t)} = 0$$

$$\Rightarrow$$

$$\frac{\dot{u}(t)}{u(t)} + \frac{\dot{N}(t)}{N(t)} + \frac{(1-\beta+\gamma)}{(1-\beta)} \cdot \frac{\dot{\overline{h}}(t)}{\overline{h}(t)} = \frac{\dot{K}(t)}{K(t)}.$$

Auf den Gleichgewichtswachstumspfad ist die Arbeitszeit *u(t)* konstant, so dass $\dot{u}(t)/u(t) = 0$. Die Wachstumsrate der Bevölkerung $\dot{N}(t)/N(t)$ ist exogen gegeben, und besitzt den Wert λ. $\dot{\overline{h}}(t)/\overline{h}(t)$ wurde auf Seite 64 als v definiert. $\dot{K}(t)/K(t)$ wurde schon als $\kappa + \lambda$ identifiziert. Mit Hilfe dieser Ausdrücke folgt:

$$0 + \lambda + \frac{(1-\beta+\gamma)}{(1-\beta)} \cdot v = \kappa + \lambda \,,$$

und daraus:

$$\kappa = \frac{(1-\beta+\gamma)}{(1-\beta)} \cdot v \,.$$

Anhang 9:

Gegeben ist:

(1)
$$\dot{\theta}_2 = \rho \cdot \theta_2 - \theta_1 \cdot (1 - \beta + \gamma) \cdot A \cdot K^\beta \cdot (u \cdot N)^{1-\beta} \cdot \overline{h}^{-\beta+\gamma} - \theta_2 \cdot \delta (1 - u)$$

(2)
$$\theta_1 (1 - \beta) \cdot A \cdot K^\beta \cdot u^{-\beta} \cdot N^{1-\beta} \cdot \overline{h}^{1-\beta+\gamma} = \theta_2 \cdot \delta \cdot \overline{h} \, .$$

(2) in (1) eingesetzt ergibt:

$$
\begin{aligned}
\dot{\theta}_2 &= \rho \cdot \theta_2 - \theta_1 \cdot (1 - \beta + \gamma) \cdot A \cdot K^\beta \cdot (u \cdot N)^{1-\beta} \cdot \overline{h}^{-\beta+\gamma} - \theta_2 \cdot \delta (1 - u) \\
&= \rho \cdot \theta_2 - \left(\theta_1 (1 - \beta) \cdot A \cdot K^\beta \cdot u^{1-\beta} \cdot N^{1-\beta} \cdot \overline{h}^{-\beta+\gamma} \right) - \left(\theta_1 \cdot \gamma \cdot A \cdot K^\beta \cdot u^{1-\beta} \cdot N^{1-\beta} \cdot \overline{h}^{-\beta+\gamma} \right) - \theta_2 \cdot \delta (1 - u) \\
&= \rho \cdot \theta_2 - \left(u \frac{\theta_1 (1 - \beta) \cdot A \cdot K^\beta \cdot u^{-\beta} \cdot N^{1-\beta} \cdot \overline{h}^{1-\beta+\gamma}}{\overline{h}} \right) - \\
&\quad - \left(\gamma \cdot u \frac{\theta_1 \cdot (1 - \beta) \cdot A \cdot K^\beta \cdot u^{1-\beta} \cdot N^{1-\beta} \cdot \overline{h}^{1-\beta+\gamma}}{\overline{h}(1 - \beta)} \right) - \theta_2 \cdot \delta (1 - u) \\
&= \rho \cdot \theta_2 - \left(u \frac{\theta_1 (1 - \beta) \cdot A \cdot K^\beta \cdot u^{-\beta} \cdot N^{1-\beta} \cdot \overline{h}^{1-\beta+\gamma}}{\overline{h}} \right)\left(1 + \frac{\gamma}{1 - \beta} \right) - \theta_2 \cdot \delta (1 - u) \\
&= \rho \cdot \theta_2 - \left(u \frac{\theta_2 \cdot \delta \cdot \overline{h}}{\overline{h}} \right)\left(1 + \frac{\gamma}{1 - \beta} \right) - \theta_2 \cdot \delta (1 - u) \\
&= \rho \cdot \theta_2 - (u \cdot \theta_2 \cdot \delta)\left(1 + \frac{\gamma}{1 - \beta} \right) - \theta_2 \cdot \delta (1 - u) \\
&= \theta_2 \left(\rho - (u \cdot \delta)\left(1 + \frac{\gamma}{1 - \beta} \right) - \delta (1 - u) \right) \\
&= \theta_2 \left(\rho - (u \cdot \delta)\left(1 + \frac{\gamma}{1 - \beta} \right) - \delta + (u \cdot \delta) \right) \\
&= \theta_2 \left(\rho - (u \cdot \delta)\left(1 + \frac{\gamma}{1 - \beta} - 1 \right) - \delta \right) \\
&= \theta_2 \left(\rho - \delta - (u \cdot \delta)\left(\frac{\gamma}{1 - \beta} \right)(u \cdot \delta) \right) .
\end{aligned}
$$

Hieraus folgt:

$$\frac{\dot{\theta}_2}{\theta_2} = \rho - \delta - (u \cdot \delta)\left(\frac{\gamma}{1 - \beta} \right)(u \cdot \delta).$$

Anhang 10:

Gegeben:

(1) $$v = \delta(1 - u(t)).$$

Hieraus folgt:

$$v = \delta - \delta \cdot u(t)$$
$$\Rightarrow$$
$$v - \delta = -\delta \cdot u(t)$$
(2)
$$\Rightarrow$$
$$u(t) = \frac{v - \delta}{-\delta}$$
$$\Rightarrow$$
$$u(t) = \frac{\delta - v}{\delta}.$$

Gegeben:

(3) $$\kappa = \left(\frac{1 - \beta + \gamma}{1 - \beta} \right) \cdot v$$

(4) $$\frac{\dot{\theta}_2}{\theta_2} = (\beta - \sigma)\kappa - (\beta - \gamma)v + \lambda$$

(5) $$\frac{\dot{\theta}_2}{\theta_2} = \rho - \delta - \frac{\gamma}{1 - \beta} \delta \cdot u.$$

(2) in (5) eingesetzt ergibt:

$$\frac{\dot{\theta}_2}{\theta_2} = \rho - \delta - \frac{\gamma}{1 - \beta} \delta \cdot u$$

$$= \rho - \delta - \frac{\gamma}{1 - \beta} \delta \cdot \frac{\delta - v}{\delta}$$

(6)
$$= \rho - \delta - \frac{\gamma(\delta - v)}{1 - \beta}$$

$$= \rho - \delta - \frac{\gamma \cdot \delta}{1 - \beta} + \frac{\gamma}{1 - \beta} v$$

$$= \rho - \frac{(1 + \beta + \gamma) \cdot \delta}{1 - \beta} + \frac{\gamma}{1 - \beta} v.$$

(3) in (4) eingesetzt ergibt:

$$\frac{\dot{\theta}_2}{\theta_2} = (\beta - \sigma)\kappa - (\beta - \gamma)v + \lambda$$

$$= (\beta - \sigma)\left(\frac{1 - \beta + \gamma}{1 - \beta}\right)v - (\beta - \gamma)v + \lambda$$

$$= v\left(\frac{(\beta - \sigma)(1 - \beta + \gamma)}{1 - \beta} - (\beta - \gamma)\right) + \lambda$$

$$= v\left(\frac{(\beta - \sigma)(1 - \beta) + (\beta - \sigma)\cdot\gamma}{1 - \beta} - (\beta - \gamma)\right) + \lambda$$

$$= v\left((\beta - \sigma) + \frac{(\beta - \sigma)\cdot\gamma}{1 - \beta} - (\beta - \gamma)\right) + \lambda$$

$$= v\left(\frac{(\beta - \sigma)\cdot\gamma}{1 - \beta} + \gamma - \sigma\right) + \lambda$$

$$= v\left(\frac{(\beta - \sigma)\cdot\gamma + (1 - \beta)\cdot\gamma - (1 - \beta)\cdot\sigma}{1 - \beta} - \sigma\right) + \lambda$$

$$= v\left(\frac{(1 - \sigma)\cdot\gamma - (1 - \beta)\cdot\sigma}{1 - \beta}\right) + \lambda$$

(7)
$$= v\left(\frac{-\sigma(1 - \beta + \gamma) + \gamma}{1 - \beta}\right) + \lambda \ .$$

(6) und (7) haben beide $\frac{\dot{\theta}_2}{\theta_2}$ auf der linken Seite. Also (6) und (7) gleichgesetzt ergibt:

$$\frac{\dot{\theta}_2}{\theta_2} = \rho - \frac{(\gamma + 1)\cdot\delta}{1 - \beta} + \frac{\gamma}{1 - \beta}v = v\left(\frac{-\sigma(1 - \beta + \gamma) + \gamma}{1 - \beta}\right) + \lambda = \frac{\dot{\theta}_2}{\theta_2}$$

$$\Rightarrow$$

$$\rho - \frac{(1 - \beta + \gamma)\cdot\delta}{1 - \beta} - \lambda = v\left(\frac{-\sigma(1 - \beta + \gamma) + \gamma}{1 - \beta} - \frac{\gamma}{1 - \beta}\right)$$

$$\Rightarrow$$

$$v\left(\frac{-\sigma(1 - \beta + \gamma) + \gamma - \gamma}{1 - \beta}\right) = \rho - \frac{(1 - \beta + \gamma)\cdot\delta}{1 - \beta} - \lambda$$

$$\Rightarrow$$

$$v\left(\frac{-\sigma\cdot(1 - \beta + \gamma)}{1 - \beta}\right) = \rho - \frac{(1 - \beta + \gamma)\cdot\delta}{1 - \beta} - \lambda$$

$$\Rightarrow$$

$$v = \frac{\rho - \dfrac{(1-\beta+\gamma)\cdot\delta}{1-\beta} - \lambda}{\left(\dfrac{-\sigma\cdot(1-\beta+\gamma)}{1-\beta}\right)}$$

$$\Rightarrow$$

$$v = \frac{\dfrac{1-\beta+\gamma}{1-\beta}\delta - (\rho-\lambda)}{\left(\dfrac{\sigma\cdot(1-\beta+\gamma)}{1-\beta}\right)}$$

$$\Rightarrow$$

$$v = \sigma^{-1}\left[\delta - \frac{1-\beta}{1-\beta+\gamma}(\rho-\lambda)\right].$$

Anhang 11:

Gegeben ist:

(1) $\dot{\theta}_2 = \rho \cdot \theta_2 - \theta_1 \cdot (1-\beta) \cdot A \cdot K^\beta \cdot (u \cdot N)^{1-\beta} \cdot h_a{}^{\gamma-\beta} - \theta_2 \cdot \delta(1-u)$

(2) $\theta_1(1-\beta) \cdot A \cdot K^\beta \cdot u^{-\beta} \cdot N^{1-\beta} \cdot \overline{h}^{1-\beta+\gamma} = \theta_2 \cdot \delta \cdot \overline{h}.$

(2) in (1) eingesetzt:

$$\dot{\theta}_2 = \rho \cdot \theta_2 - \theta_1 \cdot (1-\beta) \cdot A \cdot K^\beta \cdot (u \cdot N)^{1-\beta} \cdot \overline{h}^{\gamma-\beta} - \theta_2 \cdot \delta(1-u)$$

$$= \rho \cdot \theta_2 - \theta_1 \cdot (1-\beta) \cdot A \cdot K^\beta \cdot u^{-\beta} \cdot N^{1-\beta} \cdot \overline{h}^{1-\beta+\gamma} \cdot \frac{u}{\overline{h}} - \theta_2 \cdot \delta(1-u)$$

$$= \rho \cdot \theta_2 - \theta_2 \cdot \delta \cdot \overline{h} \cdot \frac{u}{\overline{h}} - \theta_2 \cdot \delta(1-u)$$

$$= \theta_2 (\rho - \delta \cdot u - \delta(1-u))$$

$$= \theta_2 (\rho - \delta).$$

Hieraus folgt:

$$\frac{\dot{\theta}_2}{\theta_2} = \rho - \delta.$$

Anhang 12:

Gegeben ist:

(1) $\quad \dfrac{\dot{\theta}_2}{\theta_2} = \rho - \delta.$

Aus Anhang 10) folgt:

(2)
$$\frac{\dot{\theta}_2}{\theta_2} = (\beta - \sigma)\kappa - (\beta - \gamma)\nu + \lambda$$
$$= \nu\left(\frac{-\sigma(1 - \beta + \gamma) + \gamma}{1 - \beta}\right) + \lambda.$$

(1) mit (2) gleichgesetzt:

$$\frac{\dot{\theta}_2}{\theta_2} = \rho - \delta = \nu\left(\frac{-\sigma(1 - \beta + \gamma) + \gamma}{1 - \beta}\right) + \lambda = \frac{\dot{\theta}_2}{\theta_2}$$

$$\Rightarrow$$

$$\nu = \frac{\rho - \delta - \lambda}{\left(\dfrac{-\sigma(1 - \beta + \gamma) + \gamma}{1 - \beta}\right)}$$

$$\Rightarrow$$

$$\nu = \frac{(1 - \beta)(\delta + \lambda - \rho)}{\sigma(1 - \beta + \gamma) + \gamma}$$

$$\Rightarrow$$

$$\nu = \frac{(1 - \beta)(\delta - (\rho - \lambda))}{\sigma(1 - \beta + \gamma) + \gamma}.$$

Anhang 13:

Gegeben ist, (da $u_i(t) = u$)

(1) $\quad H(t) = \sum_k u \cdot h_l(t) = u \sum_k h_l(t)$

(2) $\quad Z(t) = \dfrac{H(T)}{\sum_k u} = \dfrac{H(T)}{k \cdot u}$,

und:

(3) $\quad \sum_k \left(h_l(t)^{1-\varepsilon} \right) = k \cdot \left(\dfrac{H(t)}{u} \right)^{1-\varepsilon}$

(4) $\quad \left(\sum_k h_l(t) \right)^{1-\varepsilon} = \left(k \cdot \dfrac{H(t)}{u} \right)^{1-\varepsilon}$.

(1) in (2) eingesetzt:

(5) $\quad Z(t) = \dfrac{u \cdot \left(\sum_k h_l(t) \right)}{u \cdot k} = \dfrac{\sum_k h_l(t)}{k}$.

Außerdem gegeben:

(6) $\quad \dfrac{dh_l(t)}{dt} = \delta(1-u)h_l(t)^{1-\varepsilon} Z(t)^{\varepsilon}$.

Aus (6) erhält man mit Hilfe von (5) und (4):

(7) $\quad \dfrac{dh_l(t)}{dt} = \delta(1-u)h_l(t)^{1-\varepsilon} \left(\dfrac{\sum_k h_l(t)}{k} \right)^{\varepsilon} = \delta(1-u)h_l(t)^{1-\varepsilon} \left(\dfrac{k(1+k)}{2} \right)^{\varepsilon}$.

Dann:

$$\frac{\dot{H}(t)}{H(t)} = \frac{\dfrac{\partial\left(u\sum_k h_l(t)\right)}{\partial t}}{u\sum_k h_l(t)} = \frac{u\dfrac{\partial\sum_k h_l(t)}{\partial t}}{u\sum_k h_l(t)} = \frac{\sum_k \dfrac{\partial h_l(t)}{\partial t}}{\sum_k h_l(t)} = \frac{\sum_k\left(\delta(1-u)h_l(t)^{1-\varepsilon}\left(\sum_k h_l(t)\right)^{\varepsilon}\right)}{\sum_k h_l(t)}$$

$$= \frac{\delta(1-u)\left(\sum_k h_l(t)\right)^{\varepsilon}\sum_k\left(h_l(t)^{1-\varepsilon}\right)}{\sum_k h_l(t)} = \delta(1-u)\left(\frac{1}{k}\right)^{\varepsilon}\frac{\left(\sum_k h_l(t)\right)^{\varepsilon}}{\sum_k h_l(t)}\sum_k\left(h_l(t)^{1-\varepsilon}\right) =$$

$$= \delta(1-u)\left(\frac{1}{k}\right)^{\varepsilon}\left(\sum_k h_l(t)\right)^{\varepsilon-1}\sum_k\left(h_l(t)^{1-\varepsilon}\right) = \delta(1-u)\left(\frac{1}{k}\right)^{\varepsilon}\frac{\sum_k\left(h_l(t)^{1-\varepsilon}\right)}{\left(\sum_k h_l(t)\right)^{1-\varepsilon}} =$$

$$= \delta(1-u)\left(\frac{1}{k}\right)^{\varepsilon}\frac{k\cdot\dfrac{H(t)^{1-\varepsilon}}{u}}{\left(k\cdot\dfrac{H(t)}{u}\right)^{1-\varepsilon}} = \delta(1-u)\frac{k\cdot\dfrac{H(t)^{1-\varepsilon}}{u}}{k\cdot\dfrac{H(t)^{1-\varepsilon}}{u}} = \delta(1-u),$$

und

$$\frac{\dot{Z}(t)}{Z(t)} = \frac{\dfrac{\partial\left(H(T)/\sum_k u\right)}{\partial t}}{H(T)/\sum_k u} = \frac{\dfrac{\partial(H(T)/k\cdot u)}{\partial t}}{H(T)/k\cdot u} = \frac{\dfrac{1}{k\cdot u}\dfrac{\partial H(T)}{\partial t}}{\dfrac{1}{k\cdot u}H(T)} = \frac{\dot{H}(t)}{H(t)} = \delta(1-u)\ .$$

Anhang 14:

Gegeben:

$$z_l = \overline{h}_l / Z(t)$$

$$\frac{d\overline{h}_l(t)}{dt} = \delta\big(1 - u_l(t)\big)\overline{h}_l(t)^{1-\varepsilon} Z(t)^{\varepsilon}$$

$$\frac{\dot{Z}(t)}{Z(t)} = \frac{\dot{H}(t)}{H(t)} = \delta(1 - u).$$

Dann:

$$\frac{\partial z_l(t)}{\partial t} = \frac{\partial}{\partial t}\overline{h}_l / Z(t) = \frac{Z(t)\frac{\partial}{\partial t}\overline{h}_l - \overline{h}_l\frac{\partial}{\partial t}Z(t)}{Z(t)^2} = \frac{Z(t)\cdot\delta\big(1-u_l(t)\big)\cdot\overline{h}_l(t)^{1-\varepsilon}\cdot Z(t)^{\varepsilon} - \overline{h}_l\cdot\frac{\partial}{\partial t}Z(t)}{Z(t)^2} =$$

$$= \frac{\delta\big(1-u_l(t)\big)\cdot\overline{h}_l(t)^{-\varepsilon}\cdot Z(t)^{\varepsilon}\cdot\overline{h}_l(t)\cdot Z(t) - \overline{h}_l\cdot\frac{\partial}{\partial t}Z(t)}{Z(t)^2} =$$

$$= \frac{\delta\big(1-u_l(t)\big)\cdot\dfrac{\overline{h}_l(t)^{-\varepsilon}}{Z(t)^{-\varepsilon}}\cdot\dfrac{\overline{h}_l(t)}{Z(t)}\cdot Z(t)^2 - \overline{h}_l\cdot\frac{\partial}{\partial t}Z(t)}{Z(t)^2} =$$

$$= \frac{\delta\big(1-u_l(t)\big)\cdot\left(\dfrac{\overline{h}_l(t)}{Z(t)}\right)^{-\varepsilon}\cdot\dfrac{\overline{h}_l(t)}{Z(t)}\cdot Z(t)^2 - \overline{h}_l\cdot\frac{\partial}{\partial t}Z(t)}{Z(t)^2} =$$

$$= \frac{\delta\big(1-u_l(t)\big)\cdot z_l(t)^{-\varepsilon}\cdot z_l(t)\cdot Z(t)^2 - \overline{h}_l\cdot\frac{\partial}{\partial t}Z(t)}{Z(t)^2} =$$

$$= \frac{\delta\big(1-u_l(t)\big)\cdot z_l(t)^{-\varepsilon}\cdot z_l(t)\cdot Z(t)^2}{Z(t)^2} - \frac{\overline{h}_l\frac{\partial}{\partial t}Z(t)}{Z(t)^2} =$$

$$= \delta\big(1-u_l(t)\big)\cdot z_l(t)^{-\varepsilon}\cdot z_l(t) - \frac{\overline{h}_l}{Z(t)}\frac{\frac{\partial}{\partial t}Z(t)}{Z(t)} =$$

$$= \delta\big(1-u_l(t)\big)\cdot z_l(t)^{-\varepsilon}\cdot z_l(t) - z_l(t)\frac{\frac{\partial}{\partial t}Z(t)}{Z(t)} =$$

$$= \delta\big(1-u_l(t)\big)\cdot z_l(t)^{-\varepsilon}\cdot z_l(t) - z_l(t)\cdot\delta\big(1-u_l(t)\big) =$$

$$= \delta\big(1-u_l(t)\big)\cdot z_l(t)\cdot\big(z_l(t)^{-\varepsilon} - 1\big).$$

175

Anhang 15:

Gegeben

(1) $\quad q(t) = \overline{h}_1(t) / \overline{h}_2(t)$

(2) $\quad \dot{\overline{h}}_j(t) = \overline{h}_j(t) \cdot \delta_j \cdot u_j(t)$

(3) $\quad \dfrac{1-u_1}{u_1} = \left(\dfrac{\alpha_2}{\alpha_1}\right)^{\sigma} \left(\dfrac{\overline{h}_2}{\overline{h}_1}\right)^{\sigma-1}.$

Aus (3) folgt:

$$\frac{1-u_1}{u_1} = \left(\frac{\alpha_2}{\alpha_1}\right)^{\sigma} \left(\frac{\overline{h}_2}{\overline{h}_1}\right)^{\sigma-1}$$

$$\Rightarrow$$

$$1-u_1 = u_1 \left(\frac{\alpha_2}{\alpha_1}\right)^{\sigma} \left(\frac{\overline{h}_2}{\overline{h}_1}\right)^{\sigma-1}$$

$$\Rightarrow$$

$$u_1 + u_1 \left(\frac{\alpha_2}{\alpha_1}\right)^{\sigma} \left(\frac{\overline{h}_2}{\overline{h}_1}\right)^{\sigma-1} = 1$$

$$\Rightarrow$$

$$u_1 \left[1 + \left(\frac{\alpha_2}{\alpha_1}\right)^{\sigma} \left(\frac{\overline{h}_2}{\overline{h}_1}\right)^{\sigma-1}\right] = 1$$

$$\Rightarrow$$

(4) $\quad u_1 = \left[1 + \left(\dfrac{\alpha_2}{\alpha_1}\right)^{\sigma} \left(\dfrac{\overline{h}_2}{\overline{h}_1}\right)^{\sigma-1}\right]^{-1}.$

Gesucht ist $\dot{q}/q$. Aus (1):

$$\frac{1}{q}\frac{\partial q}{\partial t} = \frac{1}{\overline{h}_1/\overline{h}_2}\frac{\partial(\overline{h}_1/\overline{h}_2)}{\partial t} = \frac{1}{\overline{h}_1/\overline{h}_2}\left(\frac{\dfrac{\partial h_1}{\partial t}\overline{h}_2 - \dfrac{\partial h_2}{\partial t}h_1}{(\overline{h}_2)^2}\right) = \frac{\overline{h}_2}{\overline{h}_1}\left(\frac{\partial \overline{h}_1}{\partial t}\frac{1}{\overline{h}_2} - \frac{\partial \overline{h}_2}{\partial t}\frac{1}{\overline{h}_2}\frac{\overline{h}_1}{\overline{h}_2}\right)$$

$$= \frac{\partial \overline{h}_1}{\partial t}\frac{1}{\overline{h}_1} - \frac{\partial \overline{h}_2}{\partial t}\frac{1}{\overline{h}_2}.$$

Mit (2) folgt hieraus:

$$\frac{1}{q}\frac{\partial q}{\partial t} = \frac{\partial h_1}{\partial t}\frac{1}{\overline{h}_1(t)} - \frac{\partial h_2}{\partial t}\frac{1}{\overline{h}_2(t)} = \overline{h}_1(t)\cdot\delta_1\cdot u_1(t)\cdot\frac{1}{h_1(t)} - \overline{h}_2(t)\cdot\delta_2\cdot u_2(t)\cdot\frac{1}{h_2(t)}$$

$$= \delta_1\cdot u_1(t) - \delta_2\cdot u_2(t) = \delta_1\cdot u_1(t) - \delta_2\left(1 - u_1(t)\right) = \left(\delta_1 + \delta_2\right)\cdot u_1(t) - \delta_2,$$

und mit Hilfe von (4):

$$\frac{1}{q}\frac{\partial q}{\partial t} = \left(\delta_1 + \delta_2\right)\cdot\left[1 + \left(\frac{\alpha_2}{\alpha_2}\right)^{\sigma} q^{1-\sigma}\right]^{-1} - \delta_2.$$

Anhang 16:

$$\frac{\partial}{\partial t} i(t) = N(t) \cdot i(t)^{\alpha}$$

$$\Rightarrow$$

$$\frac{1}{i(t)^{\alpha}} \frac{\partial}{\partial t} i(t) = N(t)$$

$$\Rightarrow$$

$$\frac{\partial}{\partial t} \frac{i(t)^{1-\alpha}}{1-\alpha} = N(t)$$

$$\Rightarrow$$

$$\int_{t_0}^{t} \frac{\partial}{\partial t} \frac{i(t)^{1-\alpha}}{1-\alpha} dt = \int_{t_0}^{t} N(u)dt$$

$$\Rightarrow$$

$$\frac{i(t)^{1-\alpha}}{1-\alpha} = \int_{t_0}^{t} N(u)dt + C_1$$

$$\Rightarrow$$

$$i(t) = \left((1-\alpha)\int_{t_0}^{t} N(u)dt + (1-\alpha)C_1 \right)^{\frac{1}{1-\alpha}}$$

$$\Rightarrow$$

$$i(t) = \left((1-\alpha)\int N(u)dt + C_2 \right)^{\frac{1}{1-\alpha}}.$$

Für $t = 0$:

$$i(t_0) = \left((1-\alpha)\int_{t_0}^{t_0} N(u)dt + C_2 \right)^{\frac{1}{1-\alpha}}$$

$$= (C_2)^{\frac{1}{1-\alpha}}$$

$$\Rightarrow$$

$$C_2 = i(t_0)^{1-\alpha}.$$

Die vollständige Lösung ist:

$$i(t) = \left((1-\alpha)\int_{t_0}^{t} N(u)dt + i(t_0)^{1-\alpha} \right)^{\frac{1}{1-\alpha}}.$$

Anhang 17:

Gegeben („da $N(t) = \overline{N} = konstant$)

$$x(t) = k \cdot \overline{N} \cdot i(t)^{\alpha}$$

$$\frac{\partial}{\partial t} e(t) = \overline{N} \cdot i(t)^{\alpha} \cdot$$

Hieraus folgt:

$$\frac{\frac{\partial}{\partial t} x(t)}{x(t)} = \frac{\frac{\partial}{\partial t} k \cdot \overline{N} \cdot i(t)^{\alpha}}{k \cdot \overline{N} \cdot i(t)^{\alpha}} = \frac{k \cdot \overline{N} \cdot \frac{\partial}{\partial t} i(t)^{\alpha}}{k \cdot \overline{N} \cdot i(t)^{\alpha}} =$$

$$= \frac{\frac{\partial}{\partial t} i(t)^{\alpha}}{i(t)^{\alpha}} = \frac{\alpha \cdot i(t)^{\alpha-1} \frac{\partial}{\partial t} i(t)}{i(t)^{\alpha}} = \alpha \cdot i(t)^{-1} \frac{\partial}{\partial t} e(t) =$$

$$= \frac{\alpha \frac{\partial}{\partial t} i(t)}{i(t)} = \frac{\alpha \cdot \overline{N} \cdot i(t)^{\alpha}}{i(t)} = \alpha \cdot \overline{N} \cdot i(t)^{\alpha-1}.$$

Anhang 18:

Gegeben:

$$y(t) = 1 - \Phi(t) + k \cdot \lambda \cdot e^{\mu \cdot \lambda \cdot t} \int_0^t e^{-\mu \cdot \lambda \cdot u} \varphi(u) \left[\xi^{1-\alpha} + (1-\alpha)\Phi(u) \right]^{\frac{1}{1-\alpha}} du \ .$$

Deshalb gilt:

$$\dot{y}(t) = \frac{\partial}{\partial t}(1 - \Phi(t)) + \frac{\partial}{\partial t} k \cdot \lambda \cdot e^{\mu \cdot \lambda \cdot t} \int_0^t e^{-\mu \cdot \lambda \cdot u} \varphi(u) \left[\xi^{1-\alpha} + (1-\alpha)\Phi(u) \right]^{\frac{1}{1-\alpha}} du$$

$$= -\frac{\partial}{\partial t} \Phi(t) + k \cdot \lambda \cdot \mu \cdot \lambda \cdot e^{\mu \cdot \lambda \cdot t} \int_0^t e^{-\mu \cdot \lambda \cdot u} \varphi(u) \left[\xi^{1-\alpha} + (1-\alpha)\Phi(u) \right]^{\frac{1}{1-\alpha}} du +$$

$$+ k \cdot \lambda \cdot e^{\mu \cdot \lambda \cdot t} e^{-\mu \cdot \lambda \cdot t} \left[\xi^{1-\alpha} + (1-\alpha)\Phi(t) \right]^{\frac{1}{1-\alpha}}$$

$$= -\frac{\partial}{\partial t} \Phi(t) + k \cdot \lambda \cdot \mu \cdot \lambda \cdot e^{\mu \cdot \lambda \cdot t} \int_0^t e^{-\mu \cdot \lambda \cdot u} \varphi(u) \left[\xi^{1-\alpha} + (1-\alpha)\Phi(u) \right]^{\frac{1}{1-\alpha}} du + k \cdot \lambda \left[\xi^{1-\alpha} + (1-\alpha)\Phi(t) \right]^{\frac{1}{1-\alpha}}$$

$$= -\frac{\partial}{\partial t} \Phi(t) + k \cdot \lambda \cdot \left[\mu \cdot \lambda \cdot e^{\mu \cdot \lambda \cdot t} \int_0^t e^{-\mu \cdot \lambda \cdot u} \varphi(u) \left[\xi^{1-\alpha} + (1-\alpha)\Phi(u) \right]^{\frac{1}{1-\alpha}} du + \left[\xi^{1-\alpha} + (1-\alpha)\Phi(t) \right]^{\frac{1}{1-\alpha}} \right]$$

$$= -\varphi(u) + k \cdot \lambda \cdot \left[\mu \cdot \lambda \cdot e^{\mu \cdot \lambda \cdot t} \int_0^t e^{-\mu \cdot \lambda \cdot u} \varphi(u) \left[\xi^{1-\alpha} + (1-\alpha)\Phi(u) \right]^{\frac{1}{1-\alpha}} du + \left[\xi^{1-\alpha} + (1-\alpha)\Phi(t) \right]^{\frac{1}{1-\alpha}} \right]$$

und

$$\frac{\dot{y}(t)}{y(t)} = \frac{-\varphi(u) + k \cdot \lambda \cdot \left[\mu \cdot \lambda \cdot e^{\mu \cdot \lambda \cdot t} \int_0^t e^{-\mu \cdot \lambda \cdot u} \varphi(u) \left[\xi^{1-\alpha} + (1-\alpha)\Phi(u) \right]^{\frac{1}{1-\alpha}} du + \left[\xi^{1-\alpha} + (1-\alpha)\Phi(t) \right]^{\frac{1}{1-\alpha}} \right]}{1 - \Phi(t) + k \cdot \lambda \cdot e^{\mu \cdot \lambda \cdot t} \int_0^t e^{-\mu \cdot \lambda \cdot u} \varphi(u) \left[\xi^{1-\alpha} + (1-\alpha)\Phi(u) \right]^{\frac{1}{1-\alpha}} du}$$

. Wenn $t \to \infty$ geht, geht $\Phi(t) \to 1$.

Daraus folgt:

$$\frac{\dot{y}(t)}{y(t)} = \frac{-\varphi(t) + k \cdot \lambda \cdot \left[\mu \cdot \lambda \cdot e^{\mu \cdot \lambda \cdot t} \int_0^t e^{-\mu \cdot \lambda \cdot u} \varphi(u) \left[\xi^{1-\alpha} + (1-\alpha)\Phi(u) \right]^{\frac{1}{1-\alpha}} du + \left[\xi^{1-\alpha} + (1-\alpha)\Phi(t) \right]^{\frac{1}{1-\alpha}} \right]}{k \cdot \lambda \cdot e^{\mu \cdot \lambda \cdot t} \int_0^t e^{-\mu \cdot \lambda \cdot u} \varphi(u) \left[\xi^{1-\alpha} + (1-\alpha)\Phi(u) \right]^{\frac{1}{1-\alpha}} du}$$

$$= \frac{-\varphi(t)}{k \cdot \lambda \cdot e^{\mu \cdot \lambda \cdot t} \int_0^t e^{-\mu \cdot \lambda \cdot u} \varphi(u) \left[\xi^{1-\alpha} + (1-\alpha)\Phi(u) \right]^{\frac{1}{1-\alpha}} du} +$$

$$+ \frac{\mu \cdot \lambda \cdot e^{\mu \cdot \lambda \cdot t} \int_0^t e^{-\mu \cdot \lambda \cdot u} \varphi(u) \left[\xi^{1-\alpha} + (1-\alpha)\Phi(u) \right]^{\frac{1}{1-\alpha}} du}{e^{\mu \cdot \lambda \cdot t} \int_0^t e^{-\mu \cdot \lambda \cdot u} \varphi(u) \left[\xi^{1-\alpha} + (1-\alpha)\Phi(u) \right]^{\frac{1}{1-\alpha}} du} + \frac{\left[\xi^{1-\alpha} + (1-\alpha)\Phi(t) \right]^{\frac{1}{1-\alpha}}}{e^{\mu \cdot \lambda \cdot t} \int_0^t e^{-\mu \cdot \lambda \cdot u} \varphi(u) \left[\xi^{1-\alpha} + (1-\alpha)\Phi(u) \right]^{\frac{1}{1-\alpha}} du},$$

$$\frac{\dot{y}(t)}{y(t)} = \frac{-\varphi(t)}{k \cdot \lambda \cdot e^{\mu \cdot \lambda \cdot t} \int_0^t e^{-\mu \cdot \lambda \cdot u} \varphi(u) \left[\xi^{1-\alpha} + (1-\alpha)\Phi(u) \right]^{\frac{1}{1-\alpha}} du} +$$

$$+ \mu \cdot \lambda + \frac{\left[\xi^{1-\alpha} + (1-\alpha)\Phi(t) \right]^{\frac{1}{1-\alpha}}}{e^{\mu \cdot \lambda \cdot t} \int_0^t e^{-\mu \cdot \lambda \cdot u} \varphi(u) \left[\xi^{1-\alpha} + (1-\alpha)\Phi(u) \right]^{\frac{1}{1-\alpha}} du}$$

Wenn $t \to \infty$ geht:

$$e^{\mu \cdot \lambda \cdot t} \int_0^t e^{-\mu \cdot \lambda \cdot u} \varphi(u) \left[\xi^{1-\alpha} + (1-\alpha)\Phi(u) \right]^{\frac{1}{1-\alpha}} du \to \infty,$$

$$\varphi(u) \to \infty$$

so folgt für $t \to \infty$:

$$\frac{-\varphi(t)}{k \cdot \lambda \cdot e^{\mu \cdot \lambda \cdot t} \int_0^t e^{-\mu \cdot \lambda \cdot u} \varphi(u) \left[\xi^{1-\alpha} + (1-\alpha)\Phi(u) \right]^{\frac{1}{1-\alpha}} du} \to 0$$

$$\frac{\left[\xi^{1-\alpha} + (1-\alpha)\Phi(t) \right]^{\frac{1}{1-\alpha}}}{e^{\mu \cdot \lambda \cdot t} \int_0^t e^{-\mu \cdot \lambda \cdot u} \varphi(u) \left[\xi^{1-\alpha} + (1-\alpha)\Phi(u) \right]^{\frac{1}{1-\alpha}} du} \to 0$$

und

$$\frac{\dot{y}(t)}{y(t)} \to 0 + \mu\lambda + 0 = \mu\lambda.$$

Anhang 19:

Gegeben ist:

$$A*(t) = \frac{\Phi(h)}{\Phi(h) + \lambda} T_0 e^{\lambda t}.$$

Dann:

$$\frac{\partial A*(t)}{\partial h} = \frac{\partial}{\partial h} \frac{\Phi(h)}{\Phi(h) + \lambda} T_0 e^{\lambda t} = \frac{\frac{\partial \Phi(h)}{\partial h}(\Phi(h) + \lambda) - \frac{\partial \Phi(h)}{\partial h}\Phi(h)}{(\Phi(h) + \lambda)^2} T_0 e^{\lambda t} =$$

$$= \frac{\frac{\partial \Phi(h)}{\partial h}\Phi(h) + \frac{\partial \Phi(h)}{\partial h}\lambda - \frac{\partial \Phi(h)}{\partial h}\Phi(h)}{(\Phi(h) + \lambda)^2} T_0 e^{\lambda t} = \frac{\frac{\partial \Phi(h)}{\partial h}\lambda}{(\Phi(h) + \lambda)^2} T_0 e^{\lambda t},$$

und daraus:

$$\frac{\partial A*(t)}{\partial h} \frac{h}{A*(t)} = \frac{\frac{\partial \Phi(h)}{\partial h}\lambda}{(\Phi(h) + \lambda)^2} T_0 e^{\lambda t} \cdot \frac{h}{\frac{\Phi(h)}{\Phi(h) + \lambda} T_0 e^{\lambda t}} =$$

$$= \frac{\frac{\partial \Phi(h)}{\partial h}\lambda}{(\Phi(h) + \lambda)^2} T_0 e^{\lambda t} \cdot \frac{h(\Phi(h) + \lambda)}{\Phi(h) \cdot T_0 e^{\lambda t}} = \frac{\frac{\partial \Phi(h)}{\partial h}\lambda}{(\Phi(h) + \lambda)} \cdot \frac{h}{\Phi(h)} =$$

$$= \left[\frac{h\frac{\partial \Phi(h)}{\partial h}}{\Phi(h)}\right] \cdot \left[\frac{\lambda}{(\Phi(h) + \lambda)}\right].$$

13 Literaturverzeichnis

Arnold, Lutz: Neue Wachstumstheorie: ein Überblick, ifo-Studien 41, 409-44, 1995

Arnold, Lutz: Wachstumstheorie, München, Franz Vahlen Verlag, 1997

Arrow, K. J.: The Economic Implications of Learning by Doing, Review of Economic Studies, 29, S155-173, 1962

Becker, G. S.: Human Capital – A theoretical and Empirical Analysis, with special reference to education. (general Series Nr. 80), New York, 1964

Becker, G. S.: Underinvestment in College Education? In: American Economic Review, 50(2): 346-354, 1960

Becker, G. S.: Theory of the Allocation of Time, In: Economic Journal, 75(299), S. 493-517, 1965

BerliNews: Zur technologischen Leistungsfähigkeit Deutschlands 2000, http://www.berlinews.de/archiv/1756.shtml, 2001, Aufgerufen am 25.07.2002

Barro R. J. / X. Sala-I-Martin: Economic Growth and convergence Across the United States, Working Paper 3419. Cambridge, 1990

Barro R. J. / X. Sala-I-Martin: Convergence across States and Regions, In: Brookings Papers on Economic Activity, S. 107-158, 1991

Barro R.J.: Determinants of Economic Growth, A Cross-Country Empirical Study MIT Press, 1997

Brinkmann, G.: Analytische Wissenschaftstheorie. Einführung sowie Anwendung auf einige Stücke der VWL, 3. überarbeitete und erweiterte Auflage, München/Wien 1997

Carter, C.F. / Willimas, B.R.: Government Scientific Policy and the Growth of the British Economy, The Manchester School, Sept., 1964

Denison, E.F.: The sources of Economic growth in the United States and the alternative for us (Supplementary Paper NR. 13. New York, Committee for Economic Development), 1964

Eckaus, R.S.: Education and economic growth. In: Muschkin, S. J. (Hrsg): Economics of higher education. Washington D.C., United States Government Office, 1970

Fuchs-Seliger, S.: Skript Wachstumstheorie SS2002, Universität Karlsruhe, 2002

Gabler-Wirtschaftslexikon: 11 Auflage, Gabler Verlag, Wiesbaden, 1983

Grossman G.M. / Helpman, E.: Innovationand Growth in the Global Economy, MIT Press, Cambridge, 1991

Harberger, A. C.: World Economic Growth, ICS Press, San Francisco, CA, 1984

Heckmann, J.: A Life-Cycle Model of Earnings, Learnings and Consumption, In: The Journal of Political Economy, 82(4, Part2, Supplement), S.11-44, 1976

Johansen, W. Z.: Substitution vs. Fixed Production Coefficients in the Theory of Economic Growth: A Synthesis, Econometrica 24, S.136-143, 1959

Keynes, J.M.: General Theory of Employment, Interest and Money, 1936

Kiker, B. F.: The Historical Roots of the Concept of Human Capital. In: Journal of Political Economy, 74:481-499, 1966

Krueger, A. O.: The developing Countries' Role in the World Economy, Lecture given at the University of Chicago, Chicago, IL, 1983

Krug, W.: Quantitative Beziehung zwischen materiellem und immateriellem Kapital, In: Jahrbücher für Nationalökonomie und Statistik, 180(1): 36-71, 1967

Krugman, P.: Die Große Rezession - Was tun, damit die Weltwirtschaft nicht kippt?, 1998

Laer, H. von: Industrialisierung und Qualität der Arbeit. Eine bildungsökonomische Untersuchung für das 19. Jahrhundert, 1977, New York

Lazear, E.: Education: Consumption or Production?, In: Journal of Political Economy, 85(3), S. 569-597, 1990

Lucas, Robert E., Jr.: On the mechanics of economic development, In: Journal of Monetary Economics, 22(1), S.3-42, 1988

Lucas, Robert E., Jr.: Making a Miracle, In: Econometrica, Vol. 61 (2) S. 251-272, 1993

Matsuyama, K.: Increasing Returns, Industrialization, and Indeterminacy of Equilibrium, quarterly Journal of Economics, 106, S.617-650, 1992

Mincer, J.: Human Capital and Economic growth. In: Economic of Education Review, 3(3), 195-205, 1984

Mireille L.: On the Concept and Dimensions of Human Capital in a Knowledge Based Economy Context

Naumman, J.: Humankapitaltheorie und Probleme der internationalen Vergleichs – für „vergessene Elemente" der frühen Diskussion und ihre Relevanz für heutige Nord-Süd-Beziehung im Kulturbereich In: Clemetn W. (Hrsg.): Konzept und Kritik des Humankapitalansatzes. Schriften des Vereins für Sozialpolitik, N.F., Bd. 113, Berlin, 1981, S.141-164.

Nelson, R. / Phelps, E.: Investment in Humans, Technological Diffusion and Economic Growth, In: American Economic Review, Papers and Proceedings, 69-75, 1966.

Nordhaus, W.D.: Budget Deficits and National Savings, Challange, Vol. 39(2), S.45-49, 1996

OECD : The Well-being of Nations, The Role of The Human and Social Capital, OECD, 2001

Parente, S. l. / **Prescott, E. C.**: Technology Adoption and Growth, Journal of Economic Theory, 58, S.317-334, 1991

Paul M. R.: Increasing Returns and Long-Run Growth, *Journal of Political Economy*, Vol. 94, No. 5, 1002-37, 1986

Pfeiffer, F.: Der Faktor Humankapital in der Volkswirtschaft, Nomos Verl.-Ges., 1999

Phelps, E.S.: Investment in Humans, Technological Diffusion and the Golden Rule of Education, Cowles Foundation Discussion Papers No 190, Cowles Foundation, Yale University, 1965

Psacharopoulos, G.: Conceptions and Misconception on Human Capital Theorie, In: Clemetn W. (Hrsg.): Konzept und Kritik des Humankapitalansatzes. Schriften des Vereins für Sozialpolitik, N.F., Bd. 113, Berlin, 1981, S.9-15.

Rapping, L.A.: Learning and World War II Production Functions, Review of Economic and Statistics, 47, S.81-86, 1965

Rebelo, S.: Long-Run Policy Analysis and Long-Run Growth, In: Journal of Political Economy, 99(3), S. 500-521, 1990

Rogers, E.: Diffusion of Innovation, Free Press, 1962

Romer, P.M.: Increasing Returns and Long-Run Growth, Journal of Political Economy 84, S.545-567,1986

Romer, P.M.: Growth Based on Increasing Returns Due to Specialisation, American Economy Review, 77, S.56-62, 1987

Romer, P.M.: Endogenous Technical Change, Journal of Political Economy, 98 (5), S.71-102, 1990

Schultz, T.W.: Education and economic growth. In Henry, N.B (Hrsg): Social forces influencing American Education. The Sixtieth Year-book of the National Society for the Study of education. Chicago, Chicago Press, 1961a

Schultz, T.W.: Investment in Human Capital. In: American Economic Review, 51(1), S.1-17, 1961b

Schultz, T.W.: O Capital Humano. Investimentos em educaçâo e pesquisa. Rio de Janiero, Zahar, 1973

Schumann, J.: Geschichte der Wirtschaftstheorie (Arbeitsunterlagen zur Vorlesung), Münster, 1987

Searly, A.D.: Productivity Changes in Selected Wartime Shipbuilding Programs, Monthly Labor Review, 61, S.1132-1147, 1945

Smith, A.: An Inquiry into the Nature and Causes of the Wealth of Nations, 1776

Solow R. M.: Investment and Technical Progress, In: Arrow, K. J., Karlin, S. and Suppes, P. (eds.), Mathematical Methods in the Social Sciences, 1959, Stanford, California: Stanford University Press, S.89-104, 1960

Solow, R. M.: Technical change and aggregate Production function. In: Review of economics Statistics, 39:312-320, 1957

Solow, R. M.: A Contribution to the Theory of Economic Growth, In: Quarterly Journal of Economics 70: 312-320, 1956

Stokey, N. L.: Learning-by-doing and the introduction of new goods, Journal of Political Economy, 1988

Stokey, N. L.: Human Capital, Product Quality, and Growth", Quarterly Journal of Economics, 106, S587-616, 1991

Uzawa, H.: Optimum Technical Change Aggregative Model of Economic Growth, International Economic Review 6, S.18-31, 1965

Velten, M.: Investitionen in Humankapital am Beispiel von Kleinunternehmen des Metallsektors in Nicaragua, 1998

Westphal, L. R.: Humankapital und Berufsausbildung in Brasilien, 1990

World Bank: World Development Report. 1983

www.arbeitsamt.de:www.arbeitsamt.de/hst/services/statistik/kurzinformation/b
undesgebiet/index.html, aufgerufen am 25.07.2002

www.wissenschaft.de:
http://www.wissenschaft.de/sixcms/detail.php?id=119490,
aufgerufen am 10.05.2002

Young, A.: Learning by Doing and the Dynamics Effects of International Trade,
Quarterly Journal of Economics, 106, S.369-406., 1991a

Young, A.: Invention and Bounded Learning by Doing, MIT Working Paper,
1991

www.ingramcontent.com/pod-product-compliance
Lightning Source LLC
Chambersburg PA
CBHW020835210326
41598CB00019B/1914